REGARDS SUR LE DÉVELOPPEMENT

De la nécessité de repenser les processus

Sous la direction de
Jean Alain GOUDIABY & Paul DIÉDHIOU

REGARDS SUR LE DÉVELOPPEMENT

De la nécessité de repenser les processus

© L'HARMATTAN, 2018
5-7, rue de l'École-Polytechnique ; 75005 Paris

http://www.editions-harmattan.fr

ISBN : 978-2-343-13866-4
EAN : 9782343138664

SOMMAIRE

Les auteurs 9
Sigles et abréviations 13
Introduction 17
                        Jean Alain GOUDIABY & Paul DIÉDHIOU

Chapitre 1
La culture, moteur de développement en Afrique 27
                                        Alpha Ousmane BARRY

Chapitre 2
Le rôle du patrimoine culturel dans l'attractivité et le développement touristique durable des territoires : le cas de la Casamance au sud du Sénégal 47
                                                Mamadou DIOMBÉRA

Chapitre 3
Le conflit casamançais et la question de la reconstruction : quelle est la contribution des ONG ? 71
                                                        Ousmane BA

Chapitre 4
L'intervention des ONG à Ziguinchor : Une action structurante pour le développement local ? 93
                        Jean Alain GOUDIABY & Cendrine DIÉDHIOU

Chapitre 5
Entrepreneuriat social et co-développement en milieu associatif comme facteurs clés du développement local et territorial 115
                                      Madeleine N'DIONE MBINKY

Chapitre 6
La Casamance, grenier à riz du Sénégal ? 129
                                                      Paul DIÉDHIOU

Chapitre 7
L'évolution du statut portuaire africain : une chance
pour le développement des ports de l'Afrique francophone :
l'exemple du Port autonome de Dakar... 169
Khalifa Ababacar KANE

Chapitre 8
Le développement par la microfinance ? Réflexions à partir
du cas sénégalais 193
Éveline BAUMANN & Cécile GODFROID

Chapitre 9
Politiques de développement et radio en Afrique :
quelles perspectives à l'heure du numérique ?................................ 217
Aude JIMÉNEZ

Chapitre 10
Développement et durabilité, quelle cohérence ?
Une analyse à partir du secteur forestier gabonais 229
Étienne BOUREL

Chapitre 11
Les sciences sociales connaissent-elles le progrès ?
Retour sur le paradigme de construction de la sociologie,
de l'ethnologie et de l'anthropologie au XXe siècle en miroir
du développement et de la mondialisation. 239
Jean COPANS

Table des matières 255

LES AUTEURS

Ousmane BA est enseignant-chercheur à l'Institut National Supérieur de l'Éducation Populaire et du Sport (INSEPS) de l'université Cheikh Anta Diop de Dakar. Titulaire d'un doctorat en Sociologie depuis 2011, sa thèse a porté sur « Le rôle des ONG, des institutions gouvernementales et internationales dans la problématique de la reconstruction et de la prise en charge des populations de Casamance : le cas du CRS, du ProCas et de l'ANRAC ». Il a eu à publier un certain nombre d'articles scientifiques sur le plan national et international.

Alpha Ousmane BARRY est professeur des Universités à Bordeaux Montaigne, où il dirige le Centre d'études linguistiques, littéraires, francophones et africaines (CELFA), équipe de recherche rattachée à CLARE EA 4593. Spécialisé en analyse du discours, il est l'auteur de nombreux ouvrages et articles et est également fondateur et animateur scientifique du réseau Discours d'Afrique.

Éveline BAUMANN est chercheuse socio-économiste à l'Institut de Recherche pour le Développement (IRD) et membre du Centre d'études en sciences sociales sur les mondes africains, américains et asiatiques (CESSMA, UMR 245 Paris Diderot – Inalco – IRD). Ses recherches de terrain l'ont amenée en Afrique subsaharienne où elle a travaillé, notamment au Sénégal et au Mali, et dans l'espace post-soviétique, où elle s'est intéressée plus particulièrement à la Géorgie.

Étienne BOUREL est doctorant en anthropologie au Laboratoire d'anthropologie des enjeux contemporains (LADEC - FRE 2002) et ATER du département d'anthropologie de l'Université Lumière-Lyon 2. Ses recherches portent sur les conditions de travail et de vie sur les chantiers forestiers au Gabon et sur les modalités du passage au développement durable dans le secteur forestier en Afrique centrale.

Jean COPANS a été maître de conférences pendant 20 ans à l'EHESS, ensuite professeur de sociologie aux universités d'Amiens et de Paris Descartes, et a pris sa retraite en 2008. Il reste associé à l'UMR CEPED de cette dernière et à l'Institut des mondes africains

(Paris 1 – EHESS – CNRS – IRD). Il est surtout connu comme anthropologue et africaniste. Il a également enseigné aux États-Unis et au Québec au milieu des années 1970 et a dirigé le CEDU (aujourd'hui IFRA) à Nairobi, dans les années 1980. Il est notamment spécialiste du Sénégal, de l'histoire et des méthodes de l'anthropologie ainsi que des sciences sociales du développement. Il est l'auteur de plusieurs publications sur l'Afrique. Il a été l'un des cofondateurs et le directeur de la revue *Politique africaine*.

Cendrine Diédhiou est psychologue-conseillère diplômée de l'École Normale Supérieure d'Enseignement Technique et Professionnel (ENSETP). Elle a obtenu un master en sociologie (spécialité Politiques publiques et Développement) à l'université Assane Seck de Ziguinchor. Elle a travaillé avec le cabinet PRISM-Toulouse sur l'action des ONG dans les processus de développement local en Casamance. Elle travaille actuellement sur les attentes et la satisfaction des lycéens par rapport à l'offre d'orientation.

Paul Diédhiou est anthropologue et enseignant-chercheur à l'université Assane Seck de Ziguinchor. Il travaille sur les conflits, l'identité, la mémoire et le développement en Casamance. Il est auteur de plusieurs articles scientifiques sur le conflit de Casamance et sur les Joola. Sa publication majeure reste *L'identité joola en question. La bataille idéologique du MFDC pour une indépendance de la Casamance*, ouvrage paru chez Karthala en 2011. Il est l'actuel directeur du Laboratoire de recherche en sciences économiques et sociales de l'université Assane Seck de Ziguinchor.

Mamadou Diombéra est enseignant-chercheur à l'université Assane Seck de Ziguinchor. Spécialiste des questions touristiques, il a été le chef du Département de tourisme de l'université Assane Seck de Ziguinchor. Il est actuellement le directeur du Centre régional des œuvres universitaires sociales de Ziguinchor.

Cécile Godfroid est doctorante à l'université de Mons (UMONS) en Belgique, et est membre du CERMi (Centre Européen de Recherches en Microfinance, ULB et UMONS). Elle travaille particulièrement sur le management des agents de crédit en microfinance et réalise ses recherches de terrain au Sénégal, en Éthiopie et en Colombie.

Jean Alain Goudiaby est enseignant-chercheur à l'université Assane Seck de Ziguinchor. Docteur en Sociologie, ses travaux portent essentiellement sur les politiques universitaires en Afrique, en lien avec des questions de développement. Il travaille également sur la gouvernance et la pédagogie universitaire. Il est actuellement le directeur de la Pédagogie et des Réformes de l'université Assane Seck de Ziguinchor.

Aude Jiménez est docteure en communication du Département de communication sociale et publique de l'UQAM, membre du CRICIS (Centre de recherche interuniversitaire sur la communication, l'information et la société), du GRER (Groupement de recherche et d'Étude sur la radio) et du GERACII (Groupe d'études et de recherches axées sur la communication internationale et interculturelle). Ses recherches portent sur les questions de communications pour le développement, sur les médias d'Afrique de l'Ouest et sur les médias communautaires de manière générale.

Khalifa Ababacar Kane est enseignant-chercheur à l'université Assane Seck de Ziguinchor et chercheur rattaché au Centre de droit maritime et océanique de l'université de Nantes. Il est le coordonnateur du Master du Département de sciences juridiques de l'université Assane Seck de Ziguinchor.

Madeleine N'dione Mbinky est doctorante en Sociologie. Elle est rattachée au Laboratoire d'Études et de Recherche en Sociologie, LABERS E 3149, Brest/Bretagne, où elle mène une thèse sur l'asymétrie des échanges interculturels pour une sociologie des relations partenariales internationales de solidarité franco-sénégalaise. Elle travaille particulièrement sur les relations Nord-Sud et les échanges interculturels et sur la sociologie des associations, des ONG et du développement local.

SIGLES ET ABRÉVIATIONS

ACEP : Alliance de Crédit et d'Épargne pour la Production

ANRAC : Agence Nationale pour la Relance des Activités sociales et économiques en Casamance

AT-CPEC : Cellule d'Assistance Technique aux Caisses populaires d'épargne et de crédit

ATOMBS : Projet d'Assistance Technique aux Opérations Bancaires Mutualistes au Sénégal

BCEAO : Banque centrale des États de l'Afrique de l'Ouest

BIMAO : Banque des institutions mutualistes d'Afrique de l'Ouest

CBAO : Compagnie bancaire de l'Afrique occidentale

CDAT : Commissariat au Développement durable

CMC : Centres multimédias communautaires

CMS : Crédit Mutuel du Sénégal

CMTS : Centre for Media and Transitional Societies

CNCAS : Caisse nationale de crédit agricole du Sénégal

CNUCED : Conférence des Nations Unies sur le Commerce et le Développement

CODESRIA : Conseil pour le développement de la recherche en sciences sociales en Afrique

CONGAD : Conseil des ONG d'Appui au Développement

COREZI : Comité pour la Rénovation de Ziguinchor

COSAMA : Consortium sénégalais d'activités maritimes

COSEG : Conseil sénégalais des chargeurs

DSRP : Document de Stratégie pour la croissance et la Réduction de la Pauvreté

FAO : Organisation des Nations unies pour l'alimentation et l'agriculture

FLEGT : Forest Law Enforcement, Governance and Trade

FMI : Fonds Monétaire International

FONGS : Fédération des ONG du Sénégal
GATT : Accord Général sur les Tarifs et le Commerce
GEC : Groupement d'Épargne et de Crédit
GIE : Groupement d'Intérêt Économique
GOANA : Grande Offensive pour la Nourriture et l'Abondance
ILACO : International Land Development Consultant
IMF : Institutions de Microfinance
ISRA : Institut Sénégalais de Recherche Agricole
MAC : Mission Agricole Chinoise
MAUSS : Mouvement Anti-Utilitariste en Sciences Sociales
MFDC : Mouvement des Forces Démocratique de Casamance
NEF : Near East Foundation
NEPAD : Nouveau Partenariat pour le Développement de l'Afrique
OLB : Origine et Légalité des Bois
OMT : Organisation Mondiale du Tourisme
ONG : Organisation Non Gouvernementale
ONU : Organisation des Nations Unies
OSC : Organisations de la Société Civile
PADERCA : Projet d'Appui au Développement Rural en Casamance
PAM : Programme Alimentaire Mondial
PAS : Programmes d'Ajustement Structurel
PEFC : Program for the Endorsement of Forest Certification
PIDAC : Projet Intégré de Développement Agricole de la Basse Casamance
PME : Petites et Moyennes Entreprises
PNUD : Programme des Nations Unies pour le Développement
PPDC : Projet Pôle de Développement de la Casamance
PPP : Partenariat Public-Privé
PRAESC : Programme de Relance des Activités Économiques et Sociales en Casamance
RADDHO : Rencontre Africaine pour la Défense des Droits de l'Homme
REVA : Plan Retour vers l'Agriculture

SET : Service des Études et Tarifs
SETRAF : Service Tarifs Frets
SFD : Systèmes Financiers Décentralisés
SOMIVAC : Société de Mise en Valeur de la Casamance
UCCA : Union de Conseil des Chargeurs Africains
UEMOA : Union Monétaire Ouest-Africaine
UNESCO : Organisation des Nations Unies pour l'Éducation, la Science et la Culture
UNICEF : Fonds des Nations Unies pour l'Enfance
USAID : Agence des États-Unis pour le Développement International

INTRODUCTION

Jean Alain GOUDIABY & Paul DIÉDHIOU

« On ne développe pas, on se développe », disait déjà l'historien Joseph Ki-Zerbo. Tel est posé le point de départ de tout processus de développement : les territoires ou les hommes. Toutefois, du développement des territoires ou du développement de soi, la frontière peut sembler mince et les deux réalités liées.

Quand le Sénégal et la plupart des pays africains ont accédé à la souveraineté internationale, la question du développement était déjà un axe privilégié dans les politiques et autres démarches collectives. Il semble alors légitime de repenser le développement et les différentes politiques initiées au Sénégal ou ailleurs en Afrique.

Il est à constater que depuis les indépendances, plusieurs programmes et projets sont mis en place dans le cadre du développement. L'élaboration, au Sénégal, de la Stratégie nationale de développement économique et social (SNDES) pour la période 2013-2017 entre bien dans cette orientation globale. Cette stratégie se met en œuvre, comme on le sait, dans un contexte social économique difficile.

Aujourd'hui, avec le Nouveau management public (New Public Management), qui instaure la contractualisation dans les secteurs de la santé et de l'éducation, la gestion axée sur les résultats, la modernisation de l'administration, la facilitation de l'accès aux services publics, etc., il est important de voir comment les différents dispositifs mis en place par l'État (presque toujours sous perfusion), les ONG (qui ne sont peut-être que des calmants), les bailleurs (qui conditionnent et définissent quasiment les objectifs que doivent atteindre cet État), ou autres partenaires au développement, interagissent avec la disposition des populations dans les processus de développement. Ceci peut permettre de mesurer le hiatus entre les sommes dévolues aux projets de développement et les résultats observés sur le terrain. C'est donc tout l'intérêt de repenser le développement. Le repenser, c'est poser aujourd'hui un regard sur les différents processus de développement, les ajuster, voire les déconstruire et/ou les (re)construire. Les leviers pour un développement sont multiples, mais aucun ne semble durable s'il n'est pensé dans sa globalité et ne s'appuie sur la culture et les savoirs endogènes. Le développement n'est pas un état, encore moins une question de rattrapage, mais un processus englobant. De ce point de vue, repenser le développement, c'est réexaminer les démarches (approches) et les politiques de développement, et ne plus considérer les sciences sociales du développement comme des disciplines consacrées exclusivement aux pays du Sud. Revenir donc sur les concepts (ou théories) mêmes qui ont guidé les processus de développement ne serait pas superflu, d'autant plus qu'ils ont des soubassements idéologiques : de quel développement parle-t-on ? Partant de là, on s'interrogera sur la marginalisation et démarginalisation de ces savoirs endogènes (Hountondji, 1997) et sur les modalités de mobilisations des ressources (financières, techniques, technologiques et humaines) ainsi que leur allocation aux acteurs. Ce qui posera la question de la gestion des biens (matériels ou immatériels) et des hommes. Quelles en sont la valeur ajoutée et les richesses créées ? Comment les richesses sont-elles réparties ?

Face à la désarticulation du système économique en Afrique, la dimension culturelle de développement réside dans le changement de comportements tant individuels que collectifs, pour façonner, tel un potier, l'envol de ce continent, que l'on sait rempli de potentiel.

Les textes qui constituent donc cet ouvrage résultent d'un colloque international organisé en décembre 2014 à l'université Assane Seck de Ziguinchor par le Laboratoire de Recherche en Sciences Sociales (LARSES) de l'Unité de Formation et de Recherche Sciences économiques et sociales[1]. Ils s'inscrivent dans cette perspective de repenser le développement à partir de regards croisés. Car comme le montre bien le texte de Jean Copans (chapitre 11), après la mondialisation des frontières socio-spatiales (la découverte des autres sociétés et cultures), puis celle des frontières temporelles (la reconnaissance de l'historicité et du changement de toutes les sociétés), serait enfin venue, en effet, la mondialisation des frontières

---

[1] Ce laboratoire créé en avril 2012 par les enseignants-chercheurs de l'UFR Sciences économiques et sociales de l'université Assane Seck de Ziguinchor se veut pluridisciplinaire et compte ainsi transcender les barrières disciplinaires. Il organise tous les deux ans un colloque sur une thématique précise qui prend en compte la pluridisciplinarité. En 2016, un colloque portant sur le Code des obligations civiles et commerciales a été organisé et les actes de cette manifestation seront publiés en 2018. Un autre colloque sur les politiques éducatives est prévu en décembre 2018 et les actes seront également publiés.

Introduction

disciplinaires nationales (une anthropologie-monde plurielle, car multilocalisée, sans hiérarchie imposée). Le présent ouvrage accueille donc la majorité des contributions proposées par les spécialistes autour des thématiques relatives aux questions de développement. Il s'articule autour d'une ligne directrice : repenser le développement tant du point de vue théorique qu'empirique. C'est pourquoi la plupart des contributeurs ont cherché à partir des données ethnographiques ou quantitatives de réinterroger les concepts ou théories autour du développement. La structure du livre, vu la diversité des thèmes, peut donner l'impression d'une collection de problématiques plus ou moins hétérogènes. Mais en réalité, les auteurs mettent presque tous la culture au cœur du processus de développement, les éloignant ainsi du néoculturalisme tel que présenté par Daniel Étounga Manguelle (Étounga Manguelle, 1990).

Ainsi, se démarquant de tout débat entre opposants et défenseurs des théories culturalistes, Alpha Ousmane Barry privilégie ici un regard personnel nourri d'expériences pratiques sur les questions de développement en Afrique. Son objectif est de comprendre la place de la culture dans le dispositif de développement en Afrique. Pour se développer, note-t-il, les pays africains doivent vaincre un obstacle majeur : les comportements et habitudes de mauvaise gestion des ressources. Pour ce faire, il faut, selon lui, promouvoir l'idée d'une culture humaine du développement qui encourage le civisme, le travail, l'esprit d'entreprise. Il s'agit donc de prendre en compte la dimension culturelle du développement dans un contexte spécifique à l'Afrique, dominée par la mondialisation et donc le libre-échange. Il défend l'idée selon laquelle le socle du développement de l'Afrique doit avant tout se bâtir sur la maîtrise des connaissances scientifiques et techniques. Celles-ci doivent s'appuyer sur les savoirs endogènes à valoriser afin d'impulser le développement des différents secteurs, dont celui du tourisme (chapitre 1).

Développer le secteur du tourisme en Afrique nécessite la mise en place d'un projet intégré d'industrie touristique à travers l'aménagement et la valorisation du patrimoine naturel (sites), culturel (artisanal, art culinaire, folklore), des vestiges historiques. C'est dans cette perspective, mais à une échelle locale (la Casamance), que s'inscrit la contribution de Mamadou Diombéra (chapitre 2).

Faisant un diagnostic du contexte historique actuel de la Casamance, contexte marqué par la baisse vertigineuse des arrivées balnéaires, l'auteur de cette contribution tente de comprendre comment la conservation et la valorisation du patrimoine contribuent au développement touristique et économique d'un territoire. À partir de recherches documentaires, de visites de terrains et d'entretiens semi-directifs auprès des personnes ressources issues des milieux patrimoniaux et touristiques, il analyse la situation actuelle et dégage les pistes et les propositions d'action en matière de valorisation touristique durable des territoires. En effet, les projets de valorisation du patrimoine, par exemple, permettent de découvrir les ressources patrimoniales avec une approche culturelle et éducative. Partant, les actions de promotion du patrimoine culturel (des savoirs endogènes) peuvent être perçues comme vecteur de développement local.

Si les deux premiers textes abordent la question de la valorisation du patrimoine naturel et culturel, celui d'Ousmane Ba (chapitre 3) se veut une réflexion critique autour de la reconstruction dans une zone de conflit où interviennent une multitude d'organisations non gouvernementales (ONG) avec une absence manifeste de cadre de coordination de leurs actions. Ce texte, comme ceux de Jean Alain Goudiaby et de Cendrine Diédhiou, ainsi que celui de Madeleine N'Dione Mbinky, réinterrogent les pratiques de ces organes nés pour la plupart dans le contexte des politiques d'ajustement structurel des années 1980 (Copans, 2010). Repenser le développement, c'est mener une réflexion sur les méthodes et pratiques de ces structures de plus en plus présentes dans les politiques de développement, et dont les résultats restent mitigés. Depuis les années 1990, remarquent Jean Alain Goudiaby et Cendrine Diédhiou (chapitre 4), on assiste à une prolifération d'ONG et d'association au Sénégal et dans beaucoup de pays du Sud. Ceci est d'autant plus vrai en Casamance, où dans un contexte lié au conflit, les ONG semblent être obligées, nous dit Ousmane Ba (chapitre 3), de reconsidérer leurs domaines d'intervention en y incluant d'autres, qui ne relèvent pas de leur compétence. Les deux contributions, surtout celle de Jean Alain Goudiaby et Cendrine Diédhiou sur l'action des ONG, mettent en évidence le manque de coordination de leurs activités en Casamance. Cette situation déjà évoquée par Jean-Claude Marut est favorisée par les « milliards de la paix » (Marut, 2010) qui circulent dans cette région en proie à un conflit armé depuis plus de trente ans. S'instaure alors une économie de guerre où les différents acteurs cherchent à capter les fonds destinés à la reconstruction de la Casamance (Ousmane Ba) ou au développement (Jean Alain Goudiaby et Cendrine Diédhiou). Le développement constitue, de ce point de vue, un marché qui revêt deux logiques souvent contradictoires : celle des développeurs, dont la préoccupation reste, entre autres, l'achat des voitures pour pouvoir effectuer leurs visites de terrains, le paiement des honoraires, l'organisation fréquente de séminaires avec des per diem ; et celle des populations, qui n'ont pas, comme le soulignent ici Jean Alain Goudiaby et Cendrine Diédhiou, les mêmes conceptions. Ce qui débouche sur des querelles de vision et de légitimité qui aboutissent à l'échec de leurs interventions. Ces contributions sur l'initiative des ONG en Casamance, bien que portant sur des échelles locales, viennent en quelque sorte corroborer les études menées par Jean-Pierre Olivier de Sardan. Ici comme ailleurs, le développement peut être assimilé à une arène où s'affrontent plusieurs acteurs aux logiques contradictoires (Olivier de Sardan, 1995). Se profile alors, dans le cadre de repenser le développement, une perspective comparatiste des différentes situations en Afrique ou ailleurs. Mais puisque les sciences sociales de développement ne doivent plus être réservées aux seules sociétés africaines, il devient impératif de saisir la question du développement en mettant en perspective le local et le global, ou le global et le local. Il s'agit de s'intéresser aux sources et ressources de financement de ces structures. Du coup, comme l'a préconisé Jean Copans dans une conférence prononcée en 2013 à l'université Assane Seck de Ziguinchor, le développement doit s'étudier d'abord au Nord. Ce qui est une invite à s'intéresser à la provenance des sources, de leur utilisation et de leurs impacts sur les pays bénéficiaires.

La contribution de Madeleine N'Dione Mbinky (chapitre 5) semble s'inscrire dans cette perspective même si elle ne spécifie pas l'origine des sources et les montants alloués aux ONG sénégalaises financées par les ONG du Nord. Son texte cherche à montrer que les initiatives de développement de type entrepreneuriat social menées par les ONG sénégalaises appuyées par les partenaires du Nord sont des facteurs clés de développement local et territorial. Elle introduit ici la notion de codéveloppement créée par la gauche française dans les années 1980. Ce concept en vogue aujourd'hui à cause des flux migratoires Sud-Nord est devenu un outil que les collectivités locales des pays du Nord utilisent pour impulser le développement local des terroirs du sud. C'est pourquoi, à partir d'un travail empirique, Madeleine N'Dione Mbinky défend l'idée que les initiatives d'entrepreneuriat social axées sur un territoire peuvent impulser un développement local. La question fondamentale est celle de savoir comment mettre en perspective ou en synergie ces politiques entreprises par les partenaires du Nord et celles initiées par l'État, souvent contourné par les ONG. Certes, cette contribution n'apporte pas une réponse tranchée, mais toujours est-il qu'elle ouvre une piste de réflexion épistémologique et théorique telle que l'envisage Jean Copans dans son texte.

Cette piste de réflexion apparaît en filigrane dans la contribution de Paul Diédhiou (chapitre 6), qui tente de faire l'historique des politiques de développement initiées en Casamance par l'État et les bailleurs étrangers, des indépendances à nos jours. La Casamance, grenier à riz du Sénégal ? Telle est la question fondamentale posée par l'auteur. Mettant au cœur de l'analyse la notion de malentendu linguistique empruntée à Jean-Pierre Darré, l'auteur montre comment les projets ou programmes de développement financés et appuyés par les partenaires du Nord peinent à impulser une riziculture intensive ou moderne. Son travail s'appuie sur les rapports des experts et examine de près leur vocabulaire. Il constate ainsi que techniciens et riziculteurs n'utilisent pas les mêmes termes pour désigner le développement, les céréales et leurs fonctions culturelles et sociales. Il s'ensuit un hiatus noté au niveau des perceptions entre les populations et les développeurs qu'évoquent Jean Alain Goudiaby et Cendrine Diédhiou dans leur contribution. Repenser le développement, dans ce contexte, consiste à réinterroger les concepts et modèles élaborés ailleurs et souvent en déphasage avec les réalités locales. Il s'agit de mettre au cœur de l'analyse les sciences du langage, souvent absentes dans les questions de développement.

L'un des objectifs de l'État sénégalais est de régler le problème de l'autosuffisance alimentaire en incitant les riziculteurs à exporter le surplus commercialisable. Or, et cela semble banal, cette exportation peut se faire par les voies terrestre, fluviale et maritime. De ce point de vue, on ne peut pas parler de développement sans voies de transport viables et sans port attrayant. C'est tout l'intérêt du texte de Khalifa Ababacar Kane (chapitre 7), pour qui les ports africains sont au centre de la dynamique de la chaîne internationale des transports.

Ces ports sont devenus des organes vitaux pour l'économie de leurs pays, car plus de 80 % du commerce intérieur passent par eux. Seulement, leur mode de gestion dans les pays francophones fait que les recettes portuaires sont un élément clé pour nourrir et fortifier le budget des États. Si la rigidité domaniale s'explique par la nécessité pour l'État et les autres personnes de droit public de faire respecter la consistance et la destination du domaine public, il ne faut pas perdre de vue, soutient l'auteur, que l'une des finalités d'un port est sa rentabilité économique. Toute la problématique est donc de concilier ces deux idées *a priori* contradictoires. Pour l'auteur, le Sénégal doit s'atteler à améliorer le cadre institutionnel de ses ports en desserrant un peu l'étau de la tutelle étatique, car la question de l'influence du statut juridique des ports maritimes sur leur compétitivité reste d'actualité. Ce texte ouvre les pistes de réflexion sur les multinationales telles que le groupe Bolloré, présent dans la plupart des ports de l'Afrique francophone. Il en est de même des autres multinationales telles que Total, Orange et Eiffage, dont les apports dans le domaine du développement des pays du Sud restent presque inexplorés dans le monde académique[2]. Quelle serait leur place dans le développement des pays du Sud ? Repenser le développement en intégrant la question des multinationales peut permettre de mesurer les enjeux économiques, politiques, voire géostratégiques.

Ces questions ou ces pistes concernent également le secteur bancaire. Au Sénégal ou ailleurs en Afrique, les banques françaises (Société Générale, BNP Paribas) et leurs filiales locales occupent une place prépondérante ; et dans le cadre de repenser le développement, ce secteur peut faire l'objet d'une étude approfondie afin d'appréhender leurs apports dans le développement. La contribution d'Éveline Baumann et de Cécile Godfroid met en exergue ce secteur dans le domaine du microcrédit (chapitre 8). Qu'en est-il des répercussions du microcrédit en matière de développement, trois décennies après ses débuts ? Telle est la question que se posent les auteurs de ce texte. Pour elles, même lorsque le microcrédit est réduit à un outil standardisé, les acteurs à des individus désincarnés, et les communautés à des entités sans histoire et enjeux de pouvoir, comme le fait la méthode de la randomisation, les répercussions du microcrédit restent particulièrement difficiles à évaluer. Retraçant l'histoire de la microfinance au Sénégal et abordant la problématique propre à la mesure des répercussions de cette dernière, elles engagent le débat sur les réorientations des services qui ciblent les pauvres, réorientations qui s'expliquent par la crise qui a suivi l'éclatement de la bulle spéculative

---

[2] Les travaux d'Alain Deneault sur la multinationale Total constituent peut-être une œuvre pionnière. Voir DENEAULT, Alain, 2017, *De quoi Total est-elle la somme ? Multinationales et perversion de droit*, Paris, éditions Rue de l'échiquier.

de 2008. Quels seraient donc les apports de la microfinance en termes de développement ?

Cette question posée par ces contributrices peut être envisagée dans le cadre de la communication, problématique abordée par Aude Jiménez (chapitre 9). En effet, ces microcrédits pour « pauvres » appuyés par les partenaires du Nord utilisent les médias, notamment la radio, pour sensibiliser les populations démunies. Or, quand les spécialistes évoquent les questions de développement, ils mobilisent rarement les chercheurs du domaine de la communication, se désole Aude Jiménez. En Afrique, depuis ses débuts sur le continent, la radio reste le premier média au cœur des campagnes médiatiques pour le développement. Qu'en est-il aujourd'hui du rôle de ce « vieux » média dans les campagnes développementales du continent ? Après avoir fait un bref rappel historique de l'instrumentalisation développementaliste de la radio en Afrique, Aude Jiménez aborde la question de la place de ce média au sein des campagnes des différents organismes sur place. Comment ce média tire-t-il son épingle du jeu à l'ère du numérique ?

Aujourd'hui, la question du développement durable, relayée par les différents médias, est une problématique majeure présente dans les différents projets et programmes de développement. Le texte d'Étienne Bourel (chapitre 10) pose ainsi la question de la gouvernance forestière. Il porte sur des réflexions et conclusions issues d'une recherche conduite depuis plusieurs années dans le cadre d'un doctorat en Anthropologie. Sa contribution est axée sur les conditions de travail et de vie dans les chantiers forestiers au Gabon et sur les transformations que connaît le secteur de l'exploitation forestière en Afrique centrale à la faveur de la prise en compte du développement durable. Au cours de quatre enquêtes ethnographiques d'une durée totale de vingt-trois mois, l'intérêt a été porté tant sur les manières de travailler et de vivre dans plusieurs camps forestiers que sur les acteurs impliqués dans la gouvernance forestière à Libreville.

Bref, les questions de développement sont complexes et embrassent tous les domaines de la vie sociale. C'est la raison pour laquelle l'idée de les aborder dans une perspective pluridisciplinaire (voire transdisciplinaire) semble fondamentale (Ba & Goudiaby, 2016). Décloisonner les disciplines devient un impératif. Mais ce décloisonnement disciplinaire, qui fait partie des objectifs du Laboratoire de Recherche en Sciences Économiques et Sociales (LARSES), doit se faire au niveau sociospatial. C'est dans cette perspective qu'il faut comprendre la contribution de Jean Copans (chapitre 11).

Ce dernier articule son texte auteur de quatre points. Dans les deux premiers, il est question de l'invention des sciences sociales pratiques du changement qui renvoie aux rapports originels qui ont fabriqué, à partir du XVIe - XVIIIe siècle, un discours pragmatique et politique, non plus théorique, portant sur la construction politique et morale de l'État, d'une part, et sur celle de l'individu, d'autre part. Le troisième point prend le siècle écoulé comme repère et s'attache à comprendre le sens et la nature réelle du positionnement finalement marginal de cette préoccupation dans l'ensemble disciplinaire des sciences sociales d'aujourd'hui. Le quatrième point revient sur la logique profonde que dévoile l'évolution des sciences sociales. Celles-ci ont connu des progrès aux niveaux sociospatial et temporel. À la mondialisation des frontières socio-spatiales et temporelles doit suivre à présent celle des frontières disciplinaires nationales. Il s'agit alors d'une anthropologie-monde plurielle et multilocalisée. C'est tout l'intérêt de repenser le développement et de reconsidérer les processus pour y parvenir. Ces processus semblent devoir s'inscrire dans des efforts continus, une vision prospective et des stratégies adaptées et performantes. Ce sont entre autres les pistes de réflexion qu'explorent implicitement ou explicitement les auteurs de cet ouvrage et le LARSES.

BIBLIOGRAPHIE

BA, Mame Penda & GOUDIABY, Jean Alain, 2016, *Les sciences humaines et sociales au Sénégal : une évaluation critique*, Dakar, Codesria.

COPANS, Jean, 2010, *Sociologie du développement*, Paris, Armand Colin.

DENEAULT, Alain, 2017, *De quoi Total est-elle la somme ? Multinationales et perversion de droit*, Paris, éditions Rue de l'échiquier.

HOUNTONDJI, Paulin, 1997, *Combats pour le sens*, Cotonou, Éditions Le Flamboyant.

ETOUNGA MANGUELLE, Daniel, 1991, *L'Afrique a-t-elle besoin d'un programme d'ajustement culturel ?*, Ivry-sur-Seine, éd. Nouvelles du Sud.

MARUT, Jean-Claude, 2010, *Le Conflit de Casamance. Ce que disent les armes*, Paris, Karthala.

OLIVIER DE SARDAN, Jean-Pierre, 1995, *Anthropologie et développement*, Paris, Karthala.

Chapitre 1

La culture, moteur de développement en Afrique

Alpha Ousmane BARRY

1. La culture, approche définitoire

La notion de culture est inhérente à tout ce qui a trait à l'homme, à son vécu, et plus largement, à l'humanité. Elle se révèle comme un outil opératoire adéquat pour analyser l'ensemble des pratiques sociales, économiques, politiques, religieuses, etc., d'une collectivité donnée. Dans cette réflexion, la notion de culture doit être comprise dans son sens le plus étendu : « mode de vie et de pensée ». Ainsi, par-delà tout débat éclectique entre opposants et défenseurs des théories culturalistes, nous privilégierons un regard personnel nourri d'expériences pratiques sur les questions de développement en Afrique. C'est pour cette raison que nous exposerons dans les pages suivantes une vision sur la place de la culture dans le dispositif de développement en Afrique, sans nous immiscer dans les débats théoriques et querelles d'experts en développement. Nous pensons que, sans pour autant être dominante, la culture représente une composante déterminante dans la mise en œuvre d'un dispositif efficient de développement en Afrique. Nous pensons à cet effet que pour se développer, les pays africains doivent vaincre un obstacle majeur : les comportements et habitudes de mauvaise gestion des ressources. De l'avis d'Onana, « de fait, toute amorce de développement dans le continent noir est illusoire tant à ce point que le corps social africain reste affecté par une corruption généralisée, un incivisme caractérisé, une conscience tribale et ethnique antinationale, la concussion, la gabegie, le népotisme et des mentalités d'assistés » (Onana, 1997 : 99). Or, ces mentalités sont inadaptées à la conception de développement. D'où l'idée de culture humaine du développement que nous défendons, culture qui encourage le civisme, le travail, l'esprit d'entreprise, etc.

En effet, même si de nos jours on parle de culture animale, la culture a longtemps été considérée comme un trait caractéristique de l'humanité qui distingue l'homme de l'animal. Ainsi, la notion de culture s'oppose-t-elle à la barbarie, disposition insensée qu'on attribue habituellement au comportement bestial. Depuis la Grèce antique, l'homme est appelé « *zoon politikon* » (animal politique), c'est-à-dire être pensant, doué de raison (*logos*). C'est cette nature « réfléchie » de l'homme qui confère à la culture le statut de « ce qui est commun à un groupe d'individus », les savoirs partagés ou connaissances encyclopédiques, des valeurs qui soudent la communauté. Ainsi, l'UNESCO, institution internationale des Nations unies qui appréhende la culture dans son sens le plus large, la définit comme : « l'ensemble des traits distinctifs, spirituels et matériels, intellectuels et affectifs, qui caractérisent une société ou un groupe social. Elle englobe, outre les arts et les lettres, les modes de vie, les droits fondamentaux de l'être humain, les systèmes des valeurs, les traditions, les croyances ».

Ce réservoir commun, qui reflète la manière d'être, de penser, d'agir et de communiquer ensemble, apprise et partagée par tous les membres d'une même société, sert à la fois, d'une manière subjective et symbolique, à souder les citoyens en une collectivité particulière et distincte. Les paramètres de notre réflexion ainsi posée, nous allons à présent revisiter la trajectoire de la notion de culture, ce qui permettra aussitôt après cette synthèse historique, d'introduire le vif du sujet : la dimension culturelle du développement dans un contexte spécifique à l'Afrique dominé par la mondialisation et donc par le libre-échange.

2. DE LA NOTION DE CULTURE À LA CULTURE COMME FACTEUR DE DÉVELOPPEMENT

Dans une synthèse de l'*Encyclopediae Universalis*, on affirme que si le XVIIIe siècle peut être considéré comme la période de formation moderne de la notion de culture, il apparaît toutefois qu'en 1700 déjà, *culture* est un mot ancien dans le vocabulaire français. Issu du latin *cultura*, qui signifie « soins apportés aux champs et au bétail », son usage remonte à la fin du XIIIe siècle pour désigner « une parcelle de terre cultivée ». Au XVIe siècle, *culture* ne signifie plus un état (celui de la chose cultivée), mais une action (le fait de cultiver la terre). Comme on le voit, le passage de l'état à l'action atteste qu'à partir de la seconde moitié du XVIe siècle se forme le sens figuré de *culture*, qui va évoluer continuellement au fil des années parallèlement à l'évolution de l'humanité. Cette formation du sens pour désigner « culture d'une faculté », c'est-à-dire « travailler à la développer », assure le passage de la culture de la terre à la culture scientifique et pratique de l'esprit humain. En d'autres termes, pour revenir au sujet de cette contribution, nous proposons de défendre ici l'idée que le socle du développement de l'Afrique doit avant tout se bâtir sur la maîtrise des connaissances scientifiques et techniques, seules susceptibles de qualifier l'esprit humain. Dans le sillage de ce postulat, nous pensons que la qualification de l'esprit humain permet à l'homme d'incarner et d'intégrer dans ses dispositions, dans son comportement et dans ses attitudes, l'esprit de développement. C'est cet esprit éclairé ou conscience de développement qui mobilise notre attention dans cette contribution.

En effet, science et technique sont en interaction permanente dans la mesure où les techniques sont la résultante des applications de la science dans la société. Même si la science est transmise par l'éducation et l'enseignement, elle englobe un aspect important de construction active de la part de l'individu, sujet social. Elle comprend aussi une part de structuration de l'esprit humain vis-à-vis de l'ensemble des connaissances. Cette structuration confère au sujet cultivé la capacité de rattacher un quelconque domaine d'étude à ses connaissances. Dans l'arrière-plan de l'expression « capacité de rattacher les connaissances à un domaine social donné » se trament les notions de « savoir-faire » et de « savoir-être » qui, on peut s'autoriser de l'affirmer, font le plus défaut aux pays africains en général.

Pris dans un mouvement inverse de « nourriture de l'esprit », on passe de la culture appréhendée comme « action d'instruire » à la culture considérée comme « état de l'esprit cultivé par l'instruction » ou état de l'individu qui a la culture, et qui la « métabolise » dans un domaine d'activité social donné. On peut donc considérer que l'Afrique dispose de ressources humaines qualifiées insuffisantes de cet état de l'individu qui incarne la culture de développement. Cette insuffisance se traduit, d'une certaine manière, en termes de mauvaise gestion des finances publiques, de corruption et de gaspillage de ressources ; une sorte d'économie souterraine et parallèle qui profite à quelques-uns aux dépens de la société dans son ensemble. Or, selon Papanek : « le vrai dommage que la corruption cause ne repose pas principalement sur le détournement d'argent qui se fait au détriment de la collectivité pour le compte d'une poignée d'individus, mais sur le fait que ce transfert s'opère à un coût de loin supérieur au montant que reçoivent les personnes corrompues » (Papanek, 1995 : 5).

En d'autres termes, il s'agit plus précisément de « l'état d'esprit qui pense, l'état d'esprit qui invente » dans le respect des normes et valeurs citoyennes. En effet, la capacité de concevoir des projets de société correspond à un mouvement de mise en œuvre d'énergies créatrices, qui impulse le développement d'autres secteurs d'activités humaines. Ainsi, on peut sans doute considérer que ces ressources créatrices, génératrices de développement, sont indispensables à tout pays qui aspire assurer le bien-être de son peuple. Car selon Onana, « on voit mal, en effet, comment une société qui aspire à la modernité bâtir une économie compétitive sans une élite nationale de stature internationale » (Onana, 1997 : 104).

Mais avant de développer plus amplement cette question qui nous semble essentielle, il s'avère important de préciser qu'au siècle des Lumières, la culture acquiert une autre acception : « la somme des savoirs accumulés et transmis par l'humanité, considérée comme une totalité au cours de son histoire ». La culture est alors associée aux idées de progrès, d'éducation, d'évolution. Il en résulte que le progrès social, économique, artistique, etc., naît de l'instruction, c'est-à-dire de la culture toujours plus étendue. Ce qui revient donc à admettre que c'est l'extension de l'instruction ou plus concrètement l'accès aux connaissances de toutes les couches sociales, qu'on nomme habituellement par l'expression « génie du peuple », qui libérera les énergies créatrices en Afrique. L'idée contenue dans la notion de culture participe donc de l'optimisme et de la confiance en l'avenir de l'être humain.

Selon toujours cette encyclopédie, la culture est proche aussi d'une autre notion qui va connaître un grand succès : la civilisation, dont le sens plus étendu a été introduit et imposé par l'esprit petit-bourgeois pour désigner « le raffinement des mœurs collectives ». La notion de culture s'enrichit ainsi d'une dimension collective en France. Elle ne se rapporte plus seulement au développement intellectuel de l'individu, mais plus largement, elle désigne désormais « un ensemble de caractères propres à une communauté ». La culture est alors l'expression de la totalité de la vie sociale de l'homme. Elle se caractérise par sa dimension collective en embrassant les couches et catégories sociales, et globales, parce qu'elle concerne tous les domaines d'activités sociales et donc de la vie humaine.

Sans doute faut-il aussi remarquer que la définition précédente fait écho à l'idée défendue par Claude Lévi-Strauss dans les années 1950.

À cette période déjà, l'auteur affirme de manière programmatique que « toute culture est considérée comme un ensemble de systèmes au premier rang desquels se placent le langage, les règles matrimoniales, les rapports économiques, l'art, la science, la religion » (Lévi-Strauss, 1950 : 19). Toutes les réalités ici évoquées, qui embrassent divers aspects sociaux se rapportant à la vie de l'homme, entretiennent des rapports entre eux. L'interdépendance de tous ces aspects de la réalité sociale atteste qu'il ne suffit pas aux Africains, à l'image de tout peuple d'ailleurs, d'avoir, entre autres, de l'eau potable, de l'électricité, des hôpitaux, mais il est indispensable en revanche que la construction d'infrastructures immobilières, routières, scolaires, sanitaires, etc., s'accompagne d'une écologie du vivre ensemble dans la tolérance et que les États africains garantissent les libertés individuelles et collectives, la paix sociale et la concorde nationale, bien au-delà des vains mots de multipartisme et de démocratie, valeurs républicaines souvent galvaudées par les acteurs politiques.

Toutes ces considérations invitent à postuler qu'en matière de développement, l'économie déborde largement sur l'économique pour couvrir le vaste domaine de la réalité sociale. Ainsi, le développement de l'Afrique se définit-il en termes « d'épanouissement des peuples africains au-delà de l'augmentation des biens et des services ». Cela revient à admettre aussi que le développement se décline en une transformation sociale globale dans le but d'apporter une vie qualitativement meilleure. Or, l'épanouissement de ce qui est humain en l'homme, c'est la culture. À présent se profile à l'horizon de notre réflexion la différence entre la croissance, qui concerne la seule dimension économique, et le développement, qui embrasse tous les domaines de la vie de l'homme.

En intégrant à la composante économique la dimension culturelle, le développement acquiert un contenu centré sur la qualité de vie des citoyens. Ainsi, l'objectif fondamental du développement en Afrique visera donc l'amélioration de manière continue du bien-être matériel et moral au grand bénéfice de tous les Africains. Pour que cela soit possible, la stratégie de développement à mettre en œuvre doit reposer sur une action commune de tous les citoyens en vue d'améliorer toutes les sphères de la vie sociale : éducation, santé, démocratie, justice, sécurité, etc. D'où la question primordiale des rapports entre développement et culture qui se pose dans le contexte spécifique de l'histoire politique de l'Afrique, que nous allons aborder maintenant en trois volets.

3. Quand développement rime avec culture

Les enseignements tirés de l'histoire attestent que l'approche exclusivement économique mise en œuvre au lendemain de la Seconde Guerre mondiale apparaît très tôt comme inopérante à cause des multiples échecs enregistrés un peu partout dans le monde. En effet, l'examen des limites du processus de développement économique révèle aux experts et spécialistes des questions essentielles qui se situent au-delà de l'économique. Ce diagnostic une fois posé, nombreuses sont les organisations internationales qui mettent dans la foulée l'accent sur l'importance que représentent la justice sociale, l'égalité, l'éducation, la santé, la sécurité, etc., comme facteurs sociaux de développement. C'est ainsi qu'à la suite des études réalisées par les experts des institutions internationales, un indice de développement a été conçu en 1990 non pas sur la base de la seule croissance économique, mais à partir de tous les indicateurs fondamentaux du bien-être humain, dont entre autres : l'espérance de vie, le niveau d'éducation, la justice sociale et le pouvoir d'achat réel par habitant.

Plus récemment, en 2004, le PNUD, dans son rapport annuel, a mis en avant l'importance et la place de la « liberté culturelle dans un monde diversifié », la situant ainsi au centre du dispositif visant à améliorer les conditions de vie de l'humanité. En admettant que le développement soulève aussi une question culturelle, les experts valident du même coup la pertinence du postulat selon lequel « il n'y a pas de développement harmonieux, équilibré et juste possible sans liberté culturelle ». Ainsi, la culture influence-t-elle tous les secteurs des activités humaines. En se positionnant pour la prise en compte de la composante culturelle dans le dispositif d'un plan de développement de l'Afrique, on admet d'emblée que les activités culturelles, comprises dans le sens le plus large du terme, doivent figurer dans les projets et programmes de développement au même titre que les autres secteurs économiques apparemment plus rentables. Nous adhérons donc à l'hypothèse qu'il ne peut guère y avoir de développement harmonieux en Afrique sans un minimum de cohérence des systèmes culturels des peuples appartenant à chaque pays en osmose avec les cultures venant d'ailleurs. Ce qui revient à considérer que la force des cultures africaines doit résider dans leur plasticité, leur dynamisme et dans leur aptitude à assumer les changements indispensables pour l'épanouissement du bien-être des peuples africains.

Sans doute faut-il observer de toutes les considérations précédentes que dans le creuset du développement dont l'homme est la finalité, la composante culturelle occupe une place essentielle. Ainsi, de manière programmatique, nous considérons justement, pour que les enjeux culturels du développement s'enracinent dans le mode vie des peuples africains, que l'Afrique doit s'ouvrir à la modernité et prendre acte des mutations dans un environnement dominé par la mondialisation et la libre concurrence, en vue d'engager les peuples dans un processus d'adaptation nécessaire à la nouvelle conjoncture économique internationale. Dans le sillage de ces observations, on peut se poser les questions suivantes :

Comment la dimension culturelle va-t-elle conditionner l'orientation fondamentale du développement, son style et son type en Afrique ?

Comment consolider les nations africaines tout en intégrant ses différentes cultures régionales ?

Quels obstacles au développement faudra-t-il vaincre pour assurer le bien-être des Africains ?

En postulant que la promotion de la culture est un facteur de développement en Afrique, comment en faire un levier de mobilisation des forces vives et vitales pour l'enclencher et l'orienter dans le sens souhaité ?

Enfin, comment faire pour que le projet de développement des différents pays africains soit bâti sur la base d'une dynamique transversale en vue d'accompagner l'économique, le social, le politique, etc. ?

Le champ de notre réflexion balisé, nous allons maintenant explorer les différentes questions ainsi posées en vue d'aborder plus concrètement les différents axes de la culture comme moteur de développement en Afrique.

3.1. La culture dans le système éducatif en Afrique

Dans le but de poser plus concrètement notre hypothèse en vue de mieux échafauder notre réflexion, nous allons avant tout citer en référence Paul Valéry, qui écrit dans son ouvrage *Regard sur le monde actuel* : « pour que le matériel de la culture soit un capital, il exige lui aussi l'existence d'hommes qui aient besoin de lui, et qui puissent s'en servir – c'est-à-dire des hommes qui aient soif de développer leur sensibilité – et qui sachent acquérir ou exercer ce qu'il faut d'habitude, de disciplines intellectuelles, de convention et de pratique pour utiliser l'arsenal de documents et d'instruments que les siècles ont accumulés » (Valéry, 1945 : 22).

Partant de ces considérations, il apparaît que la première ressource de développement d'un pays est avant tout humaine. En effet, il n'est guère besoin d'insister sur le fait que l'effet des ressources humaines ou compétences professionnelles sur le développement d'un pays se manifeste par le renforcement des capacités de création et d'innovation dans les écoles, les entreprises, dans l'Administration, etc. En effet, il est indispensable de développer l'éducation pour répondre à la demande de ressources humaines qualifiées. C'est pour cette raison que la formation de cadres nationaux capables de concevoir et de conduire des projets adaptés aux besoins s'avère indispensable si l'Afrique veut s'assurer un développement endogène. Ainsi, c'est en adaptant la formation à la demande sociale du pays en ressources humaines qualifiées que le modèle social dans lequel s'inscrit le système éducatif scolaire, professionnel et universitaire prépare la jeunesse à participer pleinement à l'édification d'une nation prospère. Il ne s'agit guère de calquer les modèles étrangers, ni encore de se replier sur soi ; mais l'édification de l'École doit en revanche reposer sur un programme qui s'articule autour de la culture du projet de développement qu'on se propose de bâtir.

L'École représente en outre le cadre culturel d'épanouissement, voire de reproduction sociale des connaissances et des valeurs ; mais elle est aussi la condition nécessaire pour assurer la survie de la société. Or, la survie de chaque société n'est possible que quand elle organise sa propre défense. C'est pour cette raison qu'il nous semble aujourd'hui tout à fait logique de défendre l'idée que la seule manière de se mettre à l'abri contre l'imposition d'un système éducatif qui nie les besoins et les réalités sur le terrain consiste à se doter d'une élite pour conduire les projets en matière d'éducation dans une cohabitation harmonieuse des cultures nationales et étrangères.

L'expérience montre qu'une dynamique culturelle ne peut se déployer pleinement qu'en se situant dans des actions réciproques. L'expérience humaine montre en effet que les tensions entre les modèles reçus de l'extérieur, en particulier à travers les transferts de technologie ou de connaissances, et les modèles culturels africains, peuvent avoir pour conséquences : soit le repli sur le modèle traditionnel, soit l'adoption de modèles importés, voire inappropriés, soit enfin l'émergence d'une culture novatrice. C'est dans ce dernier cas qu'il est possible d'employer les termes de « dynamique culturelle ». Le rôle des spécialistes et plus largement des ressources humaines sur l'échelle nationale consiste à développer la culture commune en appariant la culture africaine avec la culture venue d'ailleurs dans une sorte de symbiose, catalyseur de progrès, conformément au dialogue des cultures qui se pose en termes de coopération culturelle, d'interdépendance et d'échange.

Sur cette base, il est nécessaire pour nous d'observer que le système éducatif en Afrique se présente aujourd'hui comme un champ de bataille écartelé entre les instructions dans les programmes officiels calqués sur les systèmes français et anglo-saxon (États-Unis, Canada), qui repose par ailleurs sur la « pédagogie par objectifs » et « l'approche par compétences ». Or, l'expertise de faisabilité commanditée par plusieurs institutions internationales de l'Éducation atteste que la question du contexte et des conditions réelles de fonctionnement des systèmes éducatifs africains ne semble guère posée par rapport à la réforme des curricula. Il en résulte que la question de l'approche par compétence ne semble pas avoir été posée avant la mise en œuvre de la réforme.

Dans le contexte présenté précédemment, il apparaît aussi qu'entre les défenseurs d'une pédagogie du savoir et ceux d'une pédagogie des compétences, on observe qu'« au désir de progrès se mêle quelque chose qui n'est plus de l'ordre de la continuité de la culture du pays ». En d'autres termes, entre la tradition pédagogique française et l'influence nord-américaine, l'éducation en Afrique constitue un enjeu de pouvoir entre les grandes puissances. L'influence française ayant été fortement réduite par rapport aux aides financières canadiennes et américaines dans le secteur particulier de l'éducation, il ne s'agit pas seulement d'un conflit culturel entre deux pédagogies, mais bien plus d'une politique d'influence. La situation que nous venons de décrire précédemment s'avère plus complexe encore si l'on en juge par la présence sur le terrain d'un autre acteur qui s'invite dans le secteur éducatif en Afrique. En effet, pendant que modèle anglo-saxon et modèle pédagogique importé de la France se disputent l'orientation éducative des systèmes d'enseignement en Afrique, une troisième force (le système islamique) tente d'occuper l'espace culturel du continent grâce à des investissements parallèles provenant de l'étranger et qui échappent au contrôle des États africains.

L'imaginaire collectif structure de manière non consciente une série de dispositifs contraignants dont, entre autres, l'ascension sociale et les questions religieuses. Alors qu'en Afrique occidentale, par exemple, on pratiquait un islam ancré dans les cultures des peuples, aujourd'hui, l'islamisation prend une proportion inquiétante au regard de la propagation du phénomène d'endoctrinement. Qu'il s'agisse de l'amplification de ce phénomène d'islamisation ou des réformes scolaires et universitaires, cette situation invite à se poser la question suivante : y aurait-il des cadres dans les États soucieux de l'avenir des pays africains, qui réfléchissent sur les voies et moyens pour canaliser cette culture éducative qui déplace les représentations culturelles en Afrique ? Sûrement que non, parce que l'Afrique ne dispose pas d'une élite pour bâtir des projets de société en vue de s'assurer un avenir radieux, mais d'une bourgeoise administrative engluée dans la corruption et hostile à toute culture démocratique. Or, ces mauvaises habitudes, qui ont peut-être une explication, sont hostiles à toute culture du développement. Dans une société où le paraître fait partie des mœurs, l'exercice du pouvoir est une source d'enrichissement personnel.

En effet, l'ascension sociale, qui repose sur des nominations par cooptation, ne repose guère sur la compétence professionnelle, mais sur des liens ethniques. Ainsi, les hommes, qui sont promus à des postes importants ne disposent pas de la culture nécessaire leur permettant de mesurer le poids des responsabilités qu'ils exercent. C'est pourquoi il n'est guère étonnant que leur seule préoccupation soit la course au profit financier sans arrière-pensée morale. Or, une élite bien avisée aurait pu tirer les enseignements de la situation qui prévaut dans bon nombre de pays, surtout en matière de sous-développement et de danger que cela représente pour des pays fragiles comme ceux du continent africain. L'exercice du pouvoir rimant avec le contrôle sur les richesses du pays, il n'est guère étonnant qu'il soit source de conflits ethniques.

Pour maîtriser l'avenir et l'assujettir aux impératifs d'un projet de société, nous pensons qu'il faut faire émerger la vérité occultée en vue de montrer que le développement n'est rien d'autre que le mythe de la croyance en l'avenir dont la réussite se situe au bout de l'effort. En formulant autrement la question ainsi posée, on peut affirmer que pour s'enraciner en Afrique, le développement doit s'adapter au milieu, à ses spécificités et aux impératifs qui s'imposent. Ainsi, tout en préservant l'essence des cultures de leurs peuples, les États africains doivent imaginer des modalités nouvelles d'arrimage des cultures endogènes aux cultures exogènes. Dans cette relation dialectique entre tradition et modernité, la place d'une élite pensante est indispensable, car tout processus actif de développement ne saurait être possible sans un regard critique sur son passé et son présent en vue d'une projection sereine dans l'avenir.

La création culturelle ne peut naître et se consolider que s'il y a dans le peuple une culture profonde, une communion de style. De la même manière, le développement en tant qu'appareil de production de bien-être passe par l'école, la maîtrise de la science et de la technique. Seul le développement graduel des capacités scientifiques et techniques adapté à l'effort de recherche de solutions ajustées à nos besoins et à nos problèmes va modifier les structures des collectivités traditionnelles, les institutions dont le fonctionnement est encore routinier, les mécanismes qui soutiennent les activités sociales et économiques, et enfin l'acquisition et le partage des connaissances dans une mise en œuvre dialectique entre tradition et modernité.

Comme on le sait, l'Afrique dispose d'immenses ressources naturelles, des matières premières dont ont besoin les grandes puissances ; mais pour transformer cette richesse naturelle en bien-être, les pays ont besoin de bâtisseurs, de penseurs, de patriotes tout court. Or, il s'agit là de ressources humaines, intellectuelles, qui lui font défaut. On peut affirmer avec certitude et grande conviction d'ailleurs qu'un pays qui se gère dans la routine ne peut guère aspirer au développement. Pour se développer, un minimum de rationalité est indispensable. Mais au regard de cette situation, force est de constater que c'est la course effrénée à l'argent, sans aucune considération morale, qui constitue malheureusement la principale préoccupation des gouvernants, au lieu de l'amélioration des biens et des services pour le grand bonheur des citoyens. Plongée dans une médiocrité routinière quant au fonctionnement de ses institutions, les pays africains en général se gèrent mal dans le présent, à plus forte raison se fonder l'espoir d'une projection sur le long terme.

Pour penser l'avenir et bousculer les mauvaises habitudes qui sont devenues un phénomène de comportement sociologique, le système éducatif en Afrique doit mettre en œuvre un projet pédagogique qui s'appuie sur trois facteurs : la nature des objectifs cognitifs (savoirs), qui englobe les aspects affectifs (savoir-faire) et le comportement (savoir-être). Nous faisons ici référence à deux aspects qui vont aller de pair : les compétences professionnelles et les qualités morales ou intégrité qui se déclinent dans le contenu centré sur la dialectique culture spécifique/culture générale ; enfin, la nature des processus d'apprentissage qui allient niveau intellectuel et qualification professionnelle. C'est autour de ce modèle multidimensionnel que doit se bâtir la véritable éducation intellectuelle et morale des élites africaines, celles qui auront pour mission de concevoir et de mettre sur pied des projets de société viables. Comme on le voit, la dimension culturelle de l'éducation a pour mission essentielle la transformation sociale en profondeur de l'Afrique. Cette transformation doit porter sur les contenus scientifiques des enseignements, la modélisation des rouages administratifs, ainsi que sur la promotion de nouvelles habitudes professionnelles et civiques.

Ainsi, le développement des ressources humaines au moyen d'un enseignement de qualité et d'une éducation morale à plusieurs niveaux, destinée à former des ingénieurs, des promoteurs, des techniciens, des administrateurs, doit-il imprimer des transformations sociales en vue d'assurer le bien-être de tous les Africains. En somme, il s'agit de former une élite qui réfléchit pour bâtir un projet d'avenir (planification). C'est dans l'émergence d'éléments de culture novatrice qu'il est possible de parler de dynamique culturelle, laquelle donne sens à la créativité culturelle qui consiste à conférer plus de sens et plus de qualité aux relations de l'Afrique et des Africains avec le reste du monde.

Avant de clore ce chapitre de notre réflexion, il n'est peut-être pas inintéressant de préciser qu'en dépit de son système éducatif réputé draconien, le Japon a réussi un développement fulgurant dans la période de l'après-Seconde Guerre mondiale grâce à la performance du projet d'éducation qu'il a mis en œuvre. En intégrant dans son projet éducatif les traditions culturelles anciennes et en faisant de celles-ci le socle, mais aussi l'aiguillon dans la maîtrise de la science et de la technique, il s'est hissé au rang des premières puissances économiques mondiales. Ces valeurs se structurent autour de l'esprit d'entreprise, du culte de la productivité, du perfectionnement et l'amour du bien fait, de l'esprit de compétition et du dépassement jusqu'au sacrifice de soi. Ce sont ces valeurs traditionnelles recyclées et mises en œuvre dans la pratique quotidienne qui expliquent la performance de Sony, Toyota ou Mitsubishi, entre autres. Après avoir esquissé la place de la culture acquise dans le cadre d'un projet éducatif pour assurer le développement de l'Afrique, nous allons maintenant aborder le second volet de notre exposé.

3.2. L'ancrage de la culture dans l'industrie touristique comme moteur de développement en Afrique

En abordant la question de la culture dans son rapport et sa place dans le développement de l'industrie touristique en Afrique, il s'avère important d'insister sur le fait que notre réflexion se déploie en termes de préservation, de mise en valeur et enfin de gestion du patrimoine touristique. Dans ce cas, la promotion de ce patrimoine, en appui au projet de développement intégral de notre continent, s'impose comme une nécessité. Tout au long de notre argumentaire, nous défendrons l'idée que l'Afrique, à l'image de toute société, possède tous les atouts pour impulser un développement endogène. En effet, outre l'augmentation de la capacité de production et la croissance économique, l'objectif principal est l'efficacité dans la préservation et la valorisation de notre patrimoine géographique, historique, et culturel. Ce développement est axé sur la production et la reproduction efficace du patrimoine. C'est ainsi qu'on garantit la continuité en transmettant aux nouvelles générations les acquis culturels et sociaux du passé et du présent. En effet, il n'est guère besoin d'insister sur le fait que les valeurs culturelles représentent l'image fondamentale de la vitalité de notre continent. Elles permettent d'interpréter le passé, qui donne plus de sens au présent, et organiser le présent pour se projeter dans l'avenir, et enfin de préserver l'avenir de toute errance. Cette conception de la culture dépasse largement sa simple expression plastique sous la forme de l'art, de la danse, du sport, du patrimoine historique et du théâtre. Elle englobe toutes les réponses sociales psychologiques aux exigences de la vie et du plaisir personnel.

Les modèles culturels d'une société sont constitués d'éléments sociaux qui agissent les uns sur les autres dans une sorte d'interdépendance totale. Ainsi, l'identité culturelle de l'Afrique assure-t-elle la force et la vitalité des différentes nations dans leur unité et dans leur diversité. Dans notre continent, on trouve des paysages somptueux, des plages de sable fin, des cascades, des paysages merveilleux, des vestiges historiques, des gens aimables qui vouent un respect absolu à l'hôte. Il s'agit là de conditions favorables au développement du tourisme. Évidemment, malgré ce don de la nature qui est, par endroit, des plus généreuse, l'industrie touristique peine à se développer dans certains pays. Or, des pays comme le Kenya, l'île Maurice, le Sénégal, le Bénin, etc., constituent une référence bien connue, parce que le développement du tourisme mis en œuvre dans ces pays a favorisé la médiatisation de leurs cultures. Développer le secteur du tourisme en Afrique nécessite donc la mise en place d'un projet intégré de l'industrie touristique à travers l'aménagement et la valorisation du patrimoine naturel (sites), culturel (artisanat, art culinaire, folklore, etc.), des vestiges historiques. À cela s'ajoute la conception de publicités (flux, photo, création d'images), la création d'offices de tourisme, d'hôtels, de restaurants, de centres de loisirs et enfin la mise en place de techniques de gestion.

L'objectif fondamental du développement consiste à améliorer perpétuellement le bien-être matériel et moral de l'homme. Dans ce cadre, l'industrie touristique offre un débouché idéal pour un ensemble de secteurs comme l'artisanat et l'art culinaire par exemple. Mais pour que les projets touristiques offrent des services aux individus et participent à la valorisation du patrimoine culturel des différents pays africains, il faut avant tout des ressources humaines qualifiées couvrant tous les domaines, allant de la conception de projets par des spécialistes en planification au personnel hôtelier et de la restauration, des agences de tourisme, des animateurs culturels, des guides. En d'autres termes, tout projet de développement qui vise l'amélioration de la vie pose des questions d'organisation du travail, de formation professionnelle et enfin, de maîtrise de la technique.

Comme on le voit, la mise en valeur et la gestion de notre patrimoine culturel nous ramènent à la question des ressources humaines et donc à l'École, ou plus exactement au projet éducatif. Il en résulte, pour que les différents pays africains s'approprient les espaces de leur patrimoine culturel, de leur passé, géographiques, et de l'artisanat, pour qu'ils les actualisent, les modernisent et enfin les gèrent, qu'il faut des professionnels qualifiés dans le domaine de l'industrie touristique. Cette question doit donc être comprise dans le sens de maîtriser, piloter et enfin réaliser des projets dans le secteur du tourisme. La capacité de gérer est le produit d'une culture qu'on acquiert à l'école. Elle se décline en termes d'acquisition de connaissances théoriques et pratiques, de savoir-faire (aptitudes professionnelles), et enfin de savoir-être (qualités morales). D'où la complexité de la situation qui nécessite la mobilisation et la mise en œuvre coordonnée et efficiente des ressources humaines, matérielles et financières. En d'autres termes, la mise en œuvre du projet social que l'on désire pour l'épanouissement humain un peu partout en Afrique nécessite des moyens financiers pour le réaliser, des compétences professionnelles et une éthique. Le rôle du spécialiste et plus largement des ressources humaines s'impose pour l'avant-projet (gestion, maintien et développement du tourisme).

Si tout ce qui vient d'être dit est essentiel, il est tout aussi indispensable d'entretenir la paix sociale en Afrique si l'on veut développer l'industrie touristique. Or, depuis la période des indépendances dans les années 1960, les pays africains en général ont été secoués par des crises sociales et politiques parfois cycliques. L'image d'un continent en crise constitue sans doute un frein à l'arrivée massive de touristes dans plusieurs pays africains. Il est donc grand temps que la culture humaine cède la place aux coups d'État, aux rébellions, et enfin aux violences politiques. Seule la rupture avec la culture de la violence politique de l'État contre les citoyens permettra un jour à l'Afrique de rejoindre le peloton des pays industrialisés, car la paix sociale est un environnement favorable à l'attraction d'investisseurs étrangers et de sécurité en matière de développement touristique.

3.3. La médiation culturelle : outil de régulation du jeu démocratique

Nous allons maintenant amorcer le dernier volet de notre exposé avant de clore cette réflexion sur les questions de développement en contexte africain. Certes, la promotion d'un développement endogène et intégral doit s'imposer comme une nécessité un peu partout en Afrique ; mais le développement, qui n'a de sens que dans sa globalité, doit embrasser toutes les sphères de la vie sociale. Or, un projet de développement sectoriel ou global nécessite des financements. C'est à ce niveau de notre réflexion qu'émerge une question de taille : celle de la culture politique, démocratique, de la tolérance, bref, du vivre ensemble pour garantir une paix durable.

Cette question est d'autant plus épineuse que plusieurs États africains sont constamment secoués par la violence politique ; ainsi, la mémoire, l'histoire, les projets de société ont été quasiment dominés par un passé historique non encore assumé. Mais pour se projeter dans l'avenir sur tous les plans, il faut avant tout se replonger dans son histoire, ce qui signifie que l'Afrique ne saurait se développer en ignorant son passé. Cependant, l'histoire politique en Afrique a été tellement tumultueuse que tout se passe comme si elle était devenue un sujet tabou. Ce trou de mémoire et l'attitude des Africains face à leur histoire montrent que le passé politique de l'Afrique représente tout simplement un repoussoir ou plus exactement une « situation maudite » qui impose un silence coupable. En plus de cette situation rendue difficile à cause du caractère dramatique et cyclique des exactions commises sur les citoyens, aucun débat constructif ne semble s'établir entre opposants farouches aux régimes politiques totalitaires ou autoritaires qui se sont imposés dans la violence, et passionnés irréductibles de la période des indépendances qui a pourtant légué aux Africains un lourd fardeau à assumer. Ce dialogue est rendu difficile à cause de l'emprise ethnique du pouvoir politique depuis les pères des indépendances africaines jusqu'à nos jours. Aujourd'hui se pose impérieusement la nécessité de porter un regard sur ce passé, de poser le vrai diagnostic du retard de l'Afrique, en vue de mettre sereinement sur pied un projet de développement global qui rompt avec le passé tumultueux. Il s'agit là d'un passage obligé pour sortir les Africains de la médiocrité.

Nous proposerons ici le concept fondateur de notre réflexion autour de la notion de médiation intégrative en mettant en avant les savoirs partagés ou les valeurs communes qui rassemblent. Ces lieux communs autour desquels se construit le consensus doivent nous conférer la capacité de réflexion critique sur les pratiques dans le passé et le présent, sur l'interdépendance des différentes composantes sociales, c'est-à-dire la cohabitation harmonieuse des cultures, tout en œuvrant pour l'unité nationale, la diversité des régions et leurs cultures singulières. C'est à ce niveau de notre réflexion que le rapport entre la culture et le développement acquiert une dimension politique. Ainsi, la démocratie en tant que forme de partage du pouvoir et culture vivante irrigue-t-elle tout le tissu social de nouvelles valeurs consensuelles susceptibles de secouer les querelles de « chapelle ethnique ». En tant que ferment de conscientisation, la culture est sans doute l'outil le plus adapté pour faciliter la négociation entre les forces politico-communautaires en présence. Elle incarne une force capable d'entraîner le consensus dans la prise des décisions et d'instaurer la discipline et le respect des libertés individuelles ainsi que collectives dans les relations entre l'État et les citoyens.

Agissant en contre-pouvoir, la culture est perçue comme une arme qui peut être mise au service des finalités émancipatrices et égalitaires plus légitimes. Elle représente le seul outil capable de libérer l'homme de l'emprise ethnique, religieuse et matérielle, et enfin, de la médiocrité, car elle est apte à libérer l'esprit humain en l'ouvrant davantage par rapport aux autres. C'est pour cela que la culture est considérée comme la nourriture de l'esprit humain ; dans ce cas, elle a pour fonction l'apaisement dans les conflits. Mais pour que la culture se donne les moyens d'impulser directement la conduite de développement en Afrique et que le développement en retour accorde à la culture une place centrale, ou un rôle de régulation continue, on doit se demander comment faire pour que les Africains affichent leur autonomie face à l'ethnie, à la religion et à la gestion de la chose publique, etc., dans leur choix politique. Comment agir sur les mentalités pour que le débat public ne se structure pas sur la base de l'appartenance ethnique et religieuse ?

Au-delà de la nécessaire acquisition d'une culture nouvelle en termes de manière de penser et d'agir, susceptible d'affranchir les Africains de la clôture ethnique et des mauvaises habitudes, nous proposerons ici la notion de médiation sociale, qui est une approche rationnelle fondée sur le maintien des liens de sociabilité entre des personnes de cultures différentes résidant dans le même espace géographique ou territoire. La médiation interculturelle est appréhendée comme une technique de démocratisation dans l'apprentissage des règles de coexistence pacifique dans les interactions sociales. Dans le domaine de la gestion des différences, elle accède à un registre normatif censé permettre de mieux vivre ensemble. La négociation est généralement considérée comme une méthode en dehors des influences juridiques dont l'objectif est de permettre aux parties accompagnées dans leur réflexion par un médiateur de trouver la solution la plus satisfaisante pour elles. C'est à ce niveau que les cultures traditionnelles peuvent participer à la régulation du débat politique comme forces d'apaisement, en vue de créer les conditions favorables à une communication sociale apaisée en Afrique entre les différentes composantes de toutes les cultures régionales, surtout en périodes électorales, marquées généralement par des tensions sociales exacerbées.

On peut imaginer, par exemple, qu'en tant que régulateurs de la vie sociale, certaines institutions communautaires, investies de missions considérables, sont capables d'exercer une influence sur les mœurs politiques et sociales. Ces instances de régulation de la vie sociale, nanties du pouvoir incontestable de la communication à l'échelle communautaire, exercent des fonctions sociales méritoires importantes de médiation sociale et de préservation de la concorde et du consensus dans les communautés africaines. Ce sont ces cultures communautaires qu'on pourrait revaloriser pour en faire des forces régulatrices de la vie en société. D'ailleurs, il s'avère important de préciser qu'aujourd'hui encore, seuls les conflits d'ordre gravissime sont traduits en justice. Ainsi, dans la plupart des cas, tout dissensus se résout à l'échelle communautaire. C'est ce processus de fonctionnement en parallèle de l'administration publique et communautaire que Georges Balandier nomme « persistance et dissolution des structures traditionnelles » (Balandier, 1967). Ces valeurs-là, qui atténueraient certainement la hardiesse des passions, pourraient à coup sûr servir de modèle de comportement dans l'espace public et dans la vie de tous les jours.

Toutes ces considérations invitent à soutenir l'idée qu'il est tout à fait possible et même souhaitable d'impliquer les institutions communautaires dans la mission d'arbitrage et de conciliation dans les périodes des crises politiques cycliques un peu partout en Afrique. Cette justice particulière consiste à distribuer des honneurs ou autres biens (de l'âme et de l'esprit) aux membres de la communauté, conformément à leur mérite. La négociation en vue de trouver un accord, qu'on appelle « palabre » (Bidima, 1997), genre rhétorique de débat en Afrique, est encore en vigueur dans toutes les communautés. Il s'agit en outre d'un tribunal public dont la fonction sociale est de régler tous les problèmes de dissensus qui affectent la concorde sociale.

La palabre apparaît alors comme un modèle de discussion qui permet la rencontre active avec l'autre sans éviter le face à face. La palabre traditionnelle est de deux types : la palabre irénique (hors conflit), qui se rapporte aux discours de circonstance comme ceux qu'on prononce lors des baptêmes, des mariages, des décès, des circoncisions, etc., et la palabre agnostique, qui met en œuvre une délibération dans le cadre d'un conflit. Le principe premier de la négociation, qui s'inscrit parfois dans les rapports de force, consiste à faire passer habilement les idées en mettant en avant l'intérêt commun aux deux parties. Un autre principe de négociation dénommé « sans-perdant », « gagnant-gagnant » ou « négociation contributive », nourrit l'ambition de la recherche d'un accord dans le respect des valeurs communes. C'est cette dernière qui nous intéresse ici parce qu'elle se rapporte à la loi. Étant donné qu'en Afrique, la palabre doit aboutir à la paix, et qu'après la sentence et la sanction, on renoue les liens, les parties en conflit se soumettent à la procédure avant même de prendre la parole, pour que le débat atteigne son but : aboutir à la paix.

Dans la mesure où l'on définit généralement la palabre comme un mouvement qui arrête la violence après une discussion vive, il nous semble tout à fait logique de considérer qu'en Afrique, la palabre offre un cadre de débat politique approprié en vue de rétablir l'équilibre social dans les rapports à autrui. Selon cette optique, dans la palabre, on exorcise le dissensus pour promouvoir l'unité du peuple. C'est dans l'esprit de cette pratique délibérative ou ce modèle de discussion, sans éviter le face à face, et en vue d'entretenir le dialogue, que nous proposons de remettre au goût du jour la pratique de la palabre. Il s'agit plus précisément de récupérer ces valeurs communautaires, de les remettre au goût du jour en vue d'entretenir la paix sociale et la concorde nationale.

CONCLUSION

Même si aucune unanimité ne se dégage sur la place de la culture dans le dispositif d'un plan de développement en Afrique, sans en faire une « recette de cuisine », nous pensons que les facteurs culturels peuvent y trouver pleinement leur place. Face à la désarticulation du système économique en Afrique, la dimension culturelle de développement réside dans le changement des comportements tant individuels que collectifs. Pour gagner cette bataille, nous proposons de mettre en avant l'éducation, qui est primordiale, en vue de mettre sur pied une conscience nationale citoyenne au-delà des particularismes ethniques et culturels. Ainsi, les cultures éducatives (civique, démocratique, économique, etc.) seront le gage certain de la mise en place d'institutions politiques stables, un service public efficient pour garantir la bonne gouvernance, l'unité nationale et l'attraction de capitaux étrangers pour combler la faiblesse de l'épargne.

En définitive, même si la notion de culture est plastique, elle se décline dans l'affirmation d'identité, l'invention et la créativité, la confrontation du passé avec le présent et le futur, en vue d'acquérir de nouvelles valeurs, une autre vision du monde susceptible de mieux structurer, voire de qualifier l'expression des individus et de la collectivité. Enfin faut-il insister en définitive sur le fait qu'aussi longtemps que l'on continuera à entretenir le silence sur les violences qui ont marqué l'histoire politique, l'Afrique connaîtra difficilement le développement dans le vrai sens du terme. Il reviendra donc à la jeunesse africaine de prendre ses responsabilités et d'assumer ce trou de mémoire sans passion ethnique. C'est à ce seul prix qu'on peut espérer voir l'Afrique sortir de l'engrenage d'un passé politique parfois sombre pour se hisser au rang des pays émergents.

BIBLIOGRAPHIE

BALANDIER, Georges, 1967, *Sociologie actuelle de l'Afrique noire. Dynamique des changements sociaux en Afrique centrale*, Paris, PUF, 3ᵉ édition.

CUCHE, Denys, 2010, *La notion de culture dans les sciences sociales,* Paris, La Découverte.

(1991), *La dimension culturelle du développement,* Série Sociologie no 17, Tunis, Imprimerie Al Asria.

BIDIMA, Jean-Godefroy, 1997, *La palabre. Une juridiction de la parole,* Paris, éditions Michalon, collection « Le bien commun ».

LÉVI-STRAUSS, Claude, 1950a, « Introduction à l'œuvre de Marcel Mauss », in Marcel Mauss, *Sociologie et anthropologie*, Paris, PUF, pp. 9-52.

LÉVI-STRAUSS, Claude, 1950b, « Marcel Mauss », in *Cahiers internationaux de sociologie*, vol. VIII, pp. 72-112.

PAPANEK G, 1995, « Lessons from the East Asian "Miracle" », in *South African Forum*, n° 10, pp. 43-63.

ONANA, Jean-Baptiste, 1997, « De la relation entre culture et développement : leçons asiatiques pour l'Afrique », in *Politique Africaine*, n° 68, pp. 96-111.

VALÉRY, Paul, 1945, *Regard sur le monde actuel*, Paris, Gallimard.

Chapitre 2

Le rôle du patrimoine culturel dans l'attractivité et le développement touristique durable des territoires : le cas de la Casamance au sud du Sénégal

Mamadou DIOMBÉRA

Introduction

La valorisation du patrimoine et le tourisme sont étroitement liés (Lemestrel, 1999 ; Picard, 2001), car ce dernier sert à mettre en valeur le patrimoine (Bachimon, 2006). Vu sous toute sa diversité, il se met au service d'un développement touristique durable (Mantel, 2007).

Le concept de développement touristique durable intègre, dans la planification et dans l'exploitation des richesses touristiques, la recherche et le respect des normes et principes de développement durable (Ceron et Dubois, 2002 ; Tranquard et Gagnon, 2012). Ainsi, patrimoine et tourisme ne vont pas l'un sans l'autre (Cousin, 2006). La Casamance est dotée d'un patrimoine immatériel, matériel, naturel et paysager considérable. Si la question du développement a été abordée sous l'angle de la croissance économique, il s'avère indispensable de prendre en compte les dimensions culturelles et mémorielles pour en garantir la durabilité et la compatibilité avec les systèmes de valeurs en cours, et l'inscrire dans l'avenir (Mantel, 2007). C'est d'ailleurs ce qui donne du sens à la notion de développement durable. Le patrimoine culturel entretient un rapport avec le développement durable (Merchadou, 2001). Autrement dit, un développement qui préserve et valorise le patrimoine culturel (Ceron et Dubois, 2000).

Depuis le début des années 1970, la Convention du patrimoine mondial reconnaît des liens entre patrimoine et développement. La culture, plus spécifiquement son versant patrimonial, s'affirme comme vecteur de développement (Picard, 2001) à deux niveaux, à savoir sur le plan des opportunités touristiques et économiques, et sur celui de la reconnaissance des valeurs culturelles locales (Lemestrel, 1999 ; Picard, 2001).

Des potentialités culturelles inexploitées ou moins exploitées se transforment vite en obstacles. Il s'agit d'identifier les continuums du patrimoine culturel en vue de contribuer à l'attractivité du territoire de visite. À ce titre, il convient de s'interroger sur le rôle du tourisme dans la mise en valeur du patrimoine culturel. Comment le patrimoine culturel est-il construit, avec quels objectifs, par quels acteurs, pour quel public ? Comment est-il perçu et comment s'accorde-t-il avec le développement durable du territoire en général et casamançais en particulier ? Comment structurer les politiques de développement et de mise en valeur du patrimoine ? Comment organiser et planifier ces stratégies de manière à assurer efficacement la valorisation du patrimoine culturel ? Comment transformer le patrimoine culturel en produit économique porteur de valeur ajoutée et générateur de revenus ? Ce sont là autant d'interrogations auxquelles l'article se propose d'apporter des éléments de réponse dans une perspective durable.

C'est d'ailleurs dans ce cadre que s'inscrit l'enjeu scientifique de cette étude. Elle privilégie clairement une conception très large des champs que le patrimoine culturel couvre, des enjeux et des représentations qu'il présente. À ce propos, tous les constitutifs du rapport anthropologique de l'homme avec son territoire sont pris en compte. Qu'ils soient matériels, tels que le patrimoine bâti et les traces physiques du passé, ou immatériels, comme la langue et les manières de vivre, qu'ils soient permanents ou éphémères comme les fêtes et les rites.

À partir de recherches documentaires, de visites de terrain et d'une trentaine d'entretiens semi-directifs auprès de personnes ressources issues de milieux patrimoniaux et touristiques, l'étude montre comment l'analyse du tourisme s'enrichit d'une lecture attentive à travers la valorisation du patrimoine culturel. Sous ce rapport, l'article se présente en trois parties. D'abord, nous présenterons la Casamance et son patrimoine culturel en relation avec le tourisme, ensuite, les enjeux et représentations de la valorisation du patrimoine culturel sur le plan touristique et économique. Enfin, nous proposerons des pistes

Le rôle du patrimoine culturel dans l'attractivité et le développement..

d'orientations stratégiques marketing pour la valorisation du patrimoine culturel dans une perspective de développement touristique durable.

1. LE CONTEXTE GÉOGRAPHIQUE ET HUMAIN DE LA CASAMANCE

La Casamance occupe la position méridionale du Sénégal, qui lui vaut le climat le plus humide, la végétation la plus forestière et le réseau hydrographique le plus dense du territoire national (Diédhiou, 2004).

Illustration 1 : Carte de localisation de la Casamance

La région naturelle de Casamance se présente comme un long couloir de 360 kilomètres d'ouest en est et de 100 kilomètres du nord au sud. D'ouest en est, la région est traversée par le fleuve Casamance, long d'environ 300 kilomètres, et qui a donné son nom à la région.

La Casamance est, pour ce qui concerne son peuplement et son paysage, une région unique au Sénégal. L'unité de son peuplement et de ses paysages souligne l'individualité de chaque entité qui la compose (Diédhiou, 2011). D'une part, la Casamance continentale regroupe deux ensembles humains nettement distincts, à savoir, d'une part, la Haute Casamance et la Moyenne Casamance, respectivement connues sous le nom de pays peul (le Fouladou) et de pays mandingue (Diédhiou, 2011), et d'autre part, la Basse Casamance, qui est dominée par l'ethnie diola.

La Casamance ne constitue pas une entité ethnique homogène. La région est constituée d'une large mosaïque de groupes ethniques aux composantes socioculturelles disparates et n'a pas échappé aux brassages interethniques et interreligieux. Bien que le groupe diola soit dominant, la composition ethnique de la région est la plus diversifiée du Sénégal après Dakar, avec les Mandingues (11,10 %), le groupe Peul (10,5 %), les Wolofs (3,9 %), les Manjacks (3,5 %), les Ballants (2,9 %), les Sérères (2,70 %), les Mancagnes (2,4 %) et les Baïnuk (1,1 %).

Le caractère cosmopolite de sa population et le brassage des ethnies à forte identité expliquent la richesse de la diversité culturelle. Celle-ci se manifeste à travers la musique, la danse, l'art plastique et le nombre important de sites et monuments historiques. Dans cette région, la musique est fortement marquée par l'utilisation d'instruments traditionnels typiquement locaux tels que le *bombolong*, le *bougueur*, la *kora*, le *balafon*, l'*ékonting* et la flûte diola (Diédhiou, 2011). Chacun de ces instruments participe à la notoriété, à la richesse et à la beauté de la symbiose culturelle de la région. Ces instruments, grâce à la richesse de leurs sons et rythmes, suscitent de nouvelles passions et alimentent la curiosité et le désir des touristes. De là, la Casamance peut tirer profit du tourisme culturel, qui est devenu un facteur de développement économique.

La potentialité culturelle de la Casamance, c'est aussi l'expression de la production artistique de la population. Une création artistique, nourrie par la survivance de tradition très ancienne, enchante les visiteurs. On découvre non seulement la beauté de l'art, mais surtout l'ingéniosité des artisans. D'abord, le pagne manjack, tissé sur métier à double jeu et chargé de valeurs traditionnelles symboliques, témoigne de l'habileté artisanale des tisserands, qui ont une inspiration extraordinaire. Ils seraient même qualifiés de magiciens. Ils sont capables de créer, avec les fibres de raphia ou les feuilles de palmier travaillées, plusieurs objets à usage domestique ou commercial qu'ils proposent aux touristes. D'autres objets d'art symboliques ou offrant une simple admiration sont exposés au centre artisanal de Ziguinchor. À travers ces œuvres d'art, on retrouve la qualité architecturale des maîtres du bois.

En outre, les sites et monuments historiques sont répandus à travers toute la Casamance naturelle. Ils représentaient le plus souvent le fief d'anciens guerriers localisés dans des forêts sacrées, dans des lieux de culte où l'accès est réglementé (Diédhiou, 2011). Parmi ces sites, certains, comme l'île de Carabane et l'église Saint-Antoine de Padoue, sont classés monuments historiques, patrimoines de l'humanité, sous la sauvegarde et la gestion de l'UNESCO. Ils sont aujourd'hui au service de la promotion touristique de la région.

2. LE PANORAMA DE L'ACTIVITÉ TOURISTIQUE EN CASAMANCE

La Casamance est la troisième destination touristique du Sénégal (MTTA, 2010). Cet attrait touristique s'explique par la diversité du paysage et des réceptifs, la richesse du patrimoine historique, culturel et artistique. La Casamance compte 44 hôtels, 82 auberges, 11 campements villageois (tourisme rural intégré) et 13 campements de chasse. Le nombre de chambres est d'environ 1 160, réparties entre hôtels et villages de vacances, 850 chambres réparties entre auberges et campements privés, et 150 chambres réparties entre campements villageois. Concernant le nombre de lits, on dénombre 2 080 lits répartis entre hôtels et villages de vacances, 1 540 lits entre auberges et campements privés et 350 lits entre campements villageois. La région de Ziguinchor concentre à elle seule près de 2 160 chambres et 3 970 lits (Service régional du tourisme, 2014). La demande touristique reste dominée par des touristes européens, français en majorité (70 %), qui viennent surtout pour des raisons balnéaires.

D'emblée, le tourisme est une activité économique majeure où la concurrence est très vive entre les destinations. Cette concurrence provoque l'évolution des offres qui s'innovent et se renouvèlent sans cesse. Viser un développement durable et rechercher le maximum de retombées locales participent à l'effort de lutte contre la pauvreté. Ainsi, le tourisme est une opportunité réelle de développement pour la Casamance (Chambre de commerce et d'industrie de Ziguinchor, 2012). Il occupe une place de choix dans l'économie régionale (Faye, 2014 : communications personnelles). L'économie touristique représente aujourd'hui 800 emplois directs et 6 000 emplois indirects et informels (Chambre de commerce et d'industrie de Ziguinchor, 2012), répartis entre les secteurs du transport, de l'hébergement, de la restauration, de l'artisanat et de l'animation.

Le tourisme est un enjeu économique et social d'autant plus important qu'il offre de réelles marges de développement local (Ceron, 2006 ; Bensahel et Donsimoni, 2011). Il génère des ressources financières indispensables à la valorisation du patrimoine culturel (Bayle et Humeau, 1982). Les recettes touristiques tournent autour de 5 milliards de FCFA par an (Chambre de commerce et d'industrie de Ziguinchor, 2012).

La Casamance associe deux types de tourisme, à savoir le tourisme de séjour, développé dans les villages de vacances au Cap Skirring ou dans les hôtels à Ziguinchor, et le tourisme de découverte, orienté vers les campements ruraux intégrés dont le style de construction s'inspire de l'architecture traditionnelle (Diombéra, 2010).

Le tourisme casamançais repose jusqu'ici sur de vastes espaces peu peuplés et sur la qualité de sa nature et de ses sites préservés. Son image attractive est due à la fois à un fond culturel riche et ancien, à ses traditions folkloriques et mythologiques et à la diversité linguistique. En effet, la personnalité de la Casamance est liée à l'originalité de son peuplement. Ce terroir reste marqué par son homogénéité culturelle et linguistique, avec des liens de parenté solidement ancrés dans la tradition, ce qui conditionne son équilibre social. En guise d'illustration, on peut citer, dans les rapports entre ethnies, le « cousinage ethnique à plaisanterie », comme celui entre Diolas et Sérères. Ce phénomène représente un facteur de stabilité qui se définit, selon Raphaël Ndiaye (2004 : 29), comme « un ensemble de liens conviviaux, privilégiés établis par l'Ancêtre, activé dans une démarche personnelle renouvelée et qui fonctionne sur la base de l'humour et la dérision courtoise ».

Le patrimoine linguistique et culturel est un facteur de développement touristique en ce sens qu'il permet d'attirer des touristes (Bayle et Humeau, 1982 ; Bachimon et Picard, 2010). À travers son histoire et sa diversité ethnique et culturelle, la Casamance, à l'instar du Sénégal dans son ensemble, offre une potentialité touristique impressionnante. Par exemple, en milieu rural, un séjour dans n'importe quel village de Casamance offre au voyageur de multiples possibilités de visites d'écomusées sur la culture casamançaise en général, et celle diola en particulier.

Par ailleurs, la diversité culturelle crée une harmonie très favorable au tourisme, surtout lorsqu'une politique est bien menée dans ce sens. Qui dit ethnie parle de culture, car chaque ethnie présente ses facettes culturelles aux touristes. La diversité culturelle occasionne par conséquent la diversité des représentations ou veillées culturelles qui participent à l'animation des séjours touristiques. Ce qui constitue un facteur favorable d'image pour les localités (Bayle et Humeau, 1982). Les retombées sont donc importantes, les touristes afflueront en entraînant le développement des infrastructures hôtelières et routières.

3. LES ENJEUX ET REPRÉSENTATIONS DE LA VALORISATION DU PATRIMOINE CULTUREL CASAMANÇAIS

Les définitions du patrimoine culturel ont considérablement évolué depuis une trentaine d'années. Elles prennent dorénavant en compte des objets et des pratiques beaucoup plus diversifiés. L'objectif de la mise en valeur touristique du patrimoine d'un territoire ne se limite pas seulement à sa conservation, mais également à sa capacité de créer de nouvelles activités capables de générer des ressources économiques en vue de le maintenir. Cette démarche repose sur la visualisation et la promotion des créations artistiques locales dans les domaines de la peinture, de la sculpture, des danses, des us et coutumes régionaux et sous-régionaux comme le *kankourang* et le *boukout*, qui sont des manifestations culturelles organisées pour satisfaire les besoins de ruptures du touriste avec le quotidien (Urbain, 2002).

L'utilisation du patrimoine culturel comme levier de développement d'une économie locale est encore peu valorisée sur le plan touristique au Sénégal. La ressource culturelle n'est pas impliquée d'une manière stratégique et efficiente. En général, l'aménagement d'un site touristique au Sénégal tient compte des facteurs naturels, climatiques, géographiques et géologiques, mais très rarement de l'argument culturel (Diombéra, 2013). Or, la mise en valeur touristique du patrimoine est apparue comme une modalité à ne pas négliger (Doquet & Le Menestrel, 2006). L'organisation annuelle de la Journée mondiale du tourisme lui confère un caractère universel en tant que facteur essentiel à la conservation des héritages culturels et naturels des pays (Choay, 1999). Cela répond également à une nécessité de renouvellement des activités pour sortir encore une fois « hors du quotidien » (Tinard, 1974). Dès lors, la valorisation du patrimoine permet de vitaliser le tourisme en se focalisant sur divers objectifs, dont les principaux sont l'accueil, l'encadrement et l'animation (Picard, 2001 ; Tobelem, 2005). Ce faisant, le patrimoine doit être considéré dans sa globalité.

En fait, le patrimoine d'un territoire ne se résume pas seulement au bâti, au savoir-faire, aux traditions et aux coutumes pour façonner son identité (Choay, 1999), mais il englobe également la faune, la flore, les rivières, les étangs et les lacs. L'identité d'un territoire n'a de sens que si elle recherche à se diffuser, à quelque niveau que ce soit, et non à se renfermer dans un régionalisme qui ne ferait pas partager son histoire à tout le monde (Foucher, 1991 ; Giblin, 2007).

Chaque destination touristique a ses particularités culturelles qui forgent son identité (Pontier, 2000). Le nouveau défi du tourisme casamançais est plutôt lié aux facteurs d'identification et d'authentification de ses produits, qu'il faudrait adapter aux véritables réalités de son identité et de son patrimoine culturel (Amirou, 1995 ; Bachimon, 2006 ; Diombéra, 2012). Un label culturel devrait être mis en place dans divers domaines, comme la gastronomie et l'art culinaire (Bessière *et al.*, 2011), les arts visuels et les arts plastiques.

Aujourd'hui, plusieurs acteurs touristiques ne se retrouvent pas sur le positionnement et l'image de marque de la destination Casamance (Diatta, 2014 : communications personnelles). L'audit des différents supports de communication touristique comme les brochures officielles et les dossiers de presse permet de voir que la gastronomie ou les rites casamançais ne figurent pas dans l'offre.

Illustration 2 : Carte des grands lieux culturels par types en Casamance

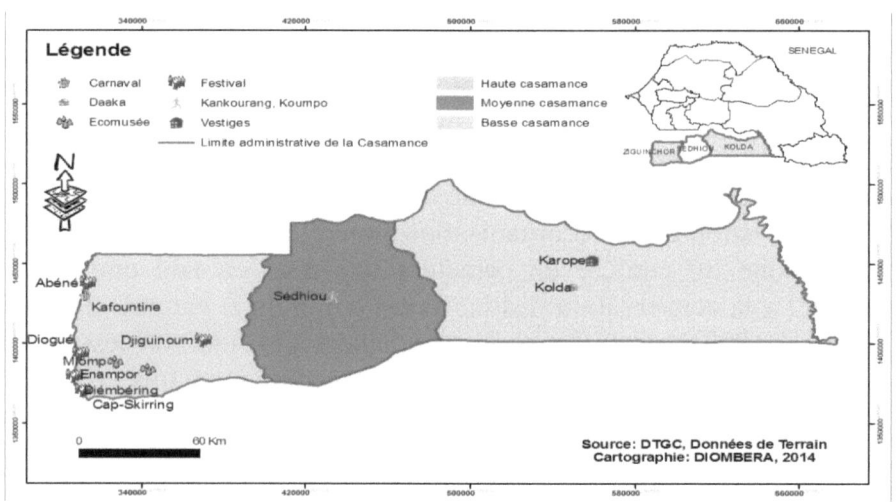

L'exemple du *kankourang* représente une parfaite illustration. Cette manifestation culturelle qui est un chef-d'œuvre du patrimoine oral et immatériel universel n'est jusqu'à présent pas mise en tourisme. Or, c'est un puissant levier culturel et un label pour l'image de marque de

la Casamance. Aujourd'hui, s'il y avait une synergie entre les politiques culturelles et touristiques, on en serait au stade d'un festival ou d'un musée du *kankurang* qui participerait à la relance de la destination Casamance (Diédhiou, 2011).

En fait, dans de nombreux pays comme l'Égypte, la France et tant d'autres, le développement de la fréquentation des lieux culturels a conduit à la rénovation de nombreux sites. De là, le tourisme devient un atout pour la conservation du patrimoine (Pommerehne & Frey, 1993 ; Picard, 2010) ; il permet son évolution et sa revivification à travers la fonction économique qu'il lui offre (Tinard, 1974 ; Picard, 2001 ; Origet du Cluzeau, 1998).

Le patrimoine culturel est investi par les territoires à travers plusieurs valeurs (Lamy, 1992). C'est un héritage historique à préserver, un vecteur d'identité et de cohésion du territoire (Cousin, 2006). C'est aussi une ressource économique à valoriser à travers l'activité touristique. Ces valeurs représentent autant d'enjeux en matière de politiques culturelles du patrimoine que de moyen de préservation de l'héritage historique à partager entre acteurs locaux (Violier, 1999).

La valorisation du patrimoine exige des acteurs politiques et culturels qu'ils réfléchissent aux moyens de le transmettre en vue de favoriser le sentiment d'appartenance et la naissance d'imaginaires communs. À l'aide d'objets, d'images et de discours, la mise en scène promotionnelle alimente le mythe de l'autre authentique, jouant ainsi avec les fantasmes et le désir d'ailleurs des touristes.

Dans le contexte de recomposition des destinations touristiques et la concurrence grandissante entre celles-ci, le patrimoine culturel est devenu un enjeu majeur de la visibilité, de l'attractivité touristique et du développement des territoires. Le patrimoine culturel constitue pour la Casamance un élément de différenciation par rapport à d'autres destinations régionales et nationales.

Aujourd'hui, les destinations qui s'imposent sont celles qui ont fait de la culture un élément central de leur stratégie de développement touristique. La culture agit comme axe de renouvellement de l'activité économique et touristique et comme vecteur de cohésion sociale et de (re)création de nouvelles identités territoriales. La mise en exposition des particularismes culturels et des cultes animistes s'inscrit en effet dans la continuité d'un processus de patrimonialisation antérieur à l'émergence du tourisme (Serres, 2004).

Les brochures touristiques des années 1970/1980 sur la Casamance montrent parfaitement l'impression de « bout du monde » (Diatta, 2014 : communications personnelles). La Casamance représente à la fois un territoire dangereux et sauvage, et un territoire plein de richesses, d'authenticité et d'espaces vierges où se localisent les utopies à un échelon supérieur (Tamba, 2014 : communications personnelles). Une nouvelle fois, ces représentations et illusions du paradis perdu ne manquent pas de rendre le territoire attractif pour le touriste (Tamba, 2014 : communications personnelles). C'est ce qui justifie que les acteurs locaux du tourisme mettent en avant le contexte traditionnel diola, les rites et les cérémonies, les valeurs et les modes de vie ou encore l'architecture originale et la richesse des cultures locales pour vendre leur produit (Faye, 2014 : communications personnelles).

En fait, la nature et la culture sont aujourd'hui de véritables leitmotivs pour des voyageurs de plus en plus nombreux en quête d'expériences exotiques, que seuls les pays en voie de développement offrent. Ce phénomène s'accélère avec l'apparition d'une nouvelle demande de vacances dans les pays à économies émergentes tels que l'Inde et la Chine. Ce qui favorise le déplacement des activités touristiques en direction des pays du Sud. D'où la nécessité pour la Casamance de valoriser son patrimoine culturel. Cette mise en valeur permet de répondre à trois types d'enjeux qui sont d'ordre socioculturel, économique et pédagogique.

Il faut rappeler qu'en matière de tourisme culturel, la dimension socioculturelle du territoire rentre en ligne de compte. Une fois la zone d'action délimitée, il reste à élaborer ou à faire évoluer son image pour la rendre attractive. Le tourisme « contribue à renforcer la compréhension entre les peuples et à façonner l'identité casamançaise. Il facilite également le dialogue interculturel par l'établissement de relations entre divers groupes sociaux, économiques et culturels » (Commission européenne réunie en mars 2006, à propos de la stratégie de Lisbonne).

Pour sa part, dans le Code mondial d'éthique du tourisme (OMT) défend le principe de « promouvoir et développer le tourisme en vue de contribuer à l'expansion économique, à la compréhension internationale, à la paix, à la prospérité ainsi qu'au respect universel, à l'observation des droits de l'homme et des libertés fondamentales sans distinction de sexe, de race, de langue et de religion » (OMT, 1999 : 10). Ce principe illustre l'enjeu social et culturel majeur pour les acteurs

Le rôle du patrimoine culturel dans l'attractivité et le développement..

du tourisme en Casamance de valoriser touristiquement le patrimoine sous toutes ses formes au profit de tous. Il s'agit concrètement de rendre accessibles les richesses du patrimoine culturel et naturel casamançais au plus grand nombre de visiteurs. Comme l'écrivent Jean-Marie Breton et Diana Ramassamy : « la notion de patrimoine, pour sa part, sans pour autant abandonner ses référents matériels, évolue vers l'intangible et le vivant. Elle domine les frontières mouvantes et perméables » (Breton & Ramassamy, 2011 : 2).

Au demeurant, les projets de valorisation du patrimoine permettent de découvrir les ressources patrimoniales avec une approche culturelle et éducative. Afin de rendre accessibles à tous les richesses du patrimoine, sa valorisation touristique permet d'atteindre des publics parfois difficiles à mobiliser. Il s'agit en partie de remédier aux problèmes d'éloignement géographique et à tous les freins liés à l'accessibilité.

En effet, rendre accessible le patrimoine culturel à tous, c'est aussi en permettre sa compréhension dans un contexte touristique mondialisé, à travers des échanges et des rencontres. Cet aspect est de plus en plus important, notamment avec l'émergence de nouvelles entités géographiques sur le marché touristique (Asie, pays de l'Europe centrale et de l'Est récemment intégrés à l'Union européenne). C'est pourquoi Yvon Lamy affirme que cette approche est un outil d'intégration qui favorise le développement d'un sentiment d'appartenance à un groupe social tout en respectant les particularismes (Lamy, 1992 : 123). Ces mesures visent autant à lutter contre l'exclusion sociale et spatiale qu'à reconsidérer l'aménagement de la région en fonction de son histoire.

Le patrimoine culturel contribue à l'attractivité globale du territoire casamançais. C'est un élément important du comportement résidentiel des autochtones et d'attraction d'entreprises touristiques. Il participe également à la constitution d'une identité culturelle territoriale, à travers les coutumes, les traditions, les savoir-faire et l'architecture. Par exemple, la Casamance est caractérisée par le savoir-faire des Diolas et son architecture est marquée par la pierre. La valorisation du patrimoine architectural participe à lutter contre l'uniformisation du paysage et accentue l'identité locale.

Dans une optique purement sociale, la valorisation du patrimoine culturel de la Casamance permet d'influencer les populations locales afin de les inciter à se préoccuper du devenir de leur patrimoine. C'est dans cette perspective que Jean-Michel Tobelem affirme que : « l'inscription d'un projet ou d'un équipement culturel dans les politiques locales en relation avec un environnement spécifique et son insertion optimale dans le territoire sont capitales pour permettre à l'équipement culturel de produire tous les effets attendus » (Tobelem, 2005 : 32). Selon lui, il n'y a pas de retombées positives du tourisme culturel sur un territoire sans réflexion sur son enracinement dans le territoire. Pour qu'un projet touristique réussisse et crée l'effet réseau, il est important que les populations locales s'y reconnaissent. En d'autres termes, celles-ci doivent s'identifier au territoire choisi pour qu'elles se mobilisent en faveur du tourisme. L'apport social de ce patrimoine, outre les rencontres qu'il peut occasionner, peut se traduire également en termes d'emploi. D'où l'importance de mettre ce lien social en corrélation avec les enjeux de développement économique afin que les actions de valorisation soient efficientes dans leur mise en scène touristique.

Sur le plan économique, il convient de souligner que l'utilisation du patrimoine culturel comme moyen de développement à une économie locale est assez récente (Cousin, 2008). Les points de rencontre entre tourisme et patrimoine culturel sont de plus en plus nombreux et éclairants, mais leur place dans les analyses des experts et dans les politiques publiques en Casamance ne présentent pas le patrimoine culturel comme moyen pouvant assurer l'attractivité du territoire et la croissance en termes de création de richesses et d'emplois. Les actions de promotion du patrimoine culturel peuvent être perçues comme vecteur de développement local. Le tourisme culturel, affirment Dominique Bayle et Marie-Sophie Humeau, inclut le patrimoine culturel, architectural et muséologique, mais aussi les lieux de spectacles et de manifestations, les hébergements et la restauration (Bayle & Humeau 1982 : 34).

Le contexte touristique actuel de la Casamance, qui se caractérise par une baisse vertigineuse des arrivées balnéaires de l'ordre de 15 % (MTTA, 2012) à cause de la conjugaison de facteurs comme l'essoufflement du produit balnéaire et le changement des comportements de consommation touristique, offre des opportunités de promouvoir le patrimoine culturel. Le tourisme culturel, écrit Saskia Cousin, est le « bon tourisme », bon pour les territoires et les populations, bon pour les touristes, et bon pour les organismes qui le promeuvent (Cousin, 2006 : 16). Il favorise des pratiques touristiques portant sur le patrimoine architectural, en encourageant des opérations pouvant conduire, dans le respect de la conservation de ce patrimoine, à la création d'activités touristiques d'affaires, d'hébergement ou de création d'évènements.

Le succès du patrimoine culturel se mesure en termes de retombées financières. La plupart des projets qui sont développés autour de lui visent le développement économique (Benhamou & Thesmar, 2011 : 33). En effet, les projets de valorisation du patrimoine culturel répondent essentiellement à une volonté de développement touristique et s'appuient notamment sur l'intérêt croissant pour le tourisme culturel (Picard, 2001 : 112). C'est pourquoi le patrimoine culturel est ainsi devenu un enjeu majeur de la visibilité et de l'attractivité touristique des territoires. Les visites touristiques le redynamisent. Pour créer un flux de tourisme culturel, la Casamance doit mettre en place de nouveaux produits grâce à la mise en tourisme de son patrimoine culturel, c'est-à-dire l'ouverture et l'adaptation de l'offre culturelle à une clientèle touristique (Picard, 2001). Comme le souligne Hassan Zaoual, fondamentalement, c'est dans la diversité que la nouvelle demande touristique puise ses motivations profondes (Zaoual, 2007). Les goûts en matière de tourisme évoluent, même s'ils ne changent pas fondamentalement d'une année à l'autre. Il faut que l'offre s'adapte à cette évolution des besoins et que la Casamance révise ses produits ou propose de nouveaux produits.

L'engouement actuel des touristes pour la culture ainsi que son importance sur la scène touristique mondiale a fait que des pays comme le Mali ou le Burkina Faso se sont engagés dans des politiques de valorisation culturelle touristique. En effet, le patrimoine culturel est reconnu comme une force majeure d'attractivité touristique, et donc de développement économique (Tinard : 1974). En conséquence, la mesure et la prise en compte de l'impact économique et social du patrimoine culturel en Casamance représentent un enjeu déterminant pour les différents acteurs comme les collectivités locales, les gestionnaires et les entreprises touristiques qui interviennent dans sa préservation, sa rénovation et sa mise en valeur. La valorisation du patrimoine culturel casamançais s'inscrit donc désormais dans une perspective d'attractivité globale et de dynamisation économique.

La Casamance doit adopter une nouvelle posture en proposant le tourisme culturel en vue de retrouver sa place parmi les destinations leaders du pays. La diversification de l'activité touristique est complémentaire et indispensable à l'étalement de la saison touristique.

La Casamance doit offrir des prestations touristiques innovantes qui captent de nouveaux publics à travers son patrimoine culturel. Il importe par conséquent de développer de nouvelles formes de tourisme, particulièrement le tourisme culturel, qui contribue de façon significative à l'essor du tourisme (Origet du Cluzeau, 1999 ; Picard, 2001). Le patrimoine culturel est vecteur d'espoir pour les acteurs touristiques casamançais (Tamba, 2014 : communications personnelles). Associé au tourisme, il est mis en avant comme facteur déterminant de développement local et tient une place devenue souvent non négligeable en matière d'aménagement du territoire (Chevalier, 1999).

La Casamance peut davantage s'ouvrir au tourisme culturel d'une autre manière, plus directe, en organisant l'accès du voyageur à la découverte de ses sites remarquables et de son histoire vivante (Diatta, 2014 : communications personnelles).

Le tourisme culturel, en tant que nouvelle forme de consommation touristique, apparaît en outre comme un moyen d'assurer la viabilité de la destination touristique (Filser, 2002). Il permet d'étendre la saison touristique, qui ne se limite plus exclusivement à une saison, favorisant ainsi des retombées financières plus régulières et plus stables (Diombéra, 2012).

Sur le plan pédagogique, il convient de noter que dans de nombreuses communautés rurales, et particulièrement dans des villages dits traditionnels de la Casamance, le savoir traditionnel et les valeurs liées à la culture ont tendance à se perdre (Tamba, 2014 : communications personnelles). C'est dans ce sens que la valorisation du patrimoine répond à un souci d'éduquer les jeunes, de les intéresser à leur culture et de les impliquer dans la construction de l'identité de leur territoire (Le Menestrel, 1999 ; Diédhiou, 2011).

Par ailleurs, la valorisation passe par une mise en scène du patrimoine, autrement appelée interprétation. À ce titre, Claude Origet du Cluzeau définit l'interprétation comme la façon d'« utiliser différents moyens pour rendre significatives l'identité et les fonctions des objets présentés au visiteur » (Origet du Cluzeau, 1998 : 15). L'interprétation du patrimoine en général est d'abord une activité éducative et non une simple récitation d'informations destinée à un spectateur passif. Au contraire, l'interprétation doit être vécue comme une expérience, une exemplification, qui recherche l'adhésion et l'identification du public (Choay, 1999). Au sein d'un musée, d'un monument ou de tout autre type de site patrimonial, la mise en scène suppose la connaissance parfaite des besoins et des attentes des publics (Tobelem, 2005). Elle ne peut donc se faire sans la participation de professionnels du marketing, dans le but d'attirer le maximum de retombées économiques (Barre, 1995 ; Violier, 1999 ; Filser, 2002 ; Lozato-Giotart & Balfet, 2004).

4. LE PATRIMOINE CULTUREL ET LE DÉVELOPPEMENT TOURISTIQUE ET ÉCONOMIQUE DURABLE : QUELLE APPROCHE ?

Poser le problème de la valorisation du patrimoine culturel en rapport avec le développement touristique, c'est donner un accent particulier à l'inventaire du patrimoine dans le but de renforcer son appropriation locale par les différents acteurs (Lamy, 1992). La mise en patrimoine culturel fournit des repères, un cadre et un décor à la mise en scène touristique (Bayle & Humeau, 1982 ; Lamy, 1992 ; Picard, 2001). La stratégie consiste à développer une approche équilibrée de la politique publique en faveur du patrimoine, c'est-à-dire allier impératif de conservation et exigence de valorisation (Cousin, 2008 ; Breton, 2011).

Le tourisme, soulignent Jean-Pierre Lozato-Giotart et Michel Balfet, est devenu ainsi, pour beaucoup de territoires, le poids lourd des activités de loisirs, mais aussi « un système complexe, multifactoriel, de dimension multidisciplinaire » (Lozato-Giotart & Balfet, 2004 : 272). Il a un rôle à jouer dans la mise en valeur de la Casamance et de son patrimoine culturel. Si la valorisation du patrimoine culturel renforce l'attractivité de la région, le tourisme quant à lui répond aux fonctions de transport, d'accueil, de logement, de restauration et de divertissement des visiteurs (Lozato-Giotard & Balfet, 2004). Ainsi, sans industrie touristique, le nombre de visiteurs diminuerait et les retombées économiques en souffriraient (Picard, 2010). Le patrimoine culturel ne pourrait donc plus en « bénéficier ». L'initiative pratique vise ainsi à renforcer l'attractivité de la destination et à conforter sa position sur le marché touristique en Afrique et dans le monde (Diombéra, 2012). L'action pour le patrimoine culturel, comme l'action pour le tourisme, sont des leviers de plus en plus stratégiques pour le développement de la région (Tamba, 2014 : communications personnelles). Sous ce rapport, la mobilisation des entreprises touristiques, des élus locaux et des organismes du tourisme, fait penser à la perception de franchir une nouvelle étape pour un bond en avant du tourisme casamançais (Diatta, 2014 : communications personnelles) en respectant trois impératifs, à savoir, l'attractivité, la compétitivité et l'organisation de l'offre touristique (Diombéra, 2010).

Par ailleurs, le développement de l'activité touristique concerne également les touristes, dont les motivations sont essentiellement culturelles et ludiques (Bayle & Humeau, 1982). L'omniprésence dans les médias des problématiques environnementales et les politiques culturelles favorisant un retour à la culture ont influé sur les pratiques touristiques (Picard, 2001 ; Barre, 1995). En vérité, ces dernières années, l'intérêt croissant manifesté au Sénégal pour le patrimoine culturel a peu à peu fait prendre conscience de l'intérêt économique qu'il peut jouer (Faye, 2014 : communications personnelles). C'est dans ce cadre que se développe le tourisme culturel, s'intégrant dans de nouveaux instruments alliant économie, patrimoine et aménagement du territoire (Serre, 2004).

En vérité, la valorisation d'un patrimoine passe par une ouverture au public (Cousin, 2006). Cet accès doit être rendu possible sans qu'il ne mette en péril la conservation de l'élément patrimonial en question (Lamy, 1992 ; Picard 2001). Il s'agit ici de s'interroger sur la fréquentation de certains lieux et d'estimer les problèmes et conséquences qu'engendrerait une surfréquentation. En fait, en Casamance, la question ne se pose pas, car la valorisation du patrimoine culturel est mise sur un piédestal (Diombéra, 2010). Mais peut-il accompagner un développement durable ? Un début de réponse passe par l'identification des différentes formes de tourisme et des produits de la dynamique du tourisme casamançais (Diombéra, 2010).

Le concept de culture a toujours été appréhendé d'une manière superficielle dans l'économie touristique de la Casamance. En effet, on parle d'industries culturelles à fortes valeurs ajoutées économiques sans tenir compte de certains segments du patrimoine non encore industrialisés du fait d'une définition limitée de la culture (Fagnoni, 2000 : 145). Le tourisme vend de la culture (Tinard, 1974 ; Picard, 2001).

En effet, le tourisme se positionne comme le secteur le plus rentable du commerce extérieur du Sénégal (MEF, 2012). Cette position est confortée grâce à la destination Casamance (MTTA, 2010). Dans cette région, le tourisme est une activité très dynamique en raison de sa position géographique, de la beauté de son paysage, d'une population ouverte et accueillante et d'une culture originalement pacifique (Tamba, 2014 : communication personnelle). C'est une branche fondamentale de l'économie du territoire compte tenu des emplois qu'il crée en permettant une croissance économique (MEF, 2012). Il représente l'un des premiers pourvoyeurs de devises (MEF, 2012). La part de contribution du tourisme aux recettes totales s'élevait à 309,3 milliards en 2012. Le premier secteur de ce marché est le tourisme balnéaire. Mais le pays est à la recherche de pratiques alternatives qui bouleversent la tendance de cette forme de tourisme (Diombéra, 2010 : 214) et utilise le patrimoine culturel comme un outil de dynamisation de l'activité susceptible de favoriser le développement économique durable. C'est dans ce contexte que Saskia Cousin affirme que « le tourisme culturel est né avec la doctrine du progrès, il est devenu un enjeu des théories du développement, il s'est nourri de la transformation du sens et des valeurs associées aux notions de culture et de patrimoine » (Cousin, 2008 : 42).

Le développement du tourisme au Sénégal s'est appuyé sur plusieurs plans stratégiques depuis les premières politiques définies dans les années 1970 (Diombéra, 2010 : 215). C'est ainsi que la Casamance, en raison de ses multiples potentialités, est choisie pour abriter d'importants projets touristiques. C'est la région la mieux dotée sur le plan national pour la densité et la qualité de son patrimoine bâti, culturel, maritime et historique notamment (Diédhiou, 2001).

En effet, des potentialités culturelles sont destinées à être exploitées. Elles constituent une sorte de miroir culturel et cultuel pour servir de base aux générations présentes et futures (Ki-Zerbo, 2003 : 10). C'est ce qui lui vaut d'être reconnue comme une véritable ressource en soi, notamment sur le plan touristique et donc économique (Barre, 1995 ; Choay, 1999). Elle se trouve au cœur d'un projet de développement plus large, mais à condition de répondre à un projet construit rigoureusement dans une approche intégrant de nombreux paramètres complémentaires (Chevalier, 1999). Le processus de valorisation du patrimoine culturel requiert trois niveaux d'action, à savoir la sauvegarde (qui concerne le maintien de l'intégrité physique d'un bien culturel), la valorisation (qui s'attache à retrouver une fonction au patrimoine) et la régénération urbaine (qui intègre le patrimoine reconverti dans une stratégie de développement urbain) (Behamoul & Thesmar, 2011).

La sauvegarde d'un bien culturel se définit comme l'ensemble des actions visant à préserver l'intégrité physique et patrimoniale du bien en question, en dehors de toute préoccupation de réutilisation (Choay, 1999). C'est la question de la conservation-restauration du bien culturel. La valorisation peut se définir comme la recherche de la meilleure réaffectation d'un bien culturel (Barre, 1995). C'est la question du programme de reconversion à envisager pour un monument dans l'optique de sa réutilisation (Choay, 1999 ; Fagnoni, 2000).

La valorisation implique au préalable la sauvegarde et une reconversion fonctionnelle et technique (Barre, 1995) comme les cases à étages et à impluvium, qui représentent de véritables attractions touristiques à Mlomp. C'est tout le sens de la régénération qui permet l'intégration d'une opération sur le patrimoine dans le cadre d'une stratégie de dynamisation plus large (Choay, 1999). Toute approche de valorisation du patrimoine se fonde sur sa meilleure connaissance préalable (Diombéra, 2013). Ainsi, la valorisation du patrimoine apparaît comme un outil stratégique de développement (Caire, 2007 ; Breton, 2011). C'est pourquoi il faut préciser qu'au-delà du souci apparent de classification et d'inventaire, apparaît la mise en valeur touristique (Choay, 1999).

En tant que véhicule privilégié du transfert des connaissances et des idées, le patrimoine joue un rôle irremplaçable dans la formation, et donc dans tous les processus de développement scientifique et technologique (Bayle & Humeau, 1982). C'est pourquoi le développement du patrimoine entre lui-même dans le cadre d'un programme d'aménagement patrimonial qui nécessite des activités touristiques (Breton & Ramassamy, 2013).

CONCLUSION

Le patrimoine culturel apparaît comme un axe et un enjeu de développement touristique des territoires (Ceron, 2002 ; Breton & Ramassamy, 2013). Le développement durable doit, en conséquence, épouser ce dynamisme du patrimoine (Caire, 2007 ; Breton, 2011). En effet, la valorisation du patrimoine par le tourisme n'est parfois que le reflet des différents « positionnements » d'acteurs (Picard, 2001 ; Breton & Ramassamy, 2013). C'est pourquoi la Casamance doit user de son identité culturelle pour renforcer son attractivité à l'heure d'une concurrence exacerbée entre les destinations touristiques continentales et internationales (Diombéra, 2010). Cette ambition touristique repose sur deux facteurs clés qui fédèrent les qualités et les valeurs de l'offre touristique, à savoir la valorisation du patrimoine et la mise en œuvre des orientations de développement durable.

Sous ce rapport, le patrimoine culturel casamançais est tellement riche et varié qu'il se pose souvent la question du choix du patrimoine à valoriser durablement (Diédhiou, 2011). En vérité, ce choix doit s'inscrire dans une démarche stratégique qui tient compte de plusieurs critères socio-économiques. C'est dans cette perspective que Bernard Pecqueur souligne que « le processus économique apparaît comme l'expression d'une triple capacité d'une société économique, c'est-à-dire innover, être solidaire pour réagir, et réguler. Dans le cas du développement local, ce sont les réseaux informels et institutionnels qui créent un espace où peuvent s'articuler les trois étapes » (Pecqueur, 2000 : 18). Ce développement local est donc une stratégie dans laquelle tous les acteurs locaux jouent un rôle pour mettre en tourisme le patrimoine culturel (Ceron & Dubois, 2002). En un mot, c'est le modèle touristique qui a le plus fort potentiel de développement dans le futur. Alors, il est temps que la Casamance opère un changement de paradigme et redéfinisse un modèle de développement touristique moins quantitatif et plus qualitatif et durable, qui tienne compte du patrimoine culturel.

BIBLIOGRAPHIE

AMIROU, Rachid, 1995, *Imaginaire touristique et sociabilités du voyage,* Paris, PUF.

BACHIMON, Pierre, 2006, « Tourisme et identité », in Jean-Marie FURT et Franck MICHEL (dir.), *Tourismes et identités*, Paris, L'Harmattan, pp. 15-26.

BARRÉ, Josquin, 1995, *Vendre le tourisme culturel*, Paris, Economica.

BAYLE, Dominique & HUMEAU, Marie-Sophie, 1982, *Valoriser le patrimoine de sa commune par le tourisme culturel*, Paris, Éd. du Moniteur.

BESSIÈRE, Jacinthe, POULAIN, Jean-Pierre & TIBÈRE, Laurence, « L'alimentation au cœur du voyage. Le rôle du tourisme dans la valorisation des patrimoines alimentaires locaux », Colloque de l'association Astres, « Tourisme et recherches. Mondes du tourisme », Toulouse, mai 2011.

BENHAMOU, Françoise & THESMAR, David, 2011, *Valoriser le patrimoine culturel de la France*, Paris, Rapport de la Direction de l'information légale et administrative.

BENSAHEL, Liliane & DONSIMONI, Myriam (dir.), 2006, *Le tourisme facteur de développement local*, Grenoble, PUG.

BRETON, Jean-Marie, 2011, *Patrimoine, tourisme, environnement et développement durable*, Paris, Karthala.

BRETON, Jean-Marie & RAMASSAMY, Diana, 2013, « Patrimonialisation et enjeux d'un développement touristique durable », *Études caribéennes* [en ligne], 20 décembre 2011, mis en ligne le 20 juin 2013, consulté le 27 septembre 2013.
URL : http://etudescaribeennes.revues.org/5711.

CAZES, Georges & LANQUAR Robert, 2000, *L'aménagement touristique et le développement durable*, Paris, PUF, col. « Que-sais-je », n° 1882.

CAIRE, Gilles, 2007, « Tourisme solidaire, capacités et développement socialement durable », in *Marché et organisations*, n° 3, pp. 89-115.

CERON, Jean-Paul & DUBOIS, Ghislain, (2000), « Les indicateurs du tourisme durable : un outil à manier avec discernement », in *Cahier Espaces*, n° 67, éditions Espaces, novembre.

CERON, Jean-Paul & DUBOIS, Ghislain, 2002, *Guide d'évaluation. Le tourisme durable dans les destinations*, Paris, Presses Universitaires de Limoge.

Chambre de Commerce et d'industrie de Ziguinchor, 2012, « Rapport économique », Ziguinchor, septembre.

CHEVALIER, Bernard, 1999, *Planification par projet et organisation des territoires*, Paris, L'Harmattan.

CHOAY, Françoise, 1999, *L'allégorie du patrimoine*, Paris, Seuil.

COUSIN, Saskia, 2008, « L'UNESCO et la doctrine du tourisme culturel », *Civilisations*, vol. 57(1-2), pp. 41-56.

COUSIN, Saskia, 2006, « De l'UNESCO aux villages de Touraine : les enjeux politiques, institutionnels et identitaires du tourisme culturel », in *Autrepart*, 4 n° 40, pp. 15-30.

DIÉDHIOU, Paul, 2011, *L'identité joola en question*, Paris, Karthala.

DIÉDHIOU, Philippe, 2004, « Aménagement touristique et développement local », mémoire de maîtrise, Département de géographie, université Cheikh Anta Diop.

DIOMBÉRA, Mamadou, 2013, « Patrimoine culturel et tourisme au Sénégal : analyse de l'impact de la lutte traditionnelle sur les activités touristiques de la Petite Côte sénégalaise », *RASP,* n° 7, pp. 71-79.

DIOMBÉRA, Mamadou, 2012, « Le tourisme en Casamance : État des lieux et perspectives », Conférence prononcée à l'Alliance franco-sénégalaise de Ziguinchor, le 28 novembre.

DIOMBÉRA, Mamadou, 2010, « Aménagement et gestion touristique durable du littoral sénégalais de la Petite Côte et de la Basse Casamance », thèse de doctorat en Tourisme, université Gaston Berger de Saint-Louis.

DOQUET, Anne & LE MENESTREL, Sara, 2006, « Tourisme culturel, réseaux et recompositions sociales », in *Autrepart*, n° 40, pp. 3-14.

Inspection régionale du tourisme de Ziguinchor, 2014, « Comité régional de développement de Ziguinchor », 19 mai.

FAGNONI, Émile, 2000, « La mise en tourisme et en loisirs des friches industrielles en Lorraine », in « La mise en tourisme des lieux et des espaces, processus, périodisations et variations régionales », Actes des 27es journées de la Commission de géographie du tourisme et des loisirs (3-4-5 mai, La Rochelle), pp. 143-153.

FILSER, Marc, 2002, « Le marketing de production d'expériences : statut théorique et implications managériales », *Décisions Marketing*, n° 28, pp. 13-22.

FOUCHER, Michel, 1991, *Fronts et frontières : un tour du monde géopolitique*, Paris, Fayard.

GIBLIN, Béatrice, 2007, « Le tourisme : un théâtre géopolitique ? », *Hérodote*, 4 n° 127, pp. 3-14.

KI-ZERBO, Joseph, 2003, *Pour l'Afrique*, Paris, Éditions de l'Aube.

LAMY, Yvon, 1992, *Le pouvoir de protéger : approches, acteurs, enjeux du patrimoine en Aquitaine*, Bordeaux, éd. Maison des Sciences de l'Homme d'Aquitaine.

LE MENESTREL, Sara, 1999, *La voie des Cadiens. Tourisme et identité en Louisiane*, Paris, Belin.

LOZATO-GIOTART, Jean-Pierre & BALFET, Michel, 2004, *Management du Tourisme : les acteurs, les produits et les stratégies,* Paris, Pearson.

NDIAYE, Raphaël, 2004, *Pluralité ethnique, convergences culturelles et citoyenneté en Afrique de l'Ouest*, Dakar, Enda Tiers-Monde.

MANTEL, Christian (dir.), 2007, *Tourisme et développement durable*, Paris, Calmann-Lévy, coll. « Ingénierie touristique ».

MERCHADOU, Chantal, 2000, « La promotion de la protection de l'environnement et du développement durable en matière de tourisme. Vers un agenda 21 du Tourisme », Paris, SET, rapport final du groupe de travail.

MÉTAILIÉ, Jean-Paul & BERTRAND, Georges, 2006, *Les mots de l'environnement*, Toulouse, Presses Universitaires du Mirail.

Ministère de l'Économie et des Finances, 2003, « Situation économique du Sénégal », Dakar.

Ministère de l'Artisanat et du Tourisme, 2010, « Conseil interministériel sur la relance du tourisme sénégalais », Dakar.

Organisation Mondiale du Tourisme, 1999, *Code mondial d'éthique du tourisme*, Santiago, Rapport, 27 septembre-1er octobre.

ORIGET DU CLUZEAU, Claude, 1998, *Le tourisme culturel*, Paris, PUF, coll. « Que sais-je ? ».

PECQUEUR, Bernard, 2000, *Le développement local*, Paris, éd. Syros, coll. « Alternatives économiques ».

PICARD, Michel, 2010, « L'identité balinaise à l'épreuve du tourisme », EspacesTemps.net, Travaux, 12.04.http://www.espacestemps.net/articles/lrsquoidentite-balinaise-a-lrsquoepreuve-du-tourisme/

PICARD, Michel, 2001, « Bali : vingt ans de recherches », in *Anthropologie et Sociétés*, vol. 25, n° 2, pp. 109-127.

POMMEREHNE, Walter & FREY, Bruno, 1993, *La culture a-t-elle un prix ?*, Paris, Plon, coll. « Commentaire ».

PONTIER, Jean-Marie, 2000, « Les données juridiques de l'identité culturelle », *Revue du droit public et de la science politique*, t. 116, n° 5, pp. 1271-1289.

ROURE, Benjamin et DE ROUX, Emmanuel, 2005, « Le tourisme contre la culture ? », in *Le Monde*, 12 août.

SERRE, Agnès, 2004, « Patrimoine et politique d'aménagement : du fonctionnalisme à l'émergence d'une culture urbaine à Belém do Pará (Brésil) », in *Géocarrefour*, vol. 79, n° 3, pp. 239-246.

TINARD, Yves, 1974, « Culture et Tourisme : une possible collaboration », in *Tourisme et Culture*, Paris, *Les Cahiers Espaces*, n° 37, juin, pp. 55-62.

TOBELEM, Jean-Michel, 2005, *Le nouvel âge des musées. Les institutions culturelles au défi de la gestion*, Paris, Armand Colin.

TRANQUARD, Manu & GAGNON, Christiane, 2012, « Opérationnaliser le développement durable en contexte écotouristique : quels critères ? », in *Téoros*, 31-2, 2012, pp. 72-83.

VIOLIER, Philippe (dir.), 1999, *L'espace local et les acteurs du tourisme*, Rennes, Presses Universitaires de Rennes, coll. « Espaces et territoires ».

ZAOUAL, Hassan, 2007, « Du tourisme de masse au tourisme situé : quelles transitions ? », in *Marché et organisations*, vol. 1, n° 3, pp. 155-182.

CHAPITRE 3

LE CONFLIT CASAMANÇAIS ET LA QUESTION DE LA RECONSTRUCTION : QUELLE EST LA CONTRIBUTION DES ONG ?

Ousmane BA

Le Sénégal, à l'instar des autres pays de la sous-région (Guinée-Bissau, Guinée-Conakry, Côte d'Ivoire, etc.) est secoué, dans sa partie Sud, par un conflit armé qui a duré plus de deux décennies (de Benoist, 1991). Ce conflit, qui a débuté le 26 décembre 1982, est parti d'une marche de certains individus se réclamant du Mouvement des Forces Démocratiques de la Casamance (MFDC), entraînant à la suite une violente répression de la part de l'armée. Ces derniers semblaient réclamer l'autonomie de la Casamance ainsi que la protection de ses ressources. Depuis lors, on constate que la crise a presque plongé le Sénégal dans une instabilité socio-économique et politique. De même, cette situation a contribué à détériorer le tissu économique et social à cause de l'insécurité qui règne en Casamance. En plus, les relations interindividuelles et intercommunautaires se sont beaucoup détériorées au niveau de la Basse Casamance. Sur le terrain, on constate que des villages comme Mpack ou Diabir sont dévastés ou abandonnés. D'ailleurs, certaines personnes se sont réfugiées dans les pays environnants, essentiellement la Guinée-Bissau et la Gambie. Pourtant, l'apport de la Casamance dans l'économie nationale semble être important, d'autant plus qu'elle est considérée par certains comme étant le « grenier du Sénégal », car elle regorge d'importantes potentialités agricoles et forestières. Mais aujourd'hui, l'économie est au ralenti à cause des dysfonctionnements notés dans tous les secteurs d'activités de la localité. Du coup, certains agriculteurs et éleveurs ont été contraints d'abandonner en partie ou totalement leurs activités. De même, sur le terrain, se perpétuent des actes de banditisme et des braquages armés sur les différents axes routiers de la région, qui ont fini par installer une situation de désolation et d'insécurité. Par ailleurs, on note plusieurs accords de cessez-le-feu ont été signés, sans grand succès, entre le gouvernement du Sénégal et le MFDC. Avec les alternances politiques survenues au Sénégal depuis 2000, il a été noté une nouvelle approche dans la gestion du conflit casamançais. En effet, cette nouvelle gestion prend en compte deux aspects : l'aspect dit politique et celui dit socio-économique, axé sur le développement. En d'autres termes, les négociations et les accords de paix s'accompagnent aujourd'hui d'une reconstruction totale et globale, c'est-à-dire la prise en considération de la réhabilitation et la relance des activités économiques et sociales en Casamance.

Mais l'accord du 30 décembre 2004 semble marquer un grand pas dans la gestion du conflit dans la mesure où il a incité gouvernement du Sénégal, en collaboration avec les bailleurs de fonds, à lancer une nouvelle politique de reconstruction de la Casamance. Par moments, nous assistons tantôt à une accalmie sur le terrain tantôt à des tensions entre ces deux protagonistes. Ce contexte, qualifié par certains observateurs de « ni guerre, ni paix » ou de « paix armée », laisse apparaître l'intervention de plusieurs acteurs qui tentent autant que faire se peut d'apaiser le conflit et de jeter les bases d'un véritable développement dans cette partie méridionale du pays. On peut citer parmi ces acteurs les ONG telles que le Catholic Relief Services (CRS), qui semble avoir comme mission d'assister et de soutenir les populations victimes du conflit. L'ONG CRS est une organisation de développement à but non lucratif. Toutefois, avec la reconstruction entamée, on a assisté aussi au déploiement de plus en plus remarqué d'acteurs au développement comme les institutions gouvernementales, c'est-à-dire l'Agence nationale pour la relance des activités sociales et économiques en Casamance (ANRAC) et des institutions internationales comme le ProCas. Du coup, la question de la reconstruction apparaît alors comme un champ conflictuel où interagissent plusieurs intervenants. C'est dans cette perspective que s'inscrit notre article. Il s'agit, pour nous, d'apporter des éléments nouveaux de l'intervention des acteurs au développement dans le champ de la reconstruction. Ce travail se veut une réflexion critique autour de la reconstruction dans une zone de conflit où l'on remarque une multiplicité d'interventions avec une absence manifeste d'un cadre de coordination de leurs actions. En plus, le processus de reconstruction enclenché par les autorités étatiques en Casamance semble être fait sans l'obtention réelle d'une paix définitive. On peut se poser des questions dans ce sens : comment peut-on reconstruire dans un climat où règne la violence ? Cette façon de procéder ne remet-elle pas en cause les principes et processus de reconstruction dans sa globalité ? Peut-on considérer la situation qui prévaut en Casamance comme une situation de « paix armée » ? Les ONG semblent jouer un rôle capital pendant les années de braise en Casamance. D'aucuns disaient même que la Casamance était « sous-perfusion » des ONG. Car au moment où la tension était intense, ce sont ces mêmes ONG qui ont contribué à l'assistance et au soutien des populations meurtries par la crise. Malgré cette contribution des ONG, le constat est que jusqu'à présent, on note la présence de la violence dans certaines localités de la Casamance. Mais comme le conflit évolue en termes de tensions dans le temps et dans l'espace, les ONG semblent être obligées de reconsidérer leurs domaines d'intervention en y incluant des éléments spécifiques de la prise en charge des populations, comme le financement des projets communautaires à la base, la sensibilisation, etc.

C'est pour dire qu'elles ont eu, à un moment donné du conflit, à cumuler leurs interventions en misant sur le développement et parfois sur la médiation entre les différents protagonistes du conflit, à savoir le gouvernement du Sénégal et le MFDC. Actuellement, elles se positionnent comme étant une composante incontournable dans le champ de la reconstruction en raison de leur proximité avec les couches sociales vulnérables telles que les réfugiés, les pauvres, les personnes en situation de handicap, etc.

Même si l'accalmie notée a permis la reprise des activités, il faut souligner qu'il y a d'énormes difficultés dans le champ de la reconstruction en Casamance. Elles ont comme noms, la plupart du temps : prolifération des acteurs de développement, doublons notés dans le champ d'intervention, multiplicité des domaines d'intervention pour capter la manne financière, confrontation, concurrence et compétition entre les différents acteurs, inégale répartition territoriale des thématiques d'intervention, absence réelle de cartographie des ONG, etc. Ainsi, la configuration du champ de la reconstruction en Casamance risque de fausser le processus d'intervention de ces acteurs en ce sens qu'il y a une lacune dans la mise sur pied d'un cadre de concertation et d'harmonisation des actions. C'est donc la complexité de la reconstruction et de la prise en charge des populations victimes du conflit que nous nous sommes engagés à traiter dans cet article tout en mettant l'accent sur la contribution des ONG et les conflits qui les animent.

1. IDENTIFICATION DE QUELQUES FACTEURS EXPLICATIFS DU CONFLIT CASAMANÇAIS

Dans le conflit casamançais, des attitudes et comportements propres au groupe ethnique diola ont été mis en avant pour justifier soit une manifestation, soit un attentat, soit un meurtre. La référence aux « bois sacrés », aux fétiches, ou à la participation des femmes diola aux différentes manifestations en sont les principales illustrations (Diop & Diouf, 1990). En Casamance, comme dans d'autres contrées africaines, dès qu'un conflit interne fait son apparition, la qualification communément avancée et admise est celle de conflit ethnique[1]. La problématique de l'identité casamançaise débouche plus globalement sur celle du régionalisme casamançais. Elle s'expliquerait par la présence, dans un espace donné, de populations différentes par leurs origines et leurs attitudes. L'émergence et le développement de ce régionalisme seraient la conséquence, selon certains, du dysfonctionnement et de la déliquescence de l'administration publique. Le discours des Casamançais sur la différence participe au processus de construction identitaire. Pour les uns, ce discours repose sur un effet de miroir qui renverrait aux populations casamançaises l'image du regard des autres. Pour d'autres, ce discours est le fait de mécontents politiques imbus d'un ethnocentrisme exacerbé et qui veulent confiner les populations dans une immunité paralysante, inhibant tout espoir d'ouverture et qui suscite la révolte (Aïdara, 1995). C'est ce que J.-C. Marut appelle le « regard inégal alimenté par des images négatives stéréotypées » (Marut, 1994). Le discours ethnique, bien qu'idéologisant, n'interdit pas la manipulation ni l'interprétation de l'histoire du groupe par ceux qui y ont des intérêts. La division administrative intervenue en 1984 n'a pas réussi à étouffer ce sentiment d'appartenance à une identité commune. Marut, dans *Comprendre la Casamance*, donne une approche géopolitique du conflit en soutenant que la Casamance apparaît, en fait, comme une construction territoriale complexe inscrite dans des espaces et des temps sociaux différenciés et dont la particularité est d'être à la fois le maillon faible et l'atout majeur du territoire et de l'État sénégalais. Le particularisme régional ou les divers particularismes ethniques s'y sont développés sur la base d'un double sentiment d'accaparement des richesses et d'exclusion des populations par les « Nordistes » au pouvoir. Mais ces particularités

---

[1] Ce fut le cas avec les évènements du Rwanda, du Burundi ou du Zaïre.

peuvent servir aussi bien de stratégies d'intégration en acceptant que l'autre soit le bienvenu et instaurant une diversité ethnique qui vivrait dans la cohésion sociale, culturelle, politique et économique. Ainsi, il poursuit sa pensée en affirmant que le mouvement séparatiste creuse la différence casamançaise qu'il produit autant qu'il en est le produit, s'enracinant dans le passé et se projetant dans l'avenir. De ce fait, le séparatisme fonctionne autant comme un masque que comme un révélateur de la crise de ce modèle. En plus de cela, la question casamançaise semble être simple en apparence, car c'est un conflit interne dont l'enjeu n'est pas l'accès au pouvoir central, mais la légitimité du pouvoir sur une portion du territoire de l'État, avec à la clé, une sécession. Sous un autre angle, la remise en cause interne des frontières héritées de la colonisation est aussi tout le problème fondamental de la construction, en Afrique, d'un État-nation sur le modèle occidental qui est déjà posé. C'est en ce sens qu'il affirme en ces termes que : « l'enclavement de cette province entre la Gambie et la Guinée-Bissau, et les nombreux litiges qui opposent – ou opposaient – ces deux pays au Sénégal, font de la Casamance autant une question de politique extérieure qu'une question de politique intérieure pour Dakar » (Marut, 1996).

De même, le conflit casamançais montre une fois de plus que les frontières africaines posent problème parce qu'elles divisent plus qu'elles ne regroupent. Si une configuration géopolitique particulière, par exemple la coupure gambienne, ne venait compliquer les données du problème, imbriquant plus étroitement les dimensions internes et externes et mettant en jeu le fragile équilibre régional, alors force est de constater que la résolution définitive de ce conflit nécessite l'implication des pays environnants. Par ailleurs, cette situation, selon Marut, a engendré un sentiment de frustration à l'endroit des étrangers de la région considérée par les autochtones comme des « Nordistes », des Guinéens, etc. Cette manière de gérer est vécue par les Casamançais comme une agression ou une menace due au mépris souvent affiché par les populations du nord du Sénégal, qualifiées de « nordistes ». En définitive, selon cet auteur, l'étincelle du conflit casamançais serait partie, d'une part, de la colonisation, avec le tracé des frontières, et d'autre part, de la mauvaise gestion des richesses de la région par les étrangers. Ces deux aspects ont suscité la révolte d'une frange de la population casamançaise et ont conduit à la crise à laquelle nous assistons aujourd'hui dans cette partie du Sénégal. Toujours, dans ce même ouvrage, Gerti Hesseling pense que c'est du problème foncier qu'est partie la crise casamançaise, car en raison d'une forte concurrence pour les ressources naturelles (terres, eau, forêts…) accentuée par une demande accrue de la part de « nordistes », le peuple diola a fortement tendance à revendiquer ses droits fonciers inaliénables. En effet, selon elle, ces anciens contrats d'hospitalité ne sont plus sacrés et les conflits fonciers prennent parfois des formes ethniques particulières, voire violentes, comme l'histoire récente de la Casamance en témoigne. Dans la région de Ziguinchor par exemple, la nouvelle loi foncière étatique[2] a entraîné des changements importants dès son entrée en vigueur. Elle a bouleversé et rendu obsolète les anciennes pratiques foncières telles que le « prêt et le système d'hébergement » (Hesseling, 1994).

Selon l'historien Nouha Cissé, « l'application sans discernement de la loi sur le domaine national a provoqué un très grand malaise et un mécontentement poussé. Généralement, les plaignants n'ont pas trouvé une oreille attentive auprès d'une administration qui leur paraissait distante et méprisante » (Cissé, 2002). Les Diolas reconnaissent que leurs rapports avec les Wolofs sont plus difficiles en ce sens qu'ils considèrent que ces derniers viennent prendre leurs terres, occuper le commerce, imposer leur langue et leur mode de vie. C'est ce qu'ils refusent parce qu'ils ne peuvent pas, disent-ils, sortir d'une colonisation pour ensuite entrer dans une autre. Il a été remarqué aussi qu'il y a véritablement un problème de cohabitation entre les populations qui se considèrent comme autochtones et les autres comme allochtones. On a l'impression qu'il y a ici une confrontation entre deux entités ethniques sur un problème d'occupation et d'accaparement des ressources de la région en ce sens que les autochtones prétendent être les propriétaires de ces biens. En Basse Casamance par exemple, et comme dans le reste de la région, l'activité du commerce est presque une exclusivité des Peuls dits « *Fouta* », originaires de la Guinée-Conakry. Un domaine que leur disputaient âprement les Maures, comme dans tout le Sénégal, avant les évènements sanglants de 1989. Dominique Darbon abonde dans le même sens que Louis-Vincent Thomas. Il pose un problème de désintégration réelle en ce sens que le Diola est par nature, selon lui, collé à la tradition, et que l'occupant ne militait pas pour son entrée dans la modernité. Il considère le Diola comme un être areligieux avec une connotation fort péjorative nourrissant ainsi un sentiment de supériorité. En d'autres termes, le peuple diola est trop attaché non

---

[2] Loi n° 64-46 du 17 juin 1964 portant sur le domaine national.

seulement à la tradition, mais aussi à la terre, et par conséquent, il lui sera très difficile de s'ouvrir au monde de la modernité. De même, puisque c'est une société acéphale, force est de reconnaître que le système de changement intervenu à l'extérieur poserait effectivement un réel un problème de consensus interne. Vincent Foucher, pour sa part, évoquant les raisons du conflit, va identifier des éléments d'explication. D'abord, il dira que le conflit casamançais résulterait des différences culturelles fondamentales existant entre la Casamance et le reste du Sénégal. Ensuite, et c'est là où il rejoint Darbon, il évoque le choc brutal entre la modernité, incarnée par l'État du Sénégal, et une société rurale collée à la tradition. Mais Foucher ira plus loin pour justifier la révolte avec ce qu'il appelle les « évolués » que sont la migration et l'école (Foucher, 2002). Enfin, on peut souligner que les deux raisons évoquées par Foucher pour expliquer le conflit casamançais montrent à quel point cette crise semble être sensible. Car l'aspect culturel semble prendre le dessus sur toutes les causes. Or, il est de notoriété publique que la plupart des conflits qui sont fondés sur des bases culturelles et identitaires connaissent un dénouement très difficile vu l'élasticité des facteurs traditionnels.

Mais pour autant, dans toute construction identitaire, n'y a-t-il pas une part d'idéologie que le référent ethnique entretient ? En effet, l'apparition, dans les années 1970, d'associations basées sur des solidarités, semble confirmer la thèse de l'absence de cohésion autour de l'identité casamançaise[3]. Par ailleurs, des associations fondées sur des intérêts ethniques et regroupant des ressortissants d'un même village, d'une même ville ou d'un même département ont fait leur apparition. L'identité casamançaise se définirait plutôt par rapport à l'appartenance à un territoire séparé (par la Gambie) et donc différent même si l'on peut contourner la Gambie pour joindre les autres régions du Sénégal. Selon le groupe ethnique, cette identité va s'affirmer à travers des modèles culturels et des valeurs sociales différents de ceux des groupes ethniques « nordistes ». Le sentiment d'appartenance à une identité casamançaise commune naîtrait donc de la marginalisation dont se disent victimes les groupes ethniques « casamançais ». En fait,

---

[3] Les premières tentatives étaient celles de l'Association des ressortissants de Sédhiou (ASSORES) et du Comité pour la rénovation de Ziguinchor (COREZI). Depuis quelques années, et dans le cadre des différentes stratégies de pacification de la région, ce sont l'Association pour le développement de la Casamance (ASDEC) et le mouvement des femmes casamançaises qui ont pris le relais.

l'affirmation et la revendication de cette identité résultent plus de cette marginalisation que d'un véritable consensus interethnique. Avec la recherche de solutions, le sentiment d'appartenance à une identité commune casamançaise semble être renforcé. Cela se traduit par l'importance du dispositif et des organismes de concertation dans lesquels les politiciens locaux, les membres de la société civile et les représentants des principaux cultes se sont retrouvés. Enfin, c'est sur la référence à l'histoire de la Casamance que reposent les propos sur la différence, lesquels accréditeraient la réalité d'une identité casamançaise. L'idée est que de toutes les régions du Sénégal, la Casamance a été la dernière à être rattachée au territoire sénégalais. Ce retard à l'intégration paraît suffisant aux partisans de la différence pour expliquer la faiblesse des liens entre la périphérie casamançaise et le reste du territoire.

2. LE CONTEXTE DE L'ÉMERGENCE DES ONG

Il convient de souligner que ce n'est qu'après la Seconde Guerre mondiale que les organisations non gouvernementales ont été mises en place par les institutions de Bretton Woods telles que la Banque mondiale et le Fonds monétaire international, pour venir en aide aux pays non seulement touchés par la guerre, mais aussi dans la pauvreté extrême. Ce qui amène à dire que l'implantation des ONG dans une zone quelconque est due soit à un conflit ou une crise soit à une pauvreté. Elles y apportent de l'aide humanitaire et du soutien matériel pour permettre aux populations de se prendre en charge surtout pendant et après des conflits violents entre les différents acteurs concernés. Ainsi, il faut noter qu'il y a d'autres facteurs explicatifs qui justifient la présence des ONG dans une localité déterminée. Selon Moussa Ba par exemple, l'éclosion des ONG dans les années 1970 résulte des problèmes climatiques et écologiques, de l'échec des politiques agricoles, de la mauvaise gestion des nombreux financements extérieurs, mais aussi et surtout de la misère des paysans issue du système « d'encadrement et de soumission » dans lequel ils étaient confinés (Ba, 1999).

L'affirmation de cet auteur semble être importante, car pendant la période de l'indépendance, l'État providence déclinait et orientait les différentes politiques agricoles du pays sans l'inclusion des paysans : d'où l'échec de certains produits agricoles comme le riz et le mil. Mieux, sa réflexion va au-delà même de la paysannerie, car il évoque aussi les situations récurrentes de malversation et de mauvaise gestion de l'aide. Mais il faut surtout noter que pendant cette période, la plupart des ONG agissent dans le domaine agricole et environnemental. Cette situation semble être expliquée par l'urgence des besoins étatiques d'alors. En Casamance, par exemple, on a assisté à la naissance de plusieurs programmes ou projets de développement comme le Projet intérimaire de développement agricole de la Casamance, qui prendra plus tard la dénomination de Projet intégré de développement agricole de la Basse Casamance (PIDAC), la Société de mise en valeur de la Casamance (SOMIVAC), le projet de la Mission agricole chinoise (MAC), qui a touché quelques vallées de la Casamance, Projet aménagement hydro-agricole en Casamance, connu sous le nom de projet ILACO, etc. Cependant, les résultats n'ont pas été à la hauteur des attentes de l'État et de la population. Les causes de cet échec sont entre autres l'archaïsme des matériels techniques utilisés et le manque d'accompagnement et de suivi de ces projets quand nous savons que le barrage anti-sel de Guidel est victime de ce facteur. Mais il faut y ajouter aussi le manque de formation des acteurs de l'agriculture, comme les paysans, et la dégradation des ressources forestières. Issa Ndior pense que l'émergence des ONG s'explique par le fait que les États africains semblent avoir raté leur mission de créer un développement socio-économique (Ndior, 2004). Ce manque de vigilance et de vision de ces États a favorisé l'application des politiques d'ajustement structurel proposées et dictées par les bailleurs de fonds pour modifier l'environnement socio-économique de ces derniers. De même, la faillite des modèles de développement de l'époque, qu'étaient le socialisme et le marxisme, a fortement amené les partisans du modèle alternatif à penser à mettre en place les ONG pour tenter de prendre en charge non seulement les préoccupations des populations victimes des catastrophes naturelles ou humaines, mais aussi de celles post-conflit comme la Casamance. En mettant en place ces ONG, les bailleurs de fonds pensent créer un nouveau modèle alternatif pour le développement des pays démunis et de ceux victimes du fléau de la guerre. Ce qui semble dire que les ONG sont considérées comme des « partenaires stratégiques » qui permettent à l'État du Sénégal de coordonner et de contrôler leurs interventions afin d'en tirer un profit maximum avec sa politique de développement décentralisé (Dramé, 1998). Enfin, l'Afrique, vue comme un continent « maudit », est le lieu de plusieurs foyers de tensions et de guerres dont les soubassements sont de plusieurs ordres : politique, militaire, tribal, etc. Or, pour bâtir un développement solide et viable, il faut que la paix et la sécurité au sens large du terme s'installent. Par exemple, au moment où les autres continents travaillent, les Africains multiplient les sommets, à la recherche de la paix dans tel ou tel pays. C'est donc dire qu'ils passent la plupart du temps à recoller les morceaux d'un continent déchiré par des conflits de tout ordre. Ils se soldent le plus souvent par un échec : c'est le cas de la crise ivoirienne de septembre 2002 et 2010 ; de la guerre tribale en République démocratique du Congo, au Soudan, en Éthiopie, etc. C'est pour dire que tous ces facteurs de désordres ambiants et de troubles intempestifs ont incité les ONG à agir au profit des populations qui semblent être les seules victimes. Ces ONG axent, dans ce cas de figure, leurs interventions dans un processus de reconstruction et de prise en charge des populations qui ont lourdement subi les effets néfastes de ces conflits.

Ainsi, la forte présence des ONG et de l'État dans ces zones à travers ses services techniques déconcentrés et décentralisés ne manque pas de poser partout où cela existe des difficultés de collaboration ou de mise en cohérence des actions faites au profit des populations, surtout en cette période dite de reconstruction et de développement local. La majeure partie d'entre elles semblent avoir comme but la recherche de la manne financière au détriment des populations qui en pâtissent le plus souvent. C'est un constat qui semble être important vu les différents dispositifs luxueux et matériels dont disposent ces ONG dans leurs zones d'interventions. Sinon, comment expliquer la multiplicité effective et massive de ces organisations non gouvernementales dans les régions victimes de conflit, comme la Casamance, ou de pauvreté, et que ces dernières n'arrivent pas à sentir l'impact de leurs actions ? Cette façon de faire n'explique-t-elle pas à la limite l'inefficacité de ces ONG en matière de prise en charge et de développement ? C'est pour dire que certaines d'entre elles semblent ne pas accorder la primauté au développement local et à la reconstruction de ces régions meurtries par la crise, mais plutôt à leur propre enrichissement. Le fait de s'appuyer sur l'objectif de la prise en charge des populations constitue un moyen stratégique, selon certains, pour amasser des ressources financières en vue d'améliorer leurs conditions de vie et leur durée d'existence. Nombreuses sont des ONG qui interviennent dans ces zones et qui ne s'intéressent pas à l'évaluation ou à l'efficacité de leurs programmes sur le terrain, ni à leur impact sur les principaux bénéficiaires. C'est cette problématique qui a incité Fauré à attirer l'attention sur ces dernières en écrivant : « quand la question se pose de mettre un peu d'ordre, de clarté, d'intelligibilité dans la diversité des contextes et conditions d'émergence des ONG, dans l'hétérogénéité de leurs activités, structures, ressources, dans l'extrême variété des situations où elles se trouvent et agissent, on peut relever que les ONG participent, parfois consciemment quand ce n'est pas conscienciousement, par le désordre de leur déploiement et l'obscurité de leurs comptes, par la spontanéité généreuse, mais brouillonne de leurs interventions, à cette opacité, à ce flou et à cette difficulté de mesurer sérieusement ce qu'elles sont et ce qu'elles font » (Deler *et al.*, 1998 : 20). Ce regard critique de l'auteur renvoie à la problématique de la mise en place d'un cadre de concertation capable de coordonner de manière efficace et efficiente les actions des ONG sur le terrain d'intervention. Ceci semble être compréhensible si l'on sait que la reconstruction comprend plusieurs volets : politique, économique, social et psychologique, qu'il faut identifier afin de cerner davantage la question d'intervention. Signalons que la situation de crise qui sévissait en Casamance intéressait certes certaines organisations comme la Caritas (organisation caritative religieuse catholique), mais nous n'en recensions pas autant qu'aujourd'hui avec le processus de reconstruction. C'est dire que ce volet revêt un caractère important si l'on sait que le processus de reconstruction suppose l'existence d'un environnement paisible où les actions peuvent se conjuguer dans l'intérêt des populations. Pour cela, les différents acteurs doivent saisir la balle au rebond afin d'assainir le terrain d'intervention des ONG dans la région.

3. ÉLUCIDATION DU CONCEPT DE RECONSTRUCTION

Ce concept de reconstruction post-conflit occupe une place de choix dans la compréhension globale et approfondie de notre article. En effet, son évocation nous permet de bien cerner les tenants et les aboutissants du système de reconfiguration et de reconstruction de la Casamance. On peut définir la reconstruction comme étant un processus d'opérationnalisation et de matérialisation des projets de développement qui interviennent après la fin d'un conflit quelconque. Autrement dit, elle doit avoir comme rôle de suivre régulièrement et immédiatement le processus de paix en essayant de refaire et de parfaire tous les ensembles qui semblent être détruits par le conflit. C'est ce que semblent comprendre les partisans du Nouveau partenariat pour le développement de l'Afrique (NEPAD) en pensant que la reconstruction : « a pour vocation de suivre immédiatement la fin d'une guerre et commence lorsque les hostilités cessent, généralement sous forme de cessez-le-feu ou d'accord de paix » (NEPAD, 2005 : 6). Ceci s'avère être intéressant, car nous pensons que le processus de reconstruction suppose un plan de désarmement, de démobilisation et de réinsertion bien ficelé pour permettre aux ex-combattants de s'identifier aux autres personnes dans la vie sociale. C'est pour dire que le processus de « désarmement, démobilisation, rapatriement, réintégration et réinstallation » (DDRRR) constitue un outil efficace pour garantir la continuité entre la cessation des hostilités, le maintien, la consolidation de la paix et le développement des États. En effet, on entend par « désarmement » la collecte, le contrôle et l'élimination des armes légères, munitions, explosifs, armes portatives et armes lourdes des combattants et parfois de la population civile. L'élaboration de programmes allant dans ce sens et permettant d'assurer une gestion responsable de ces armes est considérée comme faisant partie intégrante du désarmement. C'est le cas avec l'Agence nationale pour la relance des activités économiques et sociales en Casamance (ANRAC), qui dispose au sein de ses directions opérationnelles d'une cellule qui s'occupe de cette composante. On entend par « démobilisation » un processus par lequel les forces armées réduisent leurs effectifs ou se dispersent complètement, dans le cadre plus général de la transition de la guerre à la paix. En général, la démobilisation implique le regroupement, le cantonnement, le désarmement, l'administration et la préparation au retour à la vie civile des anciens combattants, lesquels reçoivent diverses formes d'indemnisations et d'assistance devant faciliter leur réintégration dans la société. En Casamance, cette étape de démobilisation a toujours posé un sérieux problème entre les dissidents du MFDC et l'armée sénégalaise dans la mesure où les premiers nommés réclament toujours le retour de l'armée dans les casernes pour asseoir une véritable paix et amorcer des négociations sérieuses. Or, la démobilisation suppose une étape essentielle et adéquate pour permettre aux anciens combattants de retourner dans la vie civile. On entend par « rapatriement » le processus par lequel les anciens combattants des groupes armés sont rapatriés dans leurs pays d'origine respectifs. Le plus souvent, les parties prenantes sont tenues de créer des conditions favorables au rapatriement de leurs citoyens tant militaires que civils. De ce point de vue, l'ONU, des ONG et d'autres acteurs internationaux exercent un contrôle sur ce processus dans le cadre plus général de la transition de la guerre à la paix. Cette situation semble être délicate dans la mesure où elle constitue une étape de retour des personnes déplacées dans leurs localités d'antan. Dans cette partie méridionale du pays, par exemple, on a assisté à une multitude de personnes déplacées dans les pays environnants tels que la Gambie et la Guinée-Bissau. Mais depuis 2000, on a assisté à une situation d'accalmie, car beaucoup d'entre elles sont retournées grâce aux efforts consentis par les ONG et la société civile. On entend par « réinsertion » ou « réintégration » le processus selon lequel une aide est allouée aux anciens combattants en vue de faciliter leur réinsertion économique et sociale, et celle de leur famille, dans la société civile. En effet, cette aide peut inclure des indemnités en espèces ou en nature ainsi qu'une formation professionnelle et des activités rémunératrices. Par le biais de ses organismes humanitaires, l'ONU formule les modalités de l'aide à apporter aux personnes en situation de réinsertion sociale. Il faut souligner que pour le cas de la Casamance, le conflit n'a pas été internationalisé, car les autorités étatiques considèrent jusqu'à présent que c'est une affaire sénégalo-sénégalaise qu'il faut gérer en interne. C'est pourquoi des organismes humanitaires tels que le CICR, le HCR, le PAM, l'UNICEF, le PUNUD et les ONG opèrent depuis lors dans la zone en apportant aux populations victimes de l'aide et de l'assistance. Tout ceci pour dire que la reconstruction constitue une urgence de développement et une stratégie d'assistance et de prise en charge des populations victimes des conflits dans le monde. Mais en Casamance, cette reconstruction est centrée sur deux dimensions, à savoir : le retour définitif de la paix et le processus de développement. En effet, la dimension du développement est mise au-devant de la scène, car le conflit semble appauvrir complètement la région, au point qu'il a installé les populations dans une situation de vulnérabilité. De ce fait, la pauvreté se propage et gagne du terrain à chaque fois que la crise s'accentue.

4. LA SITUATION DE LA RECONSTRUCTION EN CASAMANCE

Malgré, selon certains, la recherche de solutions pour la résolution définitive et durable du conflit et les différents facteurs bloquants à ce processus, tels que la question de l'indépendance, l'État du Sénégal semble vouloir s'inscrire dans un processus de reconstruction post-crise. Aux yeux des autorités publiques, cette approche permet de réduire les séquelles de la crise puisque tous les pays ayant connu ce genre de conflit sont arrivés à ce stade à un certain moment donné de l'histoire. Toutefois, il urge de se poser des questions sur la réussite de cette reconstruction quand on sait qu'il y a parfois des attaques à main armée et des braquages notés dans certaines localités de la région. Ces stratégies de lutte préconisées par des coupeurs de route remettent en cause le processus de paix et de reconstruction.

Mais la volonté affichée par l'État du Sénégal de reconstruire la Casamance sans le retour d'une paix définitive semble être justifiée par le fait qu'il y a une urgence à l'endroit des populations. En effet, il est évident que s'il doit attendre une paix définitive et durable, la région serait assombrie par les conséquences néfastes de ce conflit. De ce fait, il serait intéressant, de notre point de vue, d'allier en même temps le processus de paix à celui de la reconstruction, pour répondre aux exigences et aux besoins des populations locales. Ce n'est que par rapport à cette conjugaison d'objectifs majeurs qu'il urgerait d'arriver à redresser l'économique et le social de cette région selon ces autorités. C'est dire qu'avec l'accalmie actuelle, plusieurs défis sont à relever par ces différents acteurs, à savoir le gouvernement et le MFDC, pour instaurer durablement la paix et impulser le processus de développement de la région. En effet, il a été remarqué que la donne semble avoir changé concernant les différentes causes qui freinaient le processus de paix. Par exemple, avec le travail noté par ces ONG, il a été remarqué dans la localité de Ziguinchor un retour des déplacés dans certaines zones comme Niaguis et Mpack, qui semblent aujourd'hui être épargnées par la violence. De même, les causes qui furent à l'origine du conflit sont presque revues par les nouveaux gestionnaires du MFDC, à savoir le front Nord. Vu ces différents facteurs positifs, il a été remarqué que la reconstruction post-conflit ou post-crise en Casamance semble être nécessaire, voire irréversible, selon ces mêmes autorités. Cependant, à bien des égards, le processus de reconstruction « doit prendre en compte largement les différentes préoccupations des populations, mais pas à se limiter sur une simple réhabilitation des infrastructures ou d'institutions sociales détruites par le conflit ». Mieux, selon elles, « il doit en ce sens être su et perçu comme une action complète, voire totale, qui doit saisir en profondeur les conséquences désastreuses du conflit et ses déterminants afin d'arriver à instaurer une véritable situation de recomposition sociale et de développement durable au bénéfice des populations de la localité. Ce n'est que par là que nous pouvons arriver à une cohabitation parfaite des populations et à une dynamique qui leur permettra d'avoir des activités génératrices de revenus ». Partant de là, il a été noté que la reconstruction est traversée par différents problèmes tels que la compétition anarchique de certaines ONG, la bataille de leadership et de positionnement, l'existence de doublons et le manque de cadre de concertation et d'échanges. Ces différentes situations expliquent au fond le manque de visibilité et de lisibilité de l'ensemble des interventions réalisées en Casamance.

5. ANALYSE DU PROCESSUS DE RECONSTRUCTION EN CASAMANCE

Les pouvoirs publics du pays ont commencé le processus de reconstruction en Casamance sans pour autant qu'il y ait une paix définitive et durable. En effet, selon les pouvoirs publics, on peut allier le processus de reconstruction de la Casamance avec le processus de paix sans pour autant attendre une paix définitive. Ainsi, pensent-ils, le conflit casamançais est l'un des plus vieux du continent, et par conséquent, vouloir attendre une paix définitive constitue une menace pour cette région qui a tant souffert des affres de la crise. De ce fait, le processus de reconstruction devient une stratégie de développement de la Casamance. Ce faisant, les pouvoirs publics souhaitent combler l'écart existant entre la Casamance et les autres régions du pays. Cela explique le fait qu'en Casamance, nous assistons actuellement à deux dimensions fondamentales de sortie de crise : il s'agit de la reconstruction et du développement. Même si les pouvoirs publics ont décidé de déclencher le processus de reconstruction post-crise en Casamance sans qu'il y ait une paix définitive et durable, force est de reconnaître que cette démarche est en déphasage avec les principes fondamentaux de la reconstruction post-conflit en général. Autrement dit, il y a une sorte de précipitation de la part des acteurs étatiques ou du pouvoir qui, pour remédier à ce conflit, ont choisi de parler avec légèreté de la reconstruction post-crise dans leur tableau de bord, dénommé PRAESC (Programme de relance des activités économiques et sociales en Casamance), sans pour autant aller en profondeur à un règlement définitif de ce conflit. Comment alors peut-on reconstruire la Casamance au moment où le MFDC se radicalise de plus en plus sur sa position ? En d'autres termes, peut-on reconstruire la région dans un contexte où les crépitements des armes lourdes sont en train d'inquiéter les populations ? Les ONG n'ont-elles pas une épine sous leurs pieds quand on sait que leurs interventions peuvent être bouleversées par la recrudescence de la violence dans la région ? Répondre à ces interrogations revient à analyser l'ampleur cette reconstruction optée par les autorités étatiques et politiques. C'est pour dire que dans tous les pays où il y avait un conflit, selon notre littérature, le processus de reconstruction est déclenché après que les différents protagonistes ont signé un accord définitif de paix et il s'en est suivi un désarmement total de la part des combattants. Mais tel ne semble pas être le cas en Casamance, car il a certes été noté des signatures d'accords de paix et de cessez-le-feu, mais pas à de désarmement total ni à d'accord de paix définitif. Cela s'explique par le fait que le maquis est confronté à des guerres de tendances et de positionnement. On y rencontre l'aile politique, l'aile combattante, l'aile extérieure, l'aile civile, l'aile intellectuelle, l'aile Nord et l'aile Sud. Face à cette situation, les pouvoirs publics arrivent difficilement à avoir un interlocuteur sûr pour des négociations sincères. D'ailleurs, leur seul interlocuteur valable à leurs yeux était l'abbé Augustin Diamacoune Senghor, qui semblait être le chef suprême du MFDC. Ainsi, avec lui, les autorités étatiques avaient signé un certain nombre d'accords de paix et de dépôts des armes. Le dernier accord de paix a été signé le 30 novembre 2004, connu sous le nom d'Accord de Foundiougne. Il a été noté un silence total de la part des deux protagonistes sur une continuité de rencontres périodiques concernant les négociations de paix. C'est comme si la Casamance avait acquis une situation de paix définitive et durable. La mort de l'abbé Diamacoune Senghor en 2007 a fait croire aux autorités sénégalaises que la paix était revenue dans cette partie méridionale du pays, ce qui était loin d'être une réalité quand l'on sait que le maquis a connu d'autres nouveaux leaders qui se sont radicalisés dans leurs positions. Car jusqu'à présent, le gouvernement du Sénégal n'est pas parvenu à discuter sérieusement avec l'aile radicale, qui semble constituer un blocage au processus de paix. Cette attitude des autorités étatiques s'explique-t-elle par le fait qu'il n'y a pas de leader sûr et charismatique dans le maquis, ou du fait de la pluralité de factions dans ce mouvement irrédentiste ? En d'autres termes, s'agit-il d'une stratégie capable d'inciter les différentes ailes du MFDC à s'unir autour d'un leader pour reprendre éventuellement le processus de négociation ?

En tout cas, pour arriver à bout de ce problème, l'État peut s'engager à discuter soit avec les différentes factions en vue de les amener à parler d'une seule et unique voix, soit en impliquant les organisations féminines, les organisations de jeunes et les organisations communautaires à la base dans les tables de négociation. Ce faisant, il serait plus judicieux et objectif de négocier une paix définitive et une réinsertion des membres du MFDC dans la vie active et sociale. Mais cette situation de pourrissement notée dans ce dossier ne semble pas régler le problème, sinon permettre au MFDC de se radicaliser et de se positionner davantage dans ses revendications. En somme, il a été noté que dans des expressions de « ni guerre ni paix » ou de « paix armée » en Casamance, la question de la reconstruction pose avec acuité la problématique de la prise en charge des conditions de vie et d'existence des populations traumatisées par les affres du conflit. En effet, cette inquiétude manifeste occasionne la présence d'ONG de développement opérant sur le terrain. De même, la plupart d'entre elles axent leurs interventions sur le *peace-building*, à savoir la reconstruction et le développement tout en privilégiant la gestion participative des communautés de base. Puisque le rôle de ces acteurs est d'apporter leurs contributions à l'État sur ses objectifs de développement, alors force est de constater qu'en Casamance, leurs missions prioritaires sont de permettre aux populations de se rétablir. En outre, le conflit casamançais ayant créé un désordre manifeste et ambiant dans certains secteurs d'activités économiques, il s'ensuit que la reconstruction de ces secteurs devient une tâche difficile pour les autorités publiques à cause de la complexité du phénomène. Cela signifie qu'un seul acteur de développement ne saurait gérer à lui seul la reconstruction en Casamance. Il est vrai que l'État a mis sur pied l'ANRAC pour piloter cette phase de la reconstruction, mais vu la pluralité des intervenants et le manque de coordination dans la région, les actions ne semblent pas toujours répondre aux préoccupations des populations. Dès lors, il serait intéressant qu'il y ait à côté de l'État des bailleurs de fonds, des ONG, des organisations communautaires de base, des acteurs privés, etc., car chaque acteur a une spécificité non négligeable dans le processus de reconstruction dans la région si l'on sait que les domaines d'intervention sont divers et variés. C'est dire que l'environnement de la reconstruction dans la région apparaît comme un cercle où interviennent plusieurs acteurs de développement dont l'ultime conviction est de réussir le pari de la prise en charge des besoins prioritaires des populations et de réhabiliter les infrastructures sociales de base. Cependant, il faut souligner que même si le champ de la reconstruction regroupe plusieurs acteurs, il faut dire que leurs rapports d'intervention sont stratégiques, divergents et parfois même complémentaires. Cela s'explique par le fait que chacun d'entre eux veut se positionner comme étant l'élément phare et fondamental dans la prise en charge des préoccupations des populations. Ce faisant, une vaste opération de compétition s'engage autour de la question de la reconstruction et de la prise en charge des populations victimes du conflit. Ce phénomène peut nuire même à la réussite de la reconstruction post-conflit en Casamance.

6. Catholic Relief Services (CRS), un exemple de réussite d'une ONG intervenant dans la reconstruction en Casamance

Dans cette partie de notre contribution, nous avons mis le focus sur l'ONG CRS comme étant un exemple de réussite intervenant dans le cadre de la reconstruction en Casamance. Il s'agit plus précisément de faire une analyse des réalisations de cette ONG ainsi que leur impact sur le vécu quotidien des populations. D'abord, le constat général que nous avons émis sur le terrain, c'est qu'il y a plusieurs acteurs au développement qui interviennent dans la région, de manière dispersée. Cette situation, tant déplorée par les autorités administratives que par les autorités locales et les populations, continue de gagner de plus en plus le terrain sans pour autant que l'on trouve une solution définitive à ce problème. En effet, ce manque de concertation et de synergie a le plus souvent des répercussions dans les réalisations des projets destinés aux populations. Ce phénomène est tellement visible qu'on arrive à rencontrer sur le terrain deux ONG qui font le même travail dans une même localité : d'où le double emploi ou doublon. En fait, si l'on analyse de manière concrète et systématique des résultats obtenus par l'ONG CRS sur le terrain, nous pouvons dire qu'elle a une avance considérable dans ses projets. Ceci peut être expliqué par le fait que CRS est un démembrement d'une ONG internationale américaine basée à Baltimore. En effet, elle n'a pas, pour la plupart du temps, de problème majeur de financement de ses projets dans la mesure où l'essentiel de ses activités est financé ou subventionné par l'organisation mère. Nous savons que ce concept d'ONG est né aux États-Unis après la Seconde Guerre mondiale. Les États-Unis occupent une place très importante dans l'économie internationale, ce qui explique leur déploiement dans les zones où règnent les crises, les guerres, la famine, la misère et la pauvreté, pour apporter aide et assistance à ces populations, à travers différents projets ou programmes de développement. L'organisation CRS est en parfaite collaboration avec l'une des plus grandes ONG internationales au monde du point de vue de financement et d'appui aux projets : il s'agit de l'USAID. En témoigne le grand Projet Spécial Casamance sur la réhabilitation, la construction de la paix et la réconciliation en Casamance. Ainsi, dans ce projet dont le contenu a été évoqué plus haut, CRS a eu à faire des résultats convaincants en soutenant la majeure partie des structures qui œuvrent pour le retour définitif de la paix, des déplacés, des réfugiés et la reconstruction de la région détruite par le conflit. Signalons au passage que CRS est bien équipée du point de vue matériel et logistique. Ceci peut lui permettre d'effectuer correctement son travail sur le terrain. Nous avons vu un personnel dynamique, composé le plus souvent de techniciens et de personnes qui maîtrisent les différentes composantes de la région. Ce qui constitue un atout, car pour mieux répondre aux préoccupations des populations, il faut auparavant les connaître. Par ailleurs, il faut noter que tous les acteurs de développement se valent. Leurs différences se situent dans leurs modes de financement et dans les réalisations de leurs actions ou projets de développement au niveau de la région naturelle de la Casamance. Ce qui semble faire remarquer que l'intervention des acteurs de développement dans la région ne répond véritablement pas aux préoccupations des populations, sauf si ces dernières unissent et harmonisent leurs actions. L'ONG CRS, membre du Conseil des ONG d'Appui au Développement (CONGAD), noue des relations de partenariat et de collaboration avec certaines ONG de la place du point de vue des projets ou programmes similaires, comme par exemple le Consortium CRS, Christian Child Fondation et Church World Services. Par rapport à CRS, ces acteurs semblent être toujours aux côtés des populations pour leur apporter des projets ou des programmes d'aide et de soutien. C'est pourquoi ces projets, dans leur majeure partie, sont salués par les populations qui ont eu la chance d'avoir un financement qui leur a apporté des revenus considérables. Mais il reste beaucoup à faire, à refaire et à parfaire en ce sens que jusqu'à présent, la crise règne dans certaines localités et provoque d'importants dégâts matériels et humains. Citons l'exemple de la confrontation entre les différentes factions du MFDC au niveau de la frontière de la Guinée-Bissau, qui a eu des répercussions dans le département de Bignona, plus précisément à Sindian, et qui a vu le déploiement récent de l'armée dans la zone. On assiste alors à une nouvelle recrudescence de la violence dans la région, ce qui laisse à penser que les ONG et acteurs au développement ont un rôle important à jouer dans le règlement définitif de ce conflit et dans la consolidation de leurs acquis dans le contexte de reconstruction post-conflit en Casamance. En effet, ceci ne peut arriver que si les différents acteurs au développement, qui interviennent en Casamance, n'arrivent pas à mettre en place un cadre de concertation cohérent et solide.

BIBLIOGRAPHIE

AÏDARA, Abdou Latif, 1995, « Casamance : Réalités et perspectives », in *Le Verdict*, p. 49.

BA, Moussa, 1999, « Le mouvement des ONG au Sénégal, outils de développement participatif », in, *Les Cahiers du CONGAD*, n° 1 : *Symposium sur l'identité des ONG*, Conseil des Organisations Non Gouvernementales d'Appui au Développement (CONGAD), p. 14.

CISSÉ, Nouha, 2002, « Historique et déterminants de la crise en Casamance », in *Les Cahiers du CONGAD*, n° 2 : *20 ans de conflit en Casamance*, Conseil des Organisations Non Gouvernementales d'Appui au Développement (CONGAD), p. 19.

DE BENOIST, Joseph-Roger, 1991, « Pour une solution définitive du conflit en Casamance », in *Afrique Contemporaine*, n° 160, pp. 27-38.

DELER, Jean-Paul, FAURÉ, Yves-André & ROCA, P.-J., 1998, *ONG et Développement : Société, économie, politique*, Khartala.

DIOP, Momar-Coumba & DIOUF, Mamadou, 1990, *Le Sénégal sous Abdou Diouf. État et société.* Paris, L'Harmattan.

DRAMÉ, Hassane, 1998, « Les courtiers de développement entre ONG et organisation paysannes. Le cas de la Casamance (Sénégal) », in DELER, Jean-Paul (dir.), *ONG et Développement : Société, économie, politique*, Paris, Khartala, pp. 215-226.

FOUCHER, Vincent, 2002, *Le Sénégal contemporain*, in Momar-Coumba DIOP, ouvrage, Paris, Karthala, pp. 394-400.

HESSELING, Gerti, 1994, « La terre, à qui est-elle ? Les pratiques foncières en Basse Casamance », in BARBIER-WEISSER, François-Georges, *Comprendre la Casamance. Chronique d'une intégration contrastée*, Paris, Karthala, p. 477.

MARUT, Jean-Claude, 1994, « Les dessous des cartes casamançaises », in BARBIER-WEISSER, François-Georges, *Comprendre la Casamance. Chronique d'une intégration contrastée*, Paris, Karthala, pp. 193-211.

MARUT, Jean-Claude, 1996, « Les deux résistances casamançaises », in *Le Monde diplomatique*, p. 2.

MICHAÏLOF, Serge, 2002, « L'approche récente de la Banque mondiale en matière de prévention des conflits et de politique d'aide au développement », in Haut Conseil de la Coopération Internationale, *La nouvelle dynamique des crises humanitaires. Penser et agir autrement*, Paris, Karthala, pp. 31-36.

NDIOR, Issa, 2004, « Organisation Non Gouvernementale (ONG) et stratégies de lutte contre la pauvreté à Dakar : le cas de ENDA Jeunesse Action », mémoire de maîtrise de Sociologie, FLSH, UCAD.

NEPAD, 2005, *Cadre politique de reconstruction post-conflit en Afrique. Programme pour la gouvernance, la paix et la sécurité.*

Loi n° 64-46 du 17 juin 1964 portant sur le domaine national.

CHAPITRE 4

L'INTERVENTION DES ONG À ZIGUINCHOR : UNE ACTION STRUCTURANTE POUR LE DÉVELOPPEMENT LOCAL ?

Jean Alain GOUDIABY & Cendrine DIÉDHIOU

INTRODUCTION

Le développement contemporain des sociétés africaines demeure une des questions les plus récurrentes et les plus complexes que se posent de nombreux spécialistes des sciences sociales qui s'intéressent au continent noir. Ce dernier est victime depuis très longtemps d'un sous-développement auquel l'on n'arrive pas à trouver de thérapie adéquate. Il serait même mal parti (Dumont, 1962) ou en panne (Giri, 1989) et son développement passera nécessairement par des processus endogènes (Ki-Zerbo, 1992). Il faut dire qu'au lendemain de la Seconde Guerre mondiale, le Plan Marshall mis en place par les États-Unis devait contribuer à la reconstruction de l'Europe, qui portait les cicatrices de la guerre, et d'une certaine manière de l'Afrique, à travers notamment les politiques d'aide[1]. En effet, un des points du discours du Président Truman abordait l'idée d'accorder une place importante à l'aide au développement des pays du tiers-monde, considérés comme des pays pauvres, sous-développés. Cette logique de l'aide au développement se poursuivra jusqu'au lendemain de l'accession de ces nations à la souveraineté internationale. À partir de cette période, les pays nouvellement souverains devaient prendre en charge leur propre

---

[1] De leur côté, des groupes de pays d'Amérique latine, d'Asie et d'Afrique forment le tiers-monde (terme emprunté à Alfred de Sauvy et inspiré du tiers-état de la Révolution française), pour porter leurs intérêts collectifs et prendre en charge leur destin tout en se libérant du joug colonial. En même temps, ils devaient se démarquer à la fois du modèle libéral et du modèle communiste. Cette « communauté » trouva son cadre d'expression dans le mouvement des « non-alignés », figure de proue de la conférence de Bandoeng en 1956.

processus de développement. Ils bénéficient de l'aide des pays riches, à travers une série de programmes d'assistance, d'aide ou de coopération de laquelle il resterait « un formidable héritage de savoir-faire façonné dans une pratique engagée » (Jacquemot, 2011 : 45). Depuis, beaucoup d'encre a coulé pour comprendre et expliquer le retard de développement des pays du Sud (Kabou, 1991 ; Etounga Manguelle, 1991 ; Moyo, 2009). Le constat global à l'œuvre est que ces pays n'arrivent toujours pas à s'arrimer au train du développement, tel que conceptualisé par l'idéologie dominante. À qui la faute ? Selon celui qui se prononce, les responsabilités sont situées différemment. Mais il semble que les processus de développement des dynamiques se mettent en place en dehors de la seule puissance étatique (Dahou, 2003).

Cet ouvrage collectif nous permet d'analyser une forme d'intervention dans les processus de développement local et de nous interroger sur sa pertinence. On remarquera que depuis les années 1990, on assiste de plus en plus, au Sénégal et dans beaucoup de pays du Sud, à une prolifération d'organisations non gouvernementales (ONG) et d'associations. Ces derniers se substituent progressivement aux formes habituelles d'intervention de l'État et des partenaires classiques de développement. Cette action des ONG est souvent protéiforme et plurimodale, avec des résultats qui peuvent se comprendre de diverses manières.

À travers une recherche menée sur l'intervention des ONG à Ziguinchor, nous analysons la façon dont leurs actions s'inscrivent dans des dynamiques collectives qui peuvent être source de développement local.

Nous verrons que leurs conceptions de ce qu'est ou doit être le développement ne sont pas toujours les mêmes que celles des populations locales. Ainsi, nous nous retrouvons dans des querelles de visions et de légitimité qui conduisent souvent à des échecs apparents ou réels des interventions.

Nous verrons également que dans des situations de vulnérabilité (ici le conflit en Casamance), les ONG vont légitimer leurs interventions et se spécialiser, selon la thématique identifiée, comme étant à la base de la vulnérabilité (ici la question de la paix). Ainsi, elles deviennent toutes spécialisées dans le domaine sans pour autant qu'il y ait une coordination des activités. On assiste alors à un émiettement des interventions. Partant de là, on pourrait se demander si la prolifération des ONG est arrivée à relancer ou à consolider le développement dans la région de Ziguinchor.

1. DE L'IDÉE DU DÉVELOPPEMENT PAR L'ÉTAT À L'ÉMERGENCE DES ONG

La situation de sous-développement des pays des Suds est souvent analysée au regard de l'échec de la politique des États ou encore le poids des contraintes institutionnelles internationales, telles que la dette ou encore les résidus de la colonisation (Verschave, 1998). L'échec de l'État central a souvent été indexé comme étant l'auteur de la situation de sous-développement du pays. Cet État est pensé, dès les premières décennies de l'indépendance, comme incapable de subvenir correctement aux besoins des populations. Dès lors, le monopole du développement lui est retiré au profit de nouvelles organisations issues de la société civile. Ce retrait de l'État est à la fois symbolique et matériel (c'est ce que l'on a appelé le désengagement de l'État providence).

1.1. Intervention de l' État et développement : un état central qui contrôle tout ?

L'une des principales caractéristiques de l'État en Afrique, au lendemain des indépendances, est qu'il est en même temps partout et nulle part. Cette constatation pousse Jean-François Médard à considérer que l'État en Afrique est à la fois une réalité et une fiction : « cet État peut être décrit simultanément comme un État fort et un État mou » (Médard, 1990 : 27). En effet, cet État est pensé dès l'accession à la souveraineté comme étant en mesure de régler tous les problèmes auxquels les populations font face. En même temps, il s'est retrouvé très vite limité dans ses interventions, notamment dans la prise en charge des questions de développement local. Ainsi, l'espoir avait été porté sur les acteurs actifs dans la lutte pour l'indépendance. Ce sont d'ailleurs à eux que les destinées des nouveaux États étaient confiées. Le parti-État exerçait alors une gestion centrée des ressources et des compétences selon une logique élitiste. En effet, ceux qui appartenaient au parti avaient plus d'avantages que les autres. Dès lors, l'appartenance au parti au pouvoir était un atout pour exercer le pouvoir et être proche des sphères décisionnelles. Ce mode de gestion n'était pas sans conséquence. Il a fait l'objet de multiples dénonciations au niveau national et international, par des chercheurs africanistes et africains. La proximité avec le parti au pouvoir comme moyen ou stratégie d'accès aux ressources ou aux capitaux (au sens bourdieusien) ne s'est pas estompée avec les mutations de l'appareil d'État. Les grands projets d'État ont davantage servi à enrichir les nouvelles classes dirigeantes qu'à stimuler la croissance et le développement (Daffé, 2013).

Différents auteurs se sont accordés en effet, sur la faiblesse des capacités administratives du pouvoir et sur la substitution de logiques politiques et clientélistes aux principes bureaucratiques. Richard Sandbrook a montré que la détérioration de la capacité d'action des États africains est tributaire de cette substitution (Sandbrook, 1987). C'est en ce sens qu'il les qualifie « d'États mercenaires », car les élites aux commandes des nouveaux États ont pratiqué des politiques systématiques d'appropriation des ressources publiques et de clientélismes pour asseoir et élargir leur pouvoir. Il le souligne en ces termes : « À l'indépendance, les normes bureaucratiques faiblement institutionnalisées cédèrent rapidement devant les pressions politiques (…). L'un des éléments les plus importants de ce "butin" est l'emploi bureaucratique. Au fur et à mesure que les acteurs "magouillaient", l'affiliation ethnique et/ou factionnelle avait tendance à remplacer la compétence technique dans l'embauche et la promotion, tout comme le népotisme et la corruption remplacèrent l'impartialité dans l'exercice de l'autorité » (Sandbrook, 1987 : 25-26). L'appareil politico-administratif d'État, bien qu'étant la structure centrale d'organisation de la société, n'a pas été en mesure de répondre efficacement aux besoins des populations, sans doute parce que la conception du développement était plus égocentrée que nationalo-centrée. Autrement dit, il fallait d'abord se développer (accumuler des biens pour son propre épanouissement) avant de développer ses concitoyens. Cette situation remet en cause l'efficacité de l'intervention étatique.

Momar Coumba Diop et Mamadou Diouf tiraient déjà la sonnette d'alarme pour le cas sénégalais. Ils montrent que pour les vingt premières décennies qui ont suivi les indépendances, le constat est que nous assistons à un processus de consolidation de l'État postcolonial qui renforce la rationalisation à l'œuvre dans les pratiques reproductrices de la phase de l'État-providence. Le cas sénégalais montre un système de gouvernance politique et administrative empreint de négociation et caractérisé par l'achat d'allégeance (Diop & Diouf, 1992).

La gabegie exercée sur la gestion des ressources, conjuguée aux logiques de copinage, de clientélisme, mais également de corruption galopante ou de laisser-aller à tous les niveaux d'exercice du pouvoir et de l'autorité, vont accentuer les problèmes d'ordre économique, social et politique. Tout ceci est vécu dans un contexte marqué par des crises au niveau mondial avec les chocs pétroliers, et au niveau national par ce que d'aucuns ont appelé « le malaise paysan » (Copans, 1976 ; Diop & Diouf, 1990), avec les décennies de sécheresses qu'ont connues la majorité des pays de l'Afrique au sud du Sahara. Il faut dire que la structuration du mouvement paysan a souvent correspondu à des options retenues par le pouvoir étatique. L'émergence, le maintien et le développement des organisations paysannes se lisent davantage comme une réaction face à la politique de l'État (Ba *et al.*, 2002).

L'inefficacité jugée de l'État, ou tout simplement sa mise en accusation par rapport aux limites objectives dans la conduite des projets de développement, a conduit à la mise sous ajustement de leur économie par la Banque mondiale et le FMI[2]. Les PAS mises en place à cet effet devaient, à terme, conduire à une plus grande efficacité de l'État dans la gestion des ressources. Ces PAS sont issues du consensus de Washington et ont été, pendant vingt ans, le fer de lance du développement libéral. Plusieurs facteurs conjugués ont été à l'origine de la mise en place de ces PAS. D'une part, nous avons, au cours de la décennie 1970, assisté à des chocs pétroliers répétitifs (1973-1974-1979) ; et d'autre part, la fluctuation des matières premières a fortement contribué entre autres à la dégradation de l'économie mondiale et engendré un ralentissement de la croissance dans les pays industrialisés. De leur côté, les pays africains ont connu une chute considérable de leurs exportations du fait de la faiblesse de la demande au niveau international. Les produits primaires généralement exportés furent les plus touchés.

Considérant cette situation, les acteurs de la finance mondiale (FMI, Banque mondiale, le gouvernement des États-Unis et des anciens colonisateurs) se sont penchés sur la solution à appliquer sur une économie souffrante à l'échelle mondiale. Globalement, la thérapie néolibérale peut se résumer en trois points :

---

[2] Il est frais que la question du sous-développement des pays du Sud ne puisse pas simplement s'analyser à partir de l'échec de l'intervention de l'État. Il faut également y voir des relations de pouvoir qui ne sont pas toujours favorables aux États du Sud.

- maximiser l'insertion des pays du Sud sur le marché mondial, c'est-à-dire une ouverture forcée des économies sur l'extérieur ;
- privatiser les entreprises à caractère publiques et libéraliser les prix ;
- réduire les dépenses sociales (éducation, santé).

Il faut dire que de plus en plus, les questions de développement se posent en objectifs à atteindre. Nous pensons particulièrement aux objectifs du millénaire pour le développement, qui se décline en huit objectifs, et aux objectifs du développement durable, qui se sont donné dix-sept objectifs à atteindre d'ici 2030.

Au Sénégal, les PAS se sont étalées sur trois périodes essentielles et ce sont soldées par des échecs, entendu ici qu'elles n'ont pas réussi à atteindre les objectifs fixés. Ces échecs sociaux des PAS se sont manifestés par des signes d'explosion sociale (émeutes de la faim en Amérique latine et en Afrique). Dans nombre de ces sociétés, les États ont été affaiblis et surtout discrédités. Les populations s'en sont, de ce fait, remises à elles-mêmes pour la résolution de leurs problèmes, ainsi qu'à d'autres acteurs non étatiques. Ainsi, la mise en place des PAS aura favorisé la démission ou le retrait de l'État de certains domaines, laissant libre cours aux structures privées et aux organisations de la société civile (OSC) d'occuper les places laissées vacantes par l'État.

Ces nouvelles organisations revêtent un caractère nouveau du fait que leurs acteurs sont issus de la société civile et s'activent principalement dans le développement à travers les domaines de l'éducation, de la santé, de l'environnement, etc. Ce sont autant de domaines prioritaires de l'État, mais pour lesquels il ne pourrait se positionner comme principal acteur.

1.2. Le développement délégué ou l'émergence des ONG

La gouvernance des processus de développement appelle l'intervention de plusieurs acteurs, selon des modalités qui s'ajustent aux contextes territoriaux locaux. L'émergence et l'implication des ONG dans les mécanismes de développement local doivent être, à notre sens, compris dans cette dynamique. En même temps, elle doit se saisir à travers la nécessité dans certains territoires fragilisés et pour certains acteurs de se constituer en courtiers en développement, c'est-à-dire, en « acteurs sociaux implantés dans une arène locale qui servent d'intermédiaire pour drainer des ressources extérieures relevant de ce que l'on appelle communément l'aide au développement » (Olivier de Sardan & Bierschenk, 19993 : 71).

Selon Bernard Hours, les premières organisations susceptibles d'être qualifiées d'ONG sont des associations caritatives (Hours, 2003). Elles récoltaient des dons sur le parvis des églises pour les envoyer dans les colonies. C'était surtout une « charité à distance » d'abord, puis de l'émergence d'une certaine « solidarité tiers-mondiste ». Cette dernière est fondée sur la reconnaissance de la dignité des autres lointains. Des « pauvres de proximité » à des « pauvres autres et lointains », l'évolution est progressive et ne saurait être dissociée d'une prise de conscience politique et culturelle qui naît dans le contexte des décolonisations. Ainsi, ces organisations de la société civile sont nées pour la plupart vers les années 1960-1970 et prendront leur plein essor au début des années 1980, avec la sécheresse survenue au Sahel. Cette dernière serait même à l'origine de l'affluence importante des ressources par le canal des ONG (Dahou, 2003). Plusieurs bailleurs voulaient participer, disaient-ils, au mieux-être des populations à travers les ONG. On remarquera que les situations de précarité, de conflit ou de catastrophe ont pour effet quasi immédiat d'attirer les ONG et de créer une superposition d'interventions sur un même territoire. Les actions peuvent être complémentaires, mais parfois conflictogènes.

Les ONG étant de plus en plus nombreuses et au regard des enjeux pressants de développement, on assiste à une évolution dans les paradigmes aussi bien dans la conceptualisation de l'intervention que dans l'intervention elle-même. Chauveau[3] parle d'un passage d'un développement « encadré » à un développement « participatif ». À Dahou d'ajouter que « l'aide des ONG continue d'entretenir l'illusion développementiste » (Dahou, 2003 : 158). Ceci pour montrer qu'il ne s'agira plus d'une aide au développement, mais plutôt d'une coopération ou même d'un partenariat gagnant-gagnant. Ce discours semble être intériorisé par les responsables des ONG, comme en témoigne ces propos : « Au lieu de l'aide au développement, on parle de coopération au développement (Nord-Sud) entre bailleurs de fonds et bénéficiaires, chacun doit être utile dans l'échange chacun doit participer au développement ».

---

[3] Cité par Dahou.

En effet, le développement « encadré » qui consistait à investir dans certains territoires pour les développer, en se substituant à l'intervention étatique ou tout du moins, en la complétant, n'a pas donné beaucoup de résultats considérés comme positifs. C'est alors que l'on parle de développement « participatif ». Ce dernier consiste à impulser un développement dont les bénéficiaires sont des acteurs et non des agents passifs. Les populations sont les maîtres d'œuvre de leur propre développement. Cette logique reprend la posture de Ki-Zerbo quand il affirmait qu'« on ne développe pas, on se développe ». D'« accessoire », les ONG semblent être devenues des acteurs centraux dans une sphère globale qui leur confie une responsabilité dans le processus de développement des pays, notamment ceux du Sud. Ces ONG sont perçues de diverses manières et il existe une spécificité quant à leur appellation selon le domaine d'intervention principale et la couche de la population prise en compte dans l'intervention.

Pour rappel, l'expression « organisation non gouvernementale » est entrée dans le langage courant avec la création de l'ONU, en 1945, avec les dispositions de l'article 71, du chapitre 10 de la Charte des Nations unies[4] qui donne un rôle consultatif à des organisations qui ne sont ni des gouvernements ni des États membres. Perçues de différentes manières, on s'accorde néanmoins sur deux concepts pour les qualifier. Il s'agit du « but non lucratif » et de « non gouvernemental ». Cet aspect de désintéressement économique est toujours mis en avant pour signifier leur objectif d'aider les populations à avoir de meilleures conditions de vie et d'existence.

Partant des recherches que nous avons faites et des observations menées, on pourra retenir qu'une ONG demeure une structure non gouvernementale affirmant un but non lucratif. Cette structure est souvent issue de la société civile, que celle-ci soit laïque ou religieuse. Elle se donne pour ambition d'appuyer l'État dans sa volonté d'atteindre les objectifs en matière de développement économique, social, culturel. Dans cette perspective, ces ONG conduisent diverses activités « imposées » par des bailleurs, inspirées par les demandes des

---

[4] « Le Conseil économique et social peut prendre toutes dispositions utiles pour consulter les organisations non gouvernementales qui s'occupent de questions relevant de sa compétence. Ces dispositions peuvent s'appliquer à des organisations internationales et, s'il y a lieu, à des organisations nationales après consultation du membre intéressé de l'organisation » (Charte des Nations unies, chapitre 10, article 71).

populations bénéficiaires ou encore suivant les accords signés avec les gouvernements. De ce fait, le développement local devient une arène d'acteurs (Ndiaye, 2013) où les logiques d'intervention des ONG s'ajustent constamment aux dynamiques des populations et où ces mêmes populations peuvent être amenées à s'organiser pour capter ou canaliser, voire contrôler, les interventions de ces acteurs du développement.

2. LES ONG DANS LA RÉGION DE ZIGUINCHOR : DES INTERVENTIONS RENDUES COMPLEXES PAR LES DYNAMIQUES TERRITORIALES

La région de Ziguinchor compte un nombre important d'ONG. Elles sont dispersées dans les départements et leurs domaines intervention sont multiples et variés.

2.1. Les ONG : une alternative aux actions de l' État ?

Les ONG sont apparues au Sénégal vers les années 1970. Elles se sont, dès le début, orientées vers les questions de développement et de souveraineté, c'est-à-dire l'atteinte des objectifs de croissance économique, de sécurité alimentaire, d'un taux d'alphabétisation considéré comme élevé, etc. En effet, dans un contexte post-indépendance difficile, un mouvement tiers-mondiste et marxiste est né dans les pays du Sud. Ainsi, le paternalisme ostentatoire fait place à l'aide et à l'assistance aux pays du Sud (Hours, 2003 : 15). Elles contestent les politiques menées par les États du Sud sous l'impulsion des États du Nord.

Vers les années 1990, avec les PAS, les coopérations libérales perdent leur place et même leur capacité politique à formuler des choix stratégiques. C'est en ce sens que les ONG vont prendre la place d'outils des politiques multilatérales au point de se présenter comme des acteurs incontournables au regard de leur importance dans le financement des projets. Elles sont nombreuses à s'installer dans la partie Sud du Sénégal. Les domaines d'action sont divers et variés, tout comme leur nature (Pérouse de Montclos, 2015), poussant ainsi à plus de précautions dans l'analyse de leurs interventions dans les politiques de développement.

On remarquera que l'action des ONG est fortement influencée par les questions d'actualité sur la scène internationale et intéresse le plus souvent les bailleurs de fonds. Les domaines d'intervention tournent fréquemment ainsi autour des droits de la femme et sur le genre, de l'éducation, du VIH/sida, de la sécurité et des conflits armés, du racisme et de l'intolérance, du développement local, de la santé publique, des droits de la personne, des droits de l'enfant, des droits économiques et socioculturels, de l'alphabétisation, de la bonne gouvernance, du développement social et culturel, de la protection de l'environnement et la transparence, etc.

Avec la crise que connaît la Casamance, la ville de Ziguinchor, aux potentialités économiques considérables (aspects touristique et culturel, production locale…), a vu la quasi-totalité de ses activités ralenties, voire arrêtées. Les moyens ont été réduits et une partie de la population s'est déplacée. De plus, les terres continuent à se saliniser, réduisant ainsi les surfaces cultivables. L'enclavement de certaines parties de la région, qui n'ont pas d'unités de transformation des produits, entraîne une cherté de la vie et une accessibilité faible à certains produits et services. À cela s'ajoute l'arrêt de certains projets de développement.

Les années 2000 ont coïncidé avec le foisonnement des ONG qui vont jouer un rôle visant à « atténuer la pauvreté » provoquée par le désengagement brutal de l'État, mais aussi par le conflit. Ainsi, dans cette partie Sud du pays, où leur présence remonte au milieu des années 1970, certains domaines sont privilégiés au détriment d'autres. Ces choix sont parfois influencés par les exigences des bailleurs de fonds et le caractère supposé central des problématiques qu'ils portent (Dramé, 1998). Les domaines d'actions les plus prisés vont être à présent présentés.

L'éducation demeure un domaine transversal d'intervention des ONG. Il faut savoir qu'en matière d'éducation, la région de Ziguinchor demeure la plus scolarisée du pays[5]. Le problème n'est donc pas de convaincre les populations de la nécessité de scolariser les enfants, mais davantage de couvrir toutes les zones où les besoins d'éducation sont présents, tout en améliorant la qualité. Les populations semblent conscientes de l'enjeu que représente de l'éducation (Labrune-Badiane, 2010). Cependant, la crise que traverse cette partie du pays va bouleverser l'école dans sa dynamique de développement. En effet, elle aura provoqué la fuite de certains acteurs essentiels de l'éducation, à

---

[5] Cf. plusieurs rapports sur l'éducation au Sénégal, notamment celui du Conseil régional de Ziguinchor, dans son Plan régional de développement intégré 2005-2009, de septembre 2004, pp. 80-81.

savoir les enseignants, et par la même occasion, les élèves. De ce fait, l'éducation reste un enjeu important pour l'intervention des ONG. Les activités que déroulent généralement ces acteurs se résument à la construction d'écoles ou de salles de classe (exemple des ONG CEU, AJAEDO…), à la distribution de fournitures scolaires pour les élèves ou à l'équipement des écoles en tables-bancs pour améliorer les conditions d'apprentissage et étendre l'offre éducative.

Les ONG s'activent également dans l'éducation pour la paix, comme l'ONG Malao. Elles sensibilisent ainsi les jeunes sur la nécessité de toujours œuvrer pour la paix. Il y a également les actions d'alphabétisation (avec l'ONG Tostan), le renforcement de capacité, l'octroi de kits scolaires, mais aussi l'appui aux cantines scolaires (exemple de Caritas). L'ensemble de ces activités constitue également des activités phares pour une ONG, comme YMCA, qui a eu à réaliser des écoles à Gonoume et à Enampor, avec des toilettes, une cantine scolaire et un puits, et un complexe et une case des tout-petits à Mpack.

On pourrait également évoquer l'impact des activités de ENDA Jeunesse Action dans le secteur de l'éducation. En effet, leur programme portant sur l'amélioration des conditions d'apprentissage des talibés (2005-2009) dans la commune de Ziguinchor a permis d'abord de réduire le temps de mendicité des enfants talibés. Ensuite, le volet de l'alphabétisation, qui concernait à la fois les enfants talibés et les maîtres coraniques, aura permis l'inscription de certains enfants dans l'éducation formelle. C'est également tout le mérite d'une association comme Future au présent (FAP) qui, avec son centre de formation, arrive à scolariser à nouveau de jeunes filles qui parviennent parfois à se classer parmi les meilleurs de leur classe.

De plus, en appuyant les écoles coraniques en matériel et produits d'entretien, ENDA Jeunesse Action, à travers l'ensemble de son programme, aura contribué à la réduction de l'amplitude horaire de la mendicité des enfants. Ce programme a concerné 47 daaras qui, sous l'influence d'ENDA, se sont réunies pour former une association et ont obtenu un statut juridique. Les enfants talibés qui sont dans ces daaras bénéficient de trois jours d'alphabétisation par semaine le soir, de 15 h à 18 h. Les enfants talibés interrogés dans le cadre de cette enquête déclarent être satisfaits du travail de ENDA. L'un d'entre eux témoigne : « Depuis que ENDA travaille avec nous, nous avons des chaussures, nos habits sont parfois propres et nous avons plus de temps pour étudier aussi bien le coran que le français. Ceci nous permet d'avancer plus rapidement ».

Les maîtres coraniques de la commune n'ont adhéré ni au projet ni à l'Association des maîtres d'écoles coraniques (AMEC). L'intervention des ONG vient aider à la structuration du secteur et à ses actions dans une perspective de contribution au développement local. L'ONG devient ainsi un partenaire dans la conduite des interventions structurantes sur un territoire donné.

Pour les maîtres coraniques, le partenariat avec ENDA leur a permis d'être également alphabétisés, au même titre que les enfants. Ils obtiennent également de l'aide pour l'entretien de leur espace.

Le secteur de la santé est aussi un domaine d'intervention des ONG. La santé, une compétence désormais gérée par les collectivités, pose souvent des difficultés. En effet, dans certaines localités, il manque des structures sanitaires, tandis que dans d'autres, les structures existent, mais les moyens humains et matériels sont insuffisants. Il y a souvent un accès difficile à la santé pour les couches défavorisées. C'est au regard de ces aspects que certaines ONG se sont intéressées à ce domaine. Elles s'activent dans la santé de la reproduction, la prévention et la sensibilisation contre les IST, le VIH/Sida (c'est par exemple le cas de World Education), le paludisme (exemple du Catholic Relief Services), la tuberculose, la nutrition (exemple de TARA) et l'hygiène (exemple de Childfund). En milieu scolaire, des activités sont menées pour sensibiliser les élèves sur les questions liées à la santé de la reproduction, aux grossesses précoces, etc. Ainsi, l'ONG ADY est partie du constat fait sur le fort taux de grossesses précoces au niveau du collège de la zone et a considéré qu'organiser des journées et des ateliers de sensibilisation sur cette question était important. En effet, selon son coordonnateur, ce constat est fait par les habitants de la localité, qui « ont remarqué que la majorité des jeunes filles du collège étaient victimes de grossesses précoces, ce qui portait un coup fatal à leurs études et handicapaient leur réussite scolaire ». Dès lors, il s'est agi pour cette ONG de mettre en place une action de sensibilisation afin que « les jeunes filles soient plus conscientes des conséquences de ces grossesses et comment les éviter à travers une éducation sexuelle ». De plus, avec la collaboration du district sanitaire de Bignona, une sage-femme effectue des visites dans les collègues pour parler des risques liés aux grossesses et organise des débats sur l'éducation sexuelle des adolescents.

Les sensibilisations sur des maladies comme la tuberculose, le sida, ainsi que la promotion de la santé de la mère et de l'enfant sont des enjeux pour lesquels les ONG construisent des actions et déclinent des stratégies. L'ONG Kagamen par exemple, travaille en étroite collaboration avec le ministère de la Famille et de l'Action sociale pour une plus grande conscientisation des femmes sur la nécessité de faire vacciner leurs enfants et sur celle de l'espacement des naissances pour une amélioration de la santé de l'enfant et de la mère. De même, l'ONG Aficare s'active dans le domaine de la nutrition et couvre cinq districts dans la région de Ziguinchor. Son action consiste en premier lieu à faire le diagnostic des enfants mal nourris, et en second lieu à procéder à la réhabilitation nutritionnelle de ces enfants. En appui à cela, elle a mis en place le « *care group* », qui est un groupe au sein duquel on apprend aux femmes à préparer de la farine.

D'autres ONG, comme Tostan, ont déroulé dans leurs programmes une composante santé. En effet, pour cette ONG, son programme Cobi 2 portait sur l'hygiène et la santé, notamment sur l'excision, avec 48 séances de sensibilisation. Des dépliants ont été distribués dans les quartiers de Ziguinchor où il était écrit la loi interdisant l'excision en français, wolof, diola, pulaar et mandingue.

Il semble qu'il soit possible de noter une avancée dans la lutte contre l'excision. Plusieurs femmes qui ont été formées affirment ne plus faire cette pratique. L'excision n'est cependant pas éradiquée. Elle se pratique encore, mais souvent en cachette. Une femme nous confiait que son mari avait l'intention d'amener sa fille se faire exciser, mais elle s'y est opposée et a menacé de le poursuivre en justice si jamais il le faisait. Cette question n'est plus si taboue. Au contraire, les femmes en discutent de plus en plus. Le tabou semble être brisé, et beaucoup de personnes acceptent le fait qu'il serait sans doute important d'abandonner cette pratique au regard surtout des problèmes que cela peut poser à la femme. Certains participants à ce projet de l'ONG sont même devenus des facilitateurs au sein des villages ciblés dans cette activité.

Le deuxième programme que nous voulons évoquer ici est conduit par YMCA. Ce programme (agir pour la vie) a pour objectif la sensibilisation des jeunes sur les maladies considérées comme négligées (paludisme, IST, mains sales, VIH, tuberculose). Il a pour cible les enfants en situation de vulnérabilité, les personnes handicapées, les enfants talibés, les enfants qui sont en conflit avec la loi, et concerne les 15-24 ans. 15 jeunes pères éducateurs sont chargés de faire des causeries pour 20 jeunes au maximum. Avec ce projet, ces jeunes connaissent mieux ces maladies et déclarent faire mieux attention à leur santé. Quand ils sont malades, ils appellent les pères éducateurs, qui leur remplissent une fiche qui leur donne accès aux trois structures sanitaires (St Joseph, Bon samaritain et hôpital Silence) avec lesquels YMCA a signé un partenariat. La prise en charge de leur soin est gratuite et leurs ordonnances sont payées à hauteur de 20 000 francs CFA. Les enfants talibés sont également sensibilisés sur les signes de ces maladies, les modes de prévention et les soins. Avec ce programme, ces enfants sont mieux informés. Ils prennent sans doute conscience du danger de certaines actions. Des détergents leur ont été offerts pour la lessive et le lavage des mains. Ils bénéficient des soins gratuits au même titre que les personnes handicapées.

Le domaine suivant d'intervention des ONG s'explique par la situation particulière de la région. En effet, et comme nous le savons, la Casamance est confrontée, depuis le début des années 1980, à un conflit armé. La situation a été souvent assez critique pour les processus de développement tant les pertes humaines et économiques ont été nombreuses et plusieurs déplacements de population ont été notés. Ces déplacements ont causé ainsi des difficultés, autant pour les déplacés que pour les familles accueillantes et les villages abandonnés (Goudiaby, 2015). Cette situation de « ni guerre ni paix» que connaît la Casamance a provoqué le foisonnement des ONG dans la région. À un moment donné, le financement avait pour soubassement la recherche de la paix ou l'amélioration des conditions de vie des populations meurtries par le conflit. Des ONG se sont donc installées pour travailler dans le domaine de la paix. C'est le cas des ONG Malao ou AFEX. D'autres ont intégré ce domaine pour davantage se procurer la manne financière que représente le financement des actions qui visent à reconstruire la région au regard de cette situation conflictuelle. L'ONG Kagamen dénonce cet accaparement de la manne financière par certaines ONG qui, en réalité ne sont aucunement intéressées par la recherche de la paix, même si c'est l'objectif affiché. Comme le note Hassane Dramé, « la multiplication des organes de gestion des régions, des sources de financements (publics ou privés) pourraient faire naître des doutes quant à l'efficacité des interventions des ONG dans une collectivité locale multidécisionnelle » (Dramé, 1998 : 225).

Chacune des ONG possède sa manière d'aborder la question du conflit et surtout sa manière de le résoudre définitivement. La majeure partie des ONG travaille dans le cadre du dialogue, du pardon et de la réconciliation. Il semble important pour elles de raffermir les liens en mettant en œuvre des activités telles que la construction d'infrastructures fédératives en zone transfrontalière (exemple des actions de l'ONG Enfance et paix), des conférences et causeries avec la RADDHO, des mobilisations sociales telles que les luttes traditionnelles entre des villages qui ne se fréquentaient plus, des rencontres intervillageoises, intergénérationnelles et interzonales avec l'ONG Tostan. Certaines structures s'appesantissent sur le plaidoyer et la sensibilisation sur les inconvénients du conflit. Parmi elles, nous pouvons citer Kabonketoor et APRAN.

Des formations sont souvent organisées pour les acteurs locaux afin de leur permettre de résoudre leurs conflits d'une façon non violente. L'ONG Tostan, par exemple, organise sa formation autour de cinq étapes devant aboutir à la résolution d'un problème :
- identification de la situation à problème
- analyse de la situation
- proposition d'une solution de sortie de crise
- choix de la solution la plus appropriée
- planification des actions et démarches dans la résolution du problème

L'implication des ONG dans le processus de paix en Casamance mérite une analyse bien particulière, mobilisant sans doute les théories relatives à l'économie morale de la guerre.

En somme, dans le processus de développement local en Casamance, d'autres domaines d'intervention sont investis par les ONG. Ces domaines ne font pas l'objet de présentation dans ce chapitre.

2.2. Le choix des domaines d'action et des lieux d'application : une démarche stratégique et d'appartenance.

Comme déjà évoqué, le local est devenu un enjeu de développement des territoires nationaux. En effet, les acteurs de développement privilégient de plus en plus les dynamiques locales. Pour ce faire, des formations, des séances de sensibilisation sont organisées, mais également le renforcement de capacité des acteurs, la création d'activités génératrices de revenus et la mise en place de cadre de concertation dans les territoires locaux. Le développement local est pensé par les ONG comme un processus à long terme, qui doit forcément partir de la base pour avoir un impact réel sur les populations. Dès lors, l'appui aux initiatives locales demeure une condition nécessaire pour participer aux efforts allant dans ce sens. En effet, les ONG donnent sens au niveau local (les communautés villageoises notamment) à travers les actions spécifiques qui sont faites dans les zones rurales, avec la logique selon laquelle les initiatives doivent partir des zones rurales pour s'étendre au niveau global. Appuyer les initiatives dans les villages et les communautés locales semble être la première phase d'intéressement des populations à leur devenir. Ce n'est qu'en se faisant qu'elles pourront relever les défis pour le développement, si l'on considère le développement comme une finalité ou une série d'étapes à atteindre. Ainsi, dans la mise en œuvre de l'action, les ONG privilégient la participation de toutes les communautés concernées. Ussoforal, par exemple, développe dans ce domaine des activités socio-économiques comme EPC (épargner pour le changement), mais participe également à l'amélioration des capacités de vie communautaire des populations à travers la mise en place des alternatives économiques intégratrices (les batteuses à mil, les moulins à mil/riz, les blocs maraîchers, etc.).

Le choix des domaines d'intervention diffère d'une ONG à une autre. Dans certains cas, les domaines d'actions sont choisis en rapport avec les priorités de l'État. En ce sens, l'action des ONG vient en complément ou en soutien à l'action gouvernementale dans les processus de développement local. D'ailleurs, les différentes ONG signent des accords avec l'État, d'après l'un des adjoints du gouverneur de Ziguinchor. Cette signature est précédée par le dépôt d'un dossier dans lequel figure la présentation des activités de l'ONG en question. Les ONG qui postulent ont tout intérêt à gagner la confiance de l'État en présentant des activités en rapport avec les besoins des populations que l'État n'arrive pas complètement à satisfaire. Il ne s'agit pas fondamentalement d'un désengagement de l'État de certains secteurs, mais davantage de son incapacité à couvrir entièrement et convenablement le secteur ou domaine en question. À cela s'ajoutent les réalités de la localité d'intervention (ici en Casamance, la situation conflictuelle est souvent mise en avant) et les demandes exprimées par les populations locales.

Cependant, la « manne financière » reste la principale cause de cette ruée ayant conduit à cette pandémie. En effet, selon les ONG enquêtées, les bailleurs de fonds lancent parfois des appels d'offres en donnant les directives de leur projet. Ils choisissent ainsi le domaine et le lieu d'utilisation de leurs fonds. Les ONG se sentent ainsi obligées de s'adapter à la demande des bailleurs si elles veulent pérenniser leur fonctionnement. La plupart d'entre elles sont d'ailleurs « sous perfusion »[6]. C'est en ce sens que lorsque les bailleurs ont commencé à investir dans le domaine de l'éducation, plusieurs ONG se sont attelées à la construction de salles de classe, à l'alphabétisation, etc., pour accroître leur chance de financement. Ensuite, quand la santé de la reproduction a été à l'ordre du jour, la lutte contre les mariages forcés ou la sensibilisation dans les écoles sur ces thématiques ont débuté. Maintenant, avec la crise en Casamance, toutes les ONG ont des volets qui se rapportent à la recherche de la paix, à la prise en charge des déplacés ou encore à l'amélioration des conditions de vie des victimes du conflit.

Le choix de la zone d'intervention est souvent commandé par la spécificité de l'action entreprise. En effet, la plupart des ONG font une étude au préalable pour voir quelle est la localité la « plus apte » à recevoir le projet. Elles savent que le choix du lieu d'intervention conditionne en grande partie l'obtention des financements. Si une action dans le domaine de l'agriculture peut être étendue à l'ensemble du territoire national, il n'en est pas de même d'une initiative comme le déminage, qui ne peut porter que sur les zones de conflit armé, en l'occurrence le sud du Sénégal.

Le choix des régions d'intervention peut être aussi influencé par la provenance des fondateurs des organisations ou même par l'appartenance ethnique ou régionale des membres de l'ONG. Autrement dit, si le fondateur est de Ziguinchor, il y a une grande probabilité que les actions se focalisent d'abord sur cette région. Ces structures deviennent ainsi un vecteur pour une action collective locale.

Certains groupes de personnes sont privilégiés dans l'orientation des actions des projets. Il s'agit notamment des femmes et des enfants. Ils

---

[6] La majeure partie des ONG n'existent qu'à travers les financements qu'elles reçoivent. En effet, la presque totalité de leurs ressources provient de sources extérieures de financement. Leurs fonds propres proviennent souvent des cotisations des membres et cela ne pourrait suffire à développer leurs programmes. C'est en ce sens que nous concluons qu'elles sont sous perfusion, car sans financement, elles ferment les portes. C'est le cas par exemple de l'ONG Ascareto/casalodubus. Elle avait pour objectif d'aider les enfants démunis, mais leur bailleur a investis dans la pêche et puisqu'elle n'était pas habilité dans ce domaine le projet n'a pas tenu dans la durée. Elle s'est retrouvée sans financement et donc n'a plus d'activité.

sont considérés comme vulnérables dans la mesure où ils sont perçus comme étant plus exposés aux aléas de la vie et plus touchés par la pauvreté, etc. Les femmes ont des ressources économiques faibles qui ne leur permettent pas toujours de se prendre en charge elles-mêmes. Les enfants quant à eux sont perçus comme plus exposés aux violences, à la délinquance et aux conséquences du conflit

À Ziguinchor, les ONG couvrent l'ensemble de la région. On rencontre des structures non gouvernementales à tous les niveaux de territorialité : régionale, départementale et locale. Les ONG que nous avons interrogées se localisent à Bignona, à Oussouye et à Ziguinchor, les trois départements que compte la région de Ziguinchor. Plusieurs facteurs entrent en ligne de compte dans le choix de la localité où doivent se matérialiser leurs actions.

La majorité des sièges des ONG sur lesquelles porte l'étude se trouvent au niveau de la commune de Ziguinchor. La majorité d'entre elles sont des ONG internationales et régionales. Pour les premières, les interventions ne se limitent pas qu'à la seule région de Ziguinchor, mais touchent également d'autres régions du Sénégal, voire d'autres pays. C'est par exemple le cas du CICR, d'ENDA, de Handicap international, de YMCA, de Caritas, etc. En fait, ces ONG ont pour la plupart été créées dans d'autres pays. En revanche, les secondes sont exclusivement à Ziguinchor et représentent des catégories de populations spécifiques, comme ADY, Ussoforal, Kagamen, etc. Il est intéressant de noter à ce niveau que dans leur structuration, les ONG internationales sont plus organisées que les ONG régionales, à quelques exceptions près. Les ONG internationales comptent sur leurs homologues des autres pays quand elles sont à court de financement, alors que celles locales dépendent des financements et du peu qu'elles reçoivent des cotisations. Toutefois, ces ONG tentent, malgré les nombreuses difficultés qu'elles rencontrent, d'atteindre les objectifs qu'elles se sont fixés pour préserver la confiance qui existe entre elles et les populations. En somme, la région de Ziguinchor est caractérisée par la présence importante d'ONG sur son territoire. La plupart d'entre elles justifient leur présence par le désir de réparer les méfaits du conflit à travers leurs actions. Eu égard aux réalisations déjà faites, nous pouvons dire qu'il y a eu des acquis. En effet, dans certaines localités désertées par les populations, on observe un retour progressif. C'est ce que l'on note par exemple dans le quartier de Kandialang, dans la commune de Ziguinchor. Dans d'autres localités où les querelles intervillageoises rendaient l'atmosphère invivable, le calme est en train de revenir et des dispositions sont mises en place pour faciliter le dialogue entre des villages « ennemis ». Nous pouvons également noter une avancée dans l'éducation et la santé à travers les actions de construction, de réhabilitation et de sensibilisation de la part des ONG. Toutefois, la majeure partie de la population vit toujours dans des conditions précaires.

CONCLUSION

Le développement a été et demeure toujours une question centrale dans les pays du Sud. Malgré l'intérêt qui lui a été accordé dès les premières heures des indépendances africaines, il semble qu'il reste confiné à un ailleurs lointain, difficilement accessible par les Africains du fait des contextes particuliers. La volonté des États de construire des nations porteuses de développement se solde par des échecs, du fait de la substitution de logiques politiques et clientélistes aux normes bureaucratiques faiblement institutionnalisées. Le « développement » ne concernait qu'une élite appartenant au parti État, et à qui profitait les ressources. La gabegie exercée sur ces ressources par l'appareil politico-administratif de l'État va entraîner l'échec de celui-ci dans la prise en charge des intérêts des populations. Cette situation laisse libre cours à de nouveaux acteurs qui semblaient se soucier davantage de l'amélioration des conditions de vie des populations à travers différentes activités. Le constat de cet échec a conduit à la mise sous ajustement des économies africaines par les institutions de Bretton Woods, mesures qui se sont très tôt soldées par des échecs. Les organisations non gouvernementales se constituèrent comme les « soldats du feu » et prennent d'assaut les places laissées vacantes par l'État. Ces ONG s'investissent dans des domaines tels que la santé, l'éducation et la recherche de la paix.

La crise en Casamance fut le prétexte qui a favorisé la ruée des ONG dans cette région. Leurs actions ont certes amélioré de manière générale les conditions de vie des populations, toutefois, l'impact sur les localités et sur les dynamiques de développement reste faiblement perceptible. Cette situation pourrait se comprendre par le manque de synergie dans les interventions. Ceci entraîne par la même occasion une incompréhension chez les populations. C'est dans ce contexte que penser à une coordination dans les actions et à une mise en œuvre d'un partenariat gagnant-gagnant serait une solution favorable aussi bien pour les bailleurs de fonds que pour les ONG, mais aussi pour les populations bénéficiaires. Le développement local semble, plus que jamais, être un processus multi-acteurs qui nécessite la prise en compte des particularités territoriales et des logiques de mobilisation.

En outre, les ONG apparaissent être une alternative à l'intervention de l'État. Leur forte implication pose en fin de compte la question de la gouvernance des processus locaux de développement, qui englobent inéluctablement une dimension globale et concertée, avec une bonne maîtrise des enjeux et des interventions territoriales. Ces interventions ne devraient pas éluder la redevabilité des acteurs politiques, qui ont la responsabilité de réfléchir et de mettre en place des cadres favorables à la prise en charge des besoins des populations et à la production de richesses. Le développement du Sénégal et de l'Afrique est bien possible, à condition que ce qui doit être fait soit fait, au moment où il faut le faire.

BIBLIOGRAPHIE

BA, Cheikh Oumar, NDIAYE, Ousmane & SONKO, Mamadou Lamine, 2002, « Le mouvement paysan (1960 – 2000) », in Momar Coumba DIOP (éd.) *La société sénégalaise entre le local et le global*, Paris, Karthala, pp. 257-283.

COPANS, Jean, 1978, « Paysannerie et politique au Sénégal », in *Cahiers d'études africaines*, vol. 18, n° 69, pp. 214-256.

DAFFÉ, Gaye, 2013, « Le pouvoir de l'argent et l'argent du pouvoir : la gestion de l'économie sénégalaise 2000 – 2010 », in Momar Coumba DIOP (éd.), *Sénégal (2000-2012). Les institutions et politiques publiques à l'épreuve d'une gouvernance libérale*, Dakar, CRES/Paris, Karthala, pp. 85-114.

DAHOU, Tarik, 2003, « Clientélisme et ONG : un cas sénégalais », in *Journal des anthropologues*, n° 94-95, pp. 145-163.

DIOP Momar Coumba & DIOUF Mamadou (éd.), 1990, *Le Sénégal sous Abdou Diouf*, Paris, Karthala.

DIOUF, Mamadou, « Le clientélisme, la technocratie et après ? », in Momar Coumba DIOP (éd.), *Sénégal, trajectoire d'un État*, Dakar/Codesria, 1992, pp. 233-278.

DUMONT, René, 1962, *L'Afrique noire est mal partie*, Paris, Seuil.

DRAMÉ, Hassane, 1998, « Les courtiers de développement entre ONG et organisation paysannes. Le cas de la Casamance (Sénégal) », in DELER, Jean-Paul (dir.), *ONG et Développement : Société, Économie, Politique*, Paris, Karthala, pp. 215-226.

ETOUNGA MANGUELLE, Daniel, 1991, *L'Afrique a-t-elle besoin d'un programme d'ajustement culturel ?*, Ivry-sur-Seine, éd. Nouvelles du Sud.

GIRI, Jacques, 1989, *L'Afrique en panne, vingt-cinq ans de « développement »*, Paris, Karthala.

GOUDIABY, Jean Alain, 2015, « Le conflit en Casamance et la question des déplacés d'intérieur : analyse des parcours migratoires et des conditions de vie », in *Conflit et paix en Casamance. Dynamiques locales et transfrontalières*, Gorée Institute.

HOURS, Bernard, 2003, « Les ONG : outils et contestation de la globalisation », in *Journal des anthropologues*, n° 94-95, pp. 13-22.

JACQUEMOT, Pierre, 2011, « Cinquante ans de coopération française avec l'Afrique subsaharienne. Une mise en perspective », in *Afrique contemporaine*, vol. 238, n° 2, pp. 43-57.

KABOU, Axelle, 1991, *Et si l'Afrique refusait le développement ?*, Paris, L'Harmattan.

KI-ZERBO, Joseph, 1992, *La natte des autres : pour un développement endogène en Afrique*, Dakar, Codesria.

LABRUNE-BADIANE, Céline, 2010, « Peut-on parler d'un "désir d'école" en Casamance ? (1860-1930) », in *Histoire de l'éducation*, n° 128, pp. 29-52.

MÉDARD Jean-François, 1990, « L'État patrimonialisé », in *Politique Africaine*, n° 39, pp. 25-36.

MOYO, Dambisa, 2009, *L'aide fatale : les ravages d'une aide inutile et de nouvelles solutions pour l'Afrique*, Paris, Lattès.

NDIAYE, Sambou, 2013, « Configuration et tendances récentes de la politique publique de développement local (2000-2012) », in Momar Coumba DIOP (éd.), *Sénégal (2000-2012). Les institutions et politiques publiques à l'épreuve d'une gouvernance libérale*, Dakar, CRES/Paris, Karthala, pp. 759-788.

OLIVIER DE SARDAN, Jean-Pierre & BIERSCHENK, Thomas, « Les courtiers locaux du développement », in *Bulletin de l'APAD*, n° 5, pp. 71-76.

PÉROUSE DE MONTCLOS, Marc-Antoine, 2015, *Pour un développement "humanitaire" ? : les ONG à l'épreuve de la critique*, Marseille, IRD.

SANDBROOK, Richard, 1987, « Personnalisation du pouvoir et stagnation capitaliste : l'État africain en crise », in *Politique Africaine*, n° 26, pp. 15-37.

VERSCHAVE, François-Xavier, 1998, *La Françafrique : le plus long scandale de la République*, Stock.

CHAPITRE 5

ENTREPRENEURIAT SOCIAL ET CO-DÉVELOPPEMENT EN MILIEU ASSOCIATIF COMME FACTEURS CLÉS DU DÉVELOPPEMENT LOCAL ET TERRITORIAL

Madeleine N'DIONE MBINKY

Préambule

La réussite des initiatives de développement local passe par la formation de collectifs d'acteurs (groupements, GIE, coopératives, etc.) autour de projets communs. L'avancée micro-économique se matérialise par l'accroissement de projets de développement. Selon Fontan (2011), « ces transformations sont aussi liées au désir et à la volonté d'acteurs sociaux d'investir le secteur de la société civile et la forme juridique de l'organisme sans but lucratif afin de trouver des solutions alternatives aux incapacités du marché et de l'État à répondre de façon adéquate aux urgences sociales ». C'est dans ce sillage que le secteur associatif, secteur très présent au Sénégal, participe de manière active au développement en aidant les populations à la réalisation de projets de développement local. Les porteurs de projets au niveau local visant le développement et l'autonomisation des individus impulsent une dynamique qui se veut avant tout proche des réalités des populations. Les associations de solidarité misent beaucoup sur cette approche en répondant aux besoins des populations selon les localités et les types de demandes.

Ces initiatives de développement soutenues par des ONG sénégalaises étudiées dans le cadre d'une recherche doctorale (Caritas Sénégal, Union de solidarité et d'entraide, Act Sol, FONGS Action paysanne, Union régionale Santa Yalla, Le Relais Sénégal), nous les qualifions d'« entrepreneuriat social ». Les territoires concernés sont : Dakar, Sébikotane, Kaolack et Ziguinchor. De l'élaboration d'un projet de développement à la visée d'autonomie des acteurs du projet, les étapes sont soumises à des critères de faisabilité, de pertinence et de réalisations dans la durée. L'objet de cet article est de montrer que les initiatives de développement de type entrepreneuriat social menées par des ONG sénégalaises et appuyées par les partenaires d'ONG du Nord sont des facteurs clés de développement local et territorial.

Les associations sénégalaises étudiées sont financées par des ONG de solidarité internationale[1] qui se considèrent comme partenaires, avec des attentes de réciprocité dans la mise en œuvre des partenariats en vue d'un développement durable[2]. Cette volonté des partenaires introduit un autre aspect actuel du développement : le co-développement. Cette notion introduit l'idée d'échanges entre individus, de services, de techniques et d'informations (Tiberghien, 2009). Comment se traduit ce concept de co-développement entre les partenaires Nord/Sud ? Sur quelles forces s'appuient les acteurs associatifs pour porter des initiatives de type d'entrepreneuriat social ? Nous nous appuyons sur un travail empirique et des approches conceptuelles pour comprendre l'impact de l'entrepreneuriat social et des situations de co-développement sur le développement local et territorial.

1. FACTEURS FAVORISANT L'ENTREPRENEURIAT SOCIAL AU SEIN D'ONG SÉNÉGALAISES

Les petites et moyennes entreprises ont connu un essor fulgurant au Sénégal depuis les années 1970 (Diop, 2002). L'appui spécifique aux associations, aux groupements féminins et aux coopératives favorise l'essor économique d'une localité donnée. Les programmes de développement sont pensés et adaptés aux territoires en partant des priorités. Les projets sont généralement pilotés par les salariés d'ONG qui délèguent aux porteurs de projets le fonctionnement et la pérennisation jusqu'à l'autonomisation complète, avec un suivi régulier. Ces projets d'entrepreneuriat social sont « des initiatives collectives – coopératives, mutuelles, organisations, autogestionnaires ou autonomes – qui sont dotées d'une mission sociale, communautaire ou humanitaire » (Fontan, 2011). Le souhait de mener à bien les initiatives de développement relevant de l'entrepreneuriat social[3] fait

---

[1] Les ONG de solidarité internationale qui sont en partenariat avec les ONG sénégalaises sont : le Secours catholique, le CCFD, le Relais France.
[2] Le développement durable prend en compte trois dimensions, à savoir : le développement social, la protection de l'environnement et le progrès économique.
[3] « L'entrepreneuriat social (ES) et l'entrepreneuriat collectif (EC) reposent sur des projets visant l'enrichissement et l'accomplissement d'une communauté à partir

que les acteurs des ONG adoptent des modes de fonctionnement qui concourent à la réussite des initiatives. Nous avons répertorié trois caractéristiques majeures qui permettent de comprendre les orientations sociales et économiques de ces ONG : l'expertise, le partenariat et la culture du collectif. Toutefois, ces analyses ne sont pas généralisées et ne s'appuient que sur les enquêtes au sein des ONG énumérées ci-dessous, et les axes retenus ne sont pas exhaustifs.

L'expertise apportée par le salarié est incontournable pour la réussite de l'activité. Des missions spécifiques correspondant à ses domaines de compétences lui sont assignées dès le départ. Les salariés interrogés ont tous un niveau d'étude supérieur au bac. Ils sont en général ingénieurs (agronome, électronique, hydraulique), gestionnaires, sociologues, économistes, géographes ou comptables. Par souci d'efficacité et de crédibilité, surtout vis-à-vis des bailleurs financiers – idée que nous allons développer dans le second axe –, les modes de fonctionnement sont adoptés par ces ONG. Selon Couprie (2012/3), « les ONG ont compris l'importance du management, des notions et des outils qui y sont associés planification stratégique, coordination et communication, développement des ressources humaines, etc., notamment dans le cadre des engagements qui les lient à leurs différentes parties prenantes et à la responsabilité qui y est associée ». En s'appuyant sur des expertises, les ONG visent la réussite et la rentabilité des projets de développement en mettant également l'accent sur des activités de type entrepreneuriat social[4]. Certaines ONG se considèrent plutôt comme « entreprises à but social »,[5] ce qui semble plus en adéquation avec la politique menée en interne. Les acteurs d'ONG misent beaucoup sur un personnel qualifié pour mener à bien des projets sociaux à « vocation économique ».

En soutenant les projets de développement, les ONG du Nord permettent aux ONG du Sud d'assurer la réalisation des projets, mais également leur fonctionnement interne. Toutes les ONG de notre enquête ont en moyenne deux ou trois partenaires. Les relations partenariales sont l'une des raisons pour lesquelles les ONG sont exigeantes sur la gestion des fonds et sur la faisabilité et le sérieux des

---

d'intérêts sociaux (ES) ou collectivisés (EC) qui sont coordonnés à l'aide d'un modèle horizontal et vertical de gouvernance et d'une propriété dite sociale (ES) ou collective (EC) » (Fontan, 2011).

[4] « D'une action à vocation économique développée par un organisme sans but lucratif pour consolider son financement » (Fontan, 2011).

[5] Entretien du 5 mai 2014, à Sébikotane.

projets qu'ils financent. Les relations partenariales qui sont matérialisées par des échanges de savoir-faire, de méthodes de travail et de financements font que les ONG du Sud ont besoin de leurs partenaires. Elles sont soumises à une vision de l'économique et du social qu'elles adoptent non sans contrainte, mais par souci de sauvegarder la relation partenariale à tout prix et de maintenir en vie l'activité de l'association. Le choix de recrutement des partenaires du Sud favorise une relation de confiance et une entente particulière avec le partenaire du Nord. Les deux logiques à savoir l'expertise et le partenariat ne sont pas les seuls motifs qui favorisent la réussite des projets de développement pilotés par les ONG, le contexte culturel et social du pays s'inscrit également dans cette logique positive d'accroissement des initiatives de développement.

Les ONG viennent souvent en appui aux collectifs existants et porteurs d'initiatives de développement ou ceux qui se créent rapidement à la suite d'une proposition de projet. Le travail en collectif était déjà une réalité au Sénégal, bien avant la floraison d'ONG. Tremblay, Klein et Fontan (2009) le confirment en disant : « il est fréquemment évoqué que le cadre de développement de cet entrepreneuriat est très lié au contexte social dans lequel il prend forme. Il est donc développé en fonction des caractéristiques démographiques, sociales, économiques, culturelles ou ethniques des populations ou des territoires concernés. Dès lors, l'entrepreneuriat – social et collectif – cumule différentes formes de capital : humain, social et socio-territorial ». Ce qui est mis en avant, c'est le bien commun utile et profitable à tous, surtout en période de soudure. L'esprit de vie en communauté est un atout non négligeable que les acteurs des ONG exploitent de manière efficiente. Vu les panoplies de besoins des populations, un soutien individuel n'aurait peut-être pas le même succès qu'un projet collectif. L'exemple des systèmes de warrantage à Kaolack est une parfaite illustration de réussite grâce à la culture du collectif. Les arachidiers se concertaient certes pour écouler ensemble leurs produits et se retrouver en coopératives, mais ont plus rentabilisé leurs produits grâce à cette initiative collective.

Cette culture du « *bolo moy dolé* »[6] est ancrée dans les habitudes culturelles et sociales du Sénégal. Les ONG ont souligné que dans leurs programmes, elles faisaient des formations de renforcement de capacités. Des acteurs nous ont également confirmé avoir bénéficié de

---

[6] Concept wolof qui signifie « l'union fait la force ».

ces formations. Des groupes d'intérêts économiques communs sont déjà constitués dans les communes, les villages et les villes. Dans ce cas, l'appui financier vient renforcer et donner au projet toute sa valeur en prenant en compte les critères de faisabilité, les rendements possibles et les aspects à valoriser. Et justement, c'est là que les salariés des ONG apportent généralement leur expertise à une population, qui est le plus souvent illettrée ou analphabète. Les formations reçues sont aussi axées sur la culture de l'épargne, de l'autonomisation et du maintien du projet dans la durée.

L'accomplissement des initiatives d'entrepreneuriat social passe par l'engagement des acteurs de projets qui eux-mêmes sont choisis en fonction de leur expertise au sein d'ONG sénégalaises. De par cette orientation, les acteurs misent sur les collectifs qui sont porteurs de projets en leur donnant les moyens de réussir les projets de développement en vue d'une avancée économique et sociale. Les partenaires du Nord établissent dans ce cas une relation de confiance vis-à-vis des partenaires du Sud et tendent ainsi vers ce qu'on pourrait qualifier de co-développement.

2. LE CO-DÉVELOPPEMENT, FACTEUR CLÉ DU DÉVELOPPEMENT LOCAL NORD/SUD

L'aide au développement ne se limite plus aux financements. Au-delà se créent des échanges entre les acteurs d'ONG du Nord et du Sud. Les associations de solidarité internationale et leurs partenaires s'inscrivent dans une logique de réciprocité. Deux cultures différentes interagissent en partant du principe que chaque entité peut apporter un outil utile en vue de favoriser un développement local dans la durée. Les échanges se matérialisent par des voyages de partenariats qui favorisent la connaissance mutuelle des partenaires et également par les échanges de savoir-faire et de techniques. Cette vision nouvelle permet aux acteurs salariés de connaître et de s'approprier les méthodes du partenaire pour assurer l'avancement des projets de développement durable dans son territoire d'action. Qu'est-ce que le partenariat par les échanges de savoir-faire et d'expertise apporte de plus aux deux partenaires et quel effet a-t-il sur les projets de développement ?

Selon les acteurs associatifs du Nord[7], ils ont autant à apprendre de leurs partenaires du Sud. Des partenaires du Sud, les acteurs du Nord

---

[7] Enquête de terrain, thèse, N'Dione, France, septembre-avril 2014.

prennent exemple sur le travail en groupe (actions collectives), l'autonomisation des bénéficiaires, les méthodes de suivi des projets. Dans la même lignée, les acteurs du Sud sollicitent les acteurs des associations partenaires sur les modèles de fonctionnement associatif, les techniques d'agriculture moderne sur l'utilisation des nouvelles technologies dans le secteur associatif, le développement des projets, la gestion administrative… Cependant, la coopération internationale utilisée comme richesse peut constituer un frein, dans la mesure où les réalités culturelles sont différentes, ce qui introduit la notion de complexité[8] dans la réciprocité (Clanet, 1993).

Ces échanges suscitent des déplacements entre les territoires concernés par notre recherche, ainsi que des échanges à distance (mails, visioconférence). L'impact de ces échanges se perçoit dans la mise en œuvre des projets au niveau d'un territoire donné. Chaque année, des voyages de mission sont organisés, les acteurs concernés (bénévoles, salariés, chargés de missions) vont découvrir et échanger autour des projets locaux, que ce soit en France ou au Sénégal, en vue d'apporter dans les deux sens des idées, des expertises pour améliorer les activités de l'ONG et les faire connaître au public, d'où la réciprocité dans les échanges et l'idée de co-développement.

La notion de co-développement a longtemps été perçue comme « une volonté de maîtriser les flux migratoires », politique menée par les pays du Nord en réponse à l'immigration massive des populations des pays du Sud. À partir de 2006, l'immigration clandestine a connu une forte augmentation. Suite à ce phénomène, les politiques de maîtrise des flux migratoires mises en place par les pays du Nord ont associé des décideurs des pays du Sud. Il fallait pallier à la cause de la migration qu'est la pauvreté par une solution qui passe par le développement (Pian, 2014). Toutefois, l'idée de co-développement ne repose pas seulement sur une volonté d'aide au développement pour freiner la recrudescence de la migration clandestine. Elle est entre autres, l'une des causes explicatives de l'émergence de l'idée de co-développement.

D'autres contenus sont également donnés à la notion de co-développement. Frédéric Tiberghien a tenté de donner une vision globale de la notion en disant que « finalement, derrière l'idée de co-

---

[8] Clanet définit l'interculturalité comme : « La réciprocité dans les échanges et la complexité dans les relations entre culture ».

développement, on signifie surtout un accroissement des échanges de personnes, d'idées, d'informations, de produits culturels, de biens, de service de capitaux, de finances » (Tiberghien, 2009). L'échange sous toutes ses formes est mis en avant. Mais il s'agit également d'interroger les niveaux d'échange quand il s'agit de co-développement. Les échanges sont-ils basés sur la réciprocité ? Est-ce un don, un profit ? Selon le rapport de l'institut Montaigne, « le sens que nous donnons au concept de co-développement est celui d'un partenariat entre les deux continents pour accélérer leurs croissances. Se développer ensemble, en profitant de leurs complémentarités […] c'est un concept mutuellement bénéfique et non pas unilatéral » (Montaigne, 2010). Les actions de co-développement se multiplient de plus en plus et pour la plupart, à l'initiative des ONG, qui prétendent se situer dans cette logique et conçoivent le partenariat comme une relation basée sur la réciprocité.

Derrière l'idée de co-développement, il y a certes une logique positive d'amélioration des conditions de vie des populations, mais les niveaux de développement ne sont pas les mêmes en France et au Sénégal. Les problèmes économiques et sociaux sont différents. Dans ce cas, peut-on parler de co-développement pour deux réalités socio-économiques différentes ? Les acteurs des ONG partenaires tentent quand même de défendre cette idée de développement mutuel qui selon eux est la base d'un partenariat solide qui favorise l'accroissement de leurs activités en vue d'un développement durable pour le Nord et le Sud. Il s'agit également pour ces acteurs de prendre en compte les différences culturelles des acteurs. En effet, la réciprocité dans les échanges (don/contre don), le principe d'échange entre deux cultures autour d'un ou plusieurs intérêts communs sont les logiques collectives des acteurs impliqués directement dans les projets de développement durable. Les acteurs essayent de prendre en compte la complexité dans la réciprocité. Pour eux, le temps de connaissance et d'apprivoisement est essentiel. Cependant, il y a souvent une connaissance superficielle de la réalité du partenaire, qui prime sur la connaissance des vraies réalités culturelles et qui, par la suite, engendre beaucoup d'incompréhensions, allant parfois jusqu'à la rupture du partenariat[9].

Les associations de solidarité internationale du Nord financent indirectement les projets ciblés par le biais des ONG partenaires du Sud. Les voyages de missions et les échanges permanents viennent en

---

[9] Enquête de terrain, thèse, N'Dione, Sénégal, avril-juin 2014.

complément de l'aide financière, ce qui introduit les notions de don[10] et de contre don (Godbout, 2000) et suppose la réciprocité. Elle se traduit en théorie par des échanges entre les acteurs[11] de savoir-faire, d'éléments culturels et d'idées autour des projets sociaux de développement. Le CCFD France, partenaire de FONGS Actions paysannes du Sénégal, par le biais de son chargé de mission du Sahel, établit cette relation de proximité avec les acteurs membres de l'association. Les acteurs du CCFD proposent à leurs partenaires des pistes concrètes pour maintenir les projets et assurer leur pérennisation. Un salarié du CCFD nous a confié lors d'un entretien[12] qu'il lui arrivait de partager avec ses partenaires des documents sur le fonctionnement de l'organisation, et des informations sur l'utilisation et l'accès à des logiciels libres...

Les partenaires du Sud échangent sur les méthodes de projet et sur les initiatives prises adaptées au contexte dans lequel ils évoluent avec le CCFD. Celui-ci s'inspire de ces retours pour organiser des animations et informer le public de ses actions à l'international et sur les questions de plaidoyer. La multiplication des échanges favorise cette proximité des partenaires qui nouent des liens et partagent des modèles. Au-delà du lien social qui se construit grâce aux échanges multiples, il y a une volonté de la part des partenaires de s'investir plus dans les projets qu'ils défendent et de travailler ensemble pour la réussite des initiatives de développement. Plus les acteurs du Nord connaissent et se familiarisent avec les acteurs du Sud et vice-versa, plus la confiance s'installe et les projets communs ne cessent d'augmenter, ce qui accroît éventuellement leurs chances d'être bénéfiques à une population cible voire à un territoire.

De retour d'un « voyage de mission au Sénégal »[13] en janvier 2013, les acteurs du Secours catholique Bretagne (bénévoles et salariés), en

---

[10] Il s'agit ici de l'approche du don en tant que phénomène relationnel développé par le MAUSS (Mouvement anti-utilitariste en sciences sociales). La revue du MAUSS « [...] incite à penser le lien social sous l'angle des dons (agonistiques) qui unissent les sujets humains » (source http://www.revuedumauss.com, dernière consultation le 4 avril 2014 à 15 h).

[11] Les acteurs des ONG en France sont les bénévoles, les animateurs salariés, les chargés de mission en Afrique, les donateurs, les personnes accueillies pour le Secours catholique. Au Sénégal, ce sont les salariés, les bénéficiaires des projets.

[12] Extrait d'entretien du 11 mars 2014 à 15 h, à Paris.

[13] Ce concept est utilisé par les acteurs du Secours catholique pour définir les objectifs du voyage, qui a pour but de réaliser des missions spécifiques. Pour ceux-

collaboration avec leurs partenaires de Caritas Kaolack, ont décidé de monter un projet nommé « Voyage solidaire ». L'idée est d'organiser des voyages dont le but est la découverte des projets menés par la Caritas et soutenus par le Secours catholique et de faire du tourisme dans la région du Sine Saloum. Le circuit de voyage permettrait aux « touristes solidaires » de soutenir des services locaux tels que les campements, guides touristiques et parcs qui sont également soutenus par Caritas, plus précisément dans le territoire du Niombato. Pour le Secours catholique, ce projet permettra de faire découvrir aux personnes qui le souhaitent les projets qu'ils soutiennent et d'en faire des « acteurs éveilleurs »[14]. Selon les salariés, ces derniers pourront à leur tour participer à la mission d'éveil à la solidarité internationale, dont le but est de faire connaître les réalités d'ailleurs et les causes qu'ils défendent.

Le Secours catholique, connu pour son élan de solidarité envers les plus pauvres (aide alimentaire, vestimentaire, mobilier), s'est remis en question sur « le faire » de l'association. Au-delà des aides ponctuelles apportées, qu'est-il possible de faire pour ces personnes qui se sentent seules et isolées de la société ? Cette question a été soulevée en pensant aux nouvelles orientations que devait prendre l'association. En s'inspirant des partenaires sénégalais qui travaillent souvent avec des collectifs (groupements de femmes, coopératives de paysans), des groupes de convivialité, des activités ou bénévoles et « personnes accueillies » sont conviés, comme les jardins solidaires sont mises en place... Ces activités, qui sont en plein essor, inspirées des partenaires, permettent de faire face à une demande qui est une réalité en France mais pas au Sénégal.

Les rapports sociaux qu'entretiennent les acteurs des associations concrétisent cette volonté de collaborer ensemble en vue d'améliorer la situation sociale et économique des bénéficiaires de leurs actions. Les échanges interculturels raffermissent les liens tissés et créent d'autres besoins, comme celui d'échanger des savoir-faire afin de favoriser un développement local. C'est un double enjeu, dans la mesure où la

---

ci, les raisons évoquées sont entre autre le renforcement du partenariat, la recherche d'outils pour l'animation à l'action internationale. Le CCFD parle plutôt de « voyage d'immersion ».

[14] Le Secours catholique conçoit les acteurs-éveilleurs comme des individus connaissant leurs activités à l'international, pour avoir effectué un voyage de mission chez un partenaire et qui, par la suite, s'investissent dans l'animation à l'action internationale en France.

réussite des initiatives se répercute autant sur les bénéficiaires que sur leurs territoires d'action. En France comme au Sénégal, les besoins répertoriés et les solutions apportées aux préoccupations économiques ne sont pas les mêmes de la part des gouvernements, d'ailleurs, les coopérations entre les deux États ne se situent pas à ce niveau. En ce qui concerne les associations partenaires, la démarche ira justement dans ce sens, les besoins ne sont certes pas les mêmes, mais les réponses apportées convergent par la poursuite d'un intérêt commun ; celui d'un co-développement. C'est la volonté de se développer dans la durée qui favorise le développement, qui est avant tout axé sur un territoire donné.

3. IMPACTS DE L'ENTREPRENEURIAT SOCIAL ET DU CO-DÉVELOPPEMENT SUR LE DÉVELOPPEMENT TERRITORIAL

Le développement par « le bas » soutenu par les ONG peut-il être considéré comme une voie de développement ? Les retombées des projets de développement ne sont en réalité perceptibles que sur les terrains d'exécution. Au début d'un projet, lors de son élaboration, des objectifs sont fixés théoriquement en vue d'obtenir son financement. Nous avons conduit cette réflexion avec les interrogations suivantes : le projet d'entrepreneuriat social est-il en phase avec les attentes de la population cible ? S'agit-il d'une demande qui était émise par un groupement, une localité au départ ? En quoi les échanges interculturels influent-ils sur le développement territorial et local ? Nous avons choisi quelques initiatives des ONG cibles pour montrer leur apport dans leurs territoires d'action. Dans la région de Kaolack où intervient la Caritas diocésaine, deux pôles se sont créés au sein de l'équipe des salariés :

- Le pôle urbain, qui restreint son plan d'action dans la commune de Kaolack en intervenant sur l'aménagement territorial, la salubrité et l'assainissement. Ils répondent ainsi à des besoins spécifiques de la commune, qui collabore avec Caritas et les populations, qui veulent améliorer leur environnement. Une bénévole du Secours catholique, de retour de son voyage de mission dans la région du Sine Saloum, nous déclarait à cet effet que « Kaolack est vraiment le royaume du plastique »[15], ce qui confirme l'utilité de l'intervention de Caritas dans cette localité.

---

[15] Extrait d'entretien du 27/03/2013 à 16 h 26 sur Skype.

- Le pôle rural s'intéresse au milieu rural des environs de Kaolack (Foundiougne, Simon Diène, Nioro, Keur-Madiabel, où un projet de ville écologique est en cours, en partenariat avec la mairie). Les acteurs viennent en aide aux ruraux par un soutien financier, matériel et technique dans le domaine de l'agriculture et de l'élevage, domaine qui compte le plus d'actifs au Sénégal. Que ce soit en milieu rural ou urbain, l'action est ciblée et répond à des appels à projets utiles pour la population concernée.

En France, une action inspirée du partenaire Caritas Kaolack a été mise en place par le Secours catholique Bretagne. À travers les voyages de partenariats, les acteurs de l'association se sont rendu compte qu'ils étaient le plus souvent dans l'assistanat vis-à-vis des bénéficiaires. Pour les aider à se construire et à se valoriser, un jardin solidaire (qui existe un peu partout maintenant dans les délégations du Secours catholique en France) a été créé à Brest (le jardin solidaire de Keraudren). Il s'agit d'un jardin qui fonctionne au printemps et en été tous les deux jours, pendant lesquels bénévoles et « personnes accueillies »[16] se retrouvent pour cultiver quelques denrées alimentaires qui reviennent, d'une part, « aux personnes accueillies », et d'autre part, aux banques alimentaires du Secours catholique et pour la vente. L'argent issu de la vente est attribué au volet action internationale.

Les échanges interculturels permettent aux acteurs de prendre conscience de la complexité des cultures. En comparant les différents procédés, les acteurs associatifs prennent conscience des limites, des avantages des savoir-faire du partenaire. Cette confrontation à une réalité tout autre permet aux acteurs d'adopter des modèles du partenaire dans la perspective de monter un projet ou une activité visant une transformation sociale et une évolution économique d'une situation jugée précaire au départ. Malgré la différence culturelle, des mécanismes de développement sont transposables. La logique du don et du contre don a un sens dans ces échanges, en partant du principe que les apports peuvent être réciproques. Comme le disait un partenaire indonésien du CCFD en voyage de mission à Brest, la découverte du

---

[16] « Les personnes accueillies » au Secours catholique sont tous les individus bénéficiant d'une aide ponctuelle ou permanente de l'ONG. L'aide peut être financière, alimentaire, vestimentaire et morale.

système agricole en Bretagne lui a fait prendre conscience des manquements de leur propre système agricole à l'est de l'Indonésie[17].

L'action des associations partenaires touche plusieurs territoires, que ce soit en milieu rural, urbain ou littoral. La découverte d'autres aires et réalités culturelles inspire les acteurs des associations partenaires à vouloir faire une action qu'ils jugent innovante sur leurs territoires d'action. C'est ainsi que le Relais Sébikotane (Sénégal), une association qui a à son actif 52 salariés, s'est inspirée de l'initiative « l'espoir d'un toit » du Relais de Bruay-la-Buissière (France) pour permettre à ses salariés de bénéficier d'un toit avec un crédit à taux zéro. Pour mener à bien cette action, des échanges entre ces deux partenaires ont permis de mesurer les bénéfices de celle-ci dans un contexte sénégalais où les problèmes de logement dans la région de Dakar ne cessent de croître du fait d'une urbanisation galopante. L'action du Relais, dont la plupart des employés vivent dans les villes de Sébikotane et de Diamniadio, permet de disposer d'un logement personnel et d'échapper à l'exode rural. Une action innovante a été faite par le Relais pour ses employés au Sénégal. Les droits et les statuts des employés sont identiques à ceux qui sont appliqués en France. Au Sénégal, la plupart des emplois sont précaires et n'ouvrent pas souvent à des droits comme une assurance maladie et une cotisation retraite. Les employés sont soumis à la règle des 35 heures de travail par semaine. Ils ont une couverture maladie et des cotisations de retraite. Les salariés du Relais, lors de nos rencontres, nous ont fait savoir que leur statut leur conférait une certaine stabilité. Ils disent également avoir de la chance de travailler au sein du Relais, qui leur ouvre des droits.

Les projets réalisés par les associations partenaires, bien que concernant une population très réduite, sont utiles dans la mesure où ils sont développés sur un territoire bien déterminé (village, quartiers, groupements féminins de telle localité). C'est ainsi que les actions évoquées par les acteurs des associations cibles lors des entretiens ramenaient souvent à un territoire donné, par exemple, l'activité de maraîchage des femmes de Simon Diène (Sénégal), le coffre à jouets des bénévoles de Lesneven (France), le jardin solidaire de Brest (France), le groupement Santa Yalla de Ziguinchor (Sénégal), etc.

Les actions réalisées ou en cours de réalisation bénéficient doublement aux territoires concernés. Les acteurs travaillant sur les

---

[17] Conférence du 26/03/2014 à Brest, 20 h 30.

projets en font leur activité vivrière, et les rendements profitent souvent aux populations de la localité. Ces acteurs sont des acteurs de développement local et ils font également évoluer leur pouvoir d'achat ainsi que celui de leur famille, surtout au Sénégal. Mme Camara, veuve, bénéficiaire du financement de Caritas dans sa localité, disait dans une interview[18] que : « grâce à l'appui de Caritas, elle a pu faire son potager dont les rendements lui permettaient de faire des bénéfices pour payer les études de son fils ».

Les initiatives d'entrepreneuriat social axées sur un territoire peuvent impulser un développement local. Au Sénégal, beaucoup d'initiatives menées par des ONG destinées aux populations changent souvent la situation économique par un pouvoir d'achat plus conséquent pour les foyers bénéficiaires, la situation sociale par une conscientisation sur les facteurs propices au développement et une capacité d'organisation du budget ménage. En France, ces initiatives, souvent perçues comme relevant de l'économie sociale et solidaire et de l'entrepreneuriat social, permettent de lutter contre la montée de l'individualisme ainsi que ses conséquences (isolement, tendance suicidaire) et de redonner une place aux personnes en situation précaire dans la société.

BIBLIOGRAPHIE

CLANET, C., 1993, *Introduction aux approches interculturelles en sciences humaines*, Toulouse, Presses Universitaires du Mirail.

COUPRIE, S., 2012/3, « Le management stratégique des ONG ou la quête de légitimité », in *Mondes en développement*, n° 159, pp. 59-72.

Décret, 9.-1. S., 2008, Contribution de la direction du développement communautaire à l'atelier du Centisfur, Dakar, ministère de la Famille, de la Solidarité nationale, de l'Entrepreunariat féminin et de la Microfinance.

DIOP, Momar Coumba (dir.), 2002, *La société sénégalaise entre le global et le local*, Paris, Karthala.

---

[18] *La Gazelle*, n° 1, bulletin d'information et de partenariat entre la Caritas Kaolack et le Secours catholique Bretagne.

FONTAN, J.-M., 2011, « Entrepreneuriat social et collectif : synthèses et constats » (R. c. l'économie, Éd.), in *Canadian journal of Nonprofit and Social Economy Research*.

GODBOUT, J., 2000, *Le don, la dette et l'identité : homo donator versus homo oeconomicus*, Paris, La Découverte.

GUÉRIN, I. et al. (dir.), 2011, *Femme, économie et développement, De la résistance à la justice sociale,* Toulouse, Erès.

MONTAIGNE, I., 2010, « Afrique-France : réinventer le codéveloppement », rapport juin, p. 69.

PIAN, A., 2014, « Des "maux" de la migration à la promotion du développement local », in *Cahiers d'études africaines*.

Sénégal, M. d., 2013, Acte III de la décentralisation. Proposition pour la formulation d'une cohérence territoriale rénovée. République du Sénégal.

SOGUE, D., 2003, « Les mirages de l'aide internationale quand le calcul l'emporte sur la solidarité », *Enjeux Planète*.

TIBERGHIEN, F., 2009, « Valoriser et repenser le codéveloppement » in *Revue trimestrielle du SSAE*, p. 252.

TREMBLAY, D., KLEIN, J., & FONTAN, J., 2009, *Initiatives locales et développement socioterritorial,* Montréal, Presses de l'université du Québec.

CHAPITRE 6

LA CASAMANCE, GRENIER À RIZ DU SÉNÉGAL[1] ?

Paul DIÉDHIOU

Retraçant la plupart des écrits sur la Casamance, et plus particulièrement sur les *Joola*, Yasmine Marzouk (1993) parle des problèmes que posent la riziculture et l'évolution de la société *joola*. Pour elle, ces questions ont été abordées dans les années 1970-1980 par Linarès (1981, 1985), Snyder (1981) et Marzouk (1981). La décennie 1980-1990 est marquée par la prise de conscience de l'urgence de la mise en valeur économique de la Casamance.

Mais avec la crise qu'a connue et connaît encore la région à partir des années 1980, qui marquent le début ou l'intensification de cette crise dans la région, les travaux spécifiques à cette mise en valeur ont été relégués au second plan au profit des études sur le conflit en Casamance. Les travaux de Lamine Diédhiou constituent cependant une exception, car l'auteur pose la problématique du développement rural de la Casamance (Diédhiou, 2004). Revenant sur les méthodes culturales et sur les systèmes de production des riziculteurs joola, il avance l'idée que ces techniques sont devenues peu performantes. Pour lui, les paysans éprouvent aujourd'hui des difficultés et se tournent vers l'État et les projets de développement.

Il convient cependant de souligner qu'en 1985, les chercheurs et experts de « l'équipe système » de l'ISRA avaient évalué les expériences d'aménagement menées en Casamance : leurs conclusions soulignaient qu'il y avait un échec des différentes politiques. Ils préconisaient ainsi les petits et moyens barrages à partir desquels les paysans devaient désormais être les acteurs. C'est pourquoi, dans ce présent travail, nous allons essayer, à la suite de ces travaux, de faire un

---

[1] Nous tenons à remercier Thierno Cissé, enseignant-chercheur au Département de linguistique de l'université Cheikh Anta Diop de Dakar, pour ses lectures et suggestions.

bilan des différents programmes et politiques impulsés par l'État et les ONG des années 1960 à nos jours. Seront abordés dans cette contribution, les projets entrepris par : ILACO, PIDAC, MAC et SOMIVAC[2]. La plupart des politiques initiées par ces organismes ont mis l'accent sur les aménagements hydro-agricoles et la question qu'on peut se poser est celle de savoir si ces aménagements constituent une voie ou une solution pour la redynamisation de la riziculture. La Casamance, considérée depuis le XIXe siècle par les autorités coloniales comme le grenier à riz du Sénégal, connaît une civilisation rizicole depuis fort longtemps. La Casamance peut-elle continuer à jouer ce rôle de grenier à riz du pays ?

Pour l'administration coloniale française, la Casamance était une région riche, une sorte de paradis où les indigènes se nourrissaient principalement de poisson, d'huîtres, de viande de bœuf et de porc, de poulet et de canard. Ils cultivent, pour leur usage, le riz, le maïs, la canne à sucre, le mil, les bananes, les oranges et un grand nombre d'autres fruits (Saglio, 1984). Cette image d'une Casamance riche et grenier du Sénégal est encore présente dans l'imaginaire des Sénégalais, et plus particulièrement celui de l'Administration, puisqu'un poster publicitaire signé par l'office du tourisme présente cette région en ces termes : « Casamance, génie du Sénégal ». Peut-on, à partir de cette image idyllique, de cette tradition culturale ancestrale, et des politiques continues d'aménagement, régler la question de la souveraineté alimentaire de la population rizicole et exporter le surplus dans le reste du Sénégal ou ailleurs ? C'est d'ailleurs l'objectif assigné à ces différents programmes, souvent financés pour la plupart par des bailleurs de fonds étrangers[3]. Malgré les politiques de développement initiées jusqu'ici, la riziculture en Casamance est en déclin progressif depuis les années 1940[4]. Aujourd'hui, on assiste au délaissement de la

---

[2] Nous nous limitons à ces projets pour la simple raison que le format de cet ouvrage ne nous permet pas d'intégrer les projets tels que le DERBAC, le PROGES, le PADERCA, le plan REVA, GOANA, l'ANRAC, le PPDC. Ces projets feront ultérieurement l'objet d'autres études.

[3] Cette idée nous paraît capitale dans l'étude des politiques de développement car elle permet d'esquisser la thèse défendue par Jean Copans. En effet, lors d'une conférence qu'il a animée en 2013 à l'université Assane Seck de Ziguinchor, il avance l'idée que le développement doit s'étudier d'abord au Nord. Cette idée nous semble pertinente car le financement de la plupart des projets vient des pays du Nord, qui décident des politiques à entreprendre dans les pays bénéficiaires.

[4] Ce déclin est, d'après les chercheurs du GRDR, perçu depuis la Seconde Guerre mondiale.

riziculture de mangrove au profit de la culture des plateaux avec comme conséquence la dégradation de la forêt. Ce délaissement est accentué par la scolarisation et la migration[5] des jeunes qui, dans leur majorité, défendent l'idée selon laquelle la riziculture n'est pas un métier ! N'est-ce pas la crise de représentation d'une activité quand on sait ce que le *busok*[6] représente pour le Joola ? C'est pourquoi il nous semble opportun, pour comprendre ces politiques et l'attitude des paysans face à ces dernières, de retracer l'historique des différentes interventions des organismes appelés à impulser la redynamisation de la riziculture en Casamance.

Partant, la question est de savoir pourquoi la non-adoption par les Joola des techniques culturales introduites par l'État ou les organismes peut influer négativement sur le développement de la culture du riz. Comment expliquer le délaissement plus ou moins progressif de la riziculture de la mangrove au profit d'autres activités, telles l'arboriculture, les plantations d'acajou ? Une chose est sûre, les activités liées à l'exploitation des noix de cajou connaissent un développement fulgurant. Si nous évoquons cette activité, ce n'est pas pour étudier son apport dans le budget des paysans joola, mais c'est pour comprendre les effets du vin de la pomme de cajou dans les dispositifs du système de production des riziculteurs joola. En effet, il est aujourd'hui avéré que la consommation de ce vin en saison des pluies, période consacrée aux grands travaux champêtres, a des incidences sur le système de production du riz[7]. Le Joola est-il toujours cet inlassable travailleur dont parlait Pélissier (Pélissier, 1966) ? Pour apporter une réponse à toutes ces interrogations, nous envisageons d'articuler cette contribution autour de deux points : nous allons, dans

---

[5] La scolarisation et la migration entravent en partie la riziculture qui connaît une crise de représentation auprès des jeunes et des riziculteurs de la région. C'est pourquoi, pour ces derniers, l'école et la migration, qu'elle soit nationale ou internationale, constituent les voies du salut.

[6] C'est un rite que les Joola de religions africaines organisent pour rendre hommage aux personnes qui, de leur vivant, avaient de l'amour pour leur métier, la riziculture. Voir plus loin les valeurs symboliques de ce rituel.

[7] Nous ne pouvons pas développer cette idée ici. Mais toujours est-il que nous avons constaté qu'à Youtou, les villageois s'adonnent à la consommation du vin de la pomme de cajou. Cette consommation abusive a des conséquences sur leur travail dans les champs et rizières. En 2016, par exemple, nous avons rencontré un jeune dans le village de Youtou, qui était ivre, qui quittait les rizières vers les coups de dix heures parce qu'il ne pouvait plus tenir. Ce cas est loin d'être unique et mériterait une attention particulière.

un premier moment, faire l'historique plus ou moins exhaustif des différents projets et politiques de développement en Casamance, et dans un deuxième temps, nous comptons inscrire ce travail dans une approche socio-anthropologique qui fait appel aux sciences du langage afin de démontrer les limites des politiques de développement initiées en Casamance. Sont également mobilisés les travaux de deux universitaires sénégalais qui ont eu à travailler sur l'agriculture sénégalaise et casamançaise. Il sera surtout question, dans ce travail, de mettre en évidence deux logiques contradictoires : celle de l'État (et des experts), qui cherche à moderniser une agriculture pour atteindre l'autosuffisance alimentaire, et celle des paysans, qui continuent d'utiliser les méthodes culturales « traditionnelles » et qui produisent le riz à d'autres fins : organisation de grandes cérémonies telles que la circoncision (*bukut*), les rites funéraires (*ukul*) et la cérémonie de la fécondité (*karahay*). Pour mieux appréhender ces deux logiques contradictoires et le malentendu qui s'ensuit, nous comptons recourir à la grille de lecture proposée par Jean-Pierre Darré (1985).

1. HISTORIQUE DES PROJETS DE DÉVELOPPEMENT EN CASAMANCE[8]

L'idée de considérer la Casamance comme le grenier à riz du Sénégal a été énoncée dès 1829. Elle a été agitée par le gouverneur Pierre-Édouard Brou, qui précisait que la Casamance monopolisait dès cette époque l'approvisionnement en riz des villes du Sénégal. Grenier d'abondance à première vue, la Casamance livrait également de l'huile de palme. Les autorités pensaient également s'affranchir de l'achat de riz en Gambie (Ndao, 2009).

En 1952, Portères signale pourtant que toutes les terres disponibles en Casamance sont sous l'emprise des riziculteurs. À l'indépendance,

---

[8] Cette région, située au sud du Sénégal, est aujourd'hui divisée en trois régions administratives : Ziguinchor, Kolda et Sédhiou. Les projets étudiés ici couvraient ces trois régions. Notre étude porte sur le milieu *ajamat* (terme utilisé ici par commodité) et concerne les villages d'Effok et de Youtou ainsi qu'une partie des villages situés au nord de la Guinée-Bissau. Même si ces villages situés au nord de ce pays ne sont pas concernés par les différents programmes, il est important de les mentionner à cause des problèmes liés au caractère transfrontalier du foncier que toute politique de développement doit prendre en compte. Nous reconnaissons volontiers que l'échantillon est faible vu le nombre de villages que compte cette région avant les différentes réformes administratives. Ce choix limité s'explique par la méthode qualitative que nous privilégions ici.

les nouvelles autorités considèrent qu'elles peuvent étendre les surfaces rizicoles et intensifier les rendements grâce aux aménagements hydro-agricoles pour protéger les rizières du sel et assurer un meilleur contrôle de l'eau douce à la parcelle. C'est cette proposition technique qui fonde jusqu'à ce jour les programmes et politiques de développement de la riziculture en Casamance.

Au début des années 1960, le gouvernement du Sénégal ordonna l'amélioration et l'extension de la culture rizicole dans les plaines fluviomarines de la Casamance et de ses affluents. À cet effet, il chargea le Groupe d'Études Rurales en Casamance (GERCA) d'étudier les problèmes de la riziculture en Casamance. Le GERCA est constitué des bureaux d'ingénierie internationale Land Développement Consultants (ILACO) et de la Société centrale pour l'équipement pour l'aménagement du territoire (SCET-Coop). La conclusion principale de l'étude était que le climat et le sol permettraient la culture du riz pourvu que les conditions hydrauliques soient améliorées. La solution proposée était de limiter les améliorations aux vallées des affluents de la Casamance, de fermer celles-ci par un barrage muni d'une écluse et d'améliorer le dessalement des terres au moyen d'un réseau de fossés peu profonds. On décide ainsi de mettre en valeur de la même façon 500 ha dans la vallée de Nyssia et de Guidel (Euroconsult, 1985). Comme il existait encore beaucoup d'incertitudes, il fut également décidé de construire deux casiers pilotes qui commencèrent à fonctionner en 1965. Mais par manque de fonds et du fait de l'incertitude sur la main-d'œuvre disponible pour exploiter les nouvelles rizières, on renonça provisoirement à la construction des barrages.

En 1968 et en 1970, 600 ha de terres dans les vallées de Nyssia et de Guidel furent aménagés et équipés d'un réseau de fossés peu profonds sans attendre la construction des barrages, car l'expérience des casiers pilotes révéla que le drainage peu profond permettrait à lui seul d'étendre la culture du riz (Euroconsult, 1985). Ainsi que mentionné dans le contrat entre le gouvernement et Euroconsult, le gouvernement a exprimé le désir de démarrer les aménagements progressifs des rizières dans la vallée de Guidel. Il est convenu, à ce sujet dans le contrat, qu'Euroconsult mette à la disposition du projet, et tout particulièrement pour le projet de Guidel, un aménageur pendant la durée de sept missions (Euroconsult, 1983).

En réalité, le début des études concernant le projet remonte, pour autant qu'on le sache, en 1961, lorsque le gouvernement du Sénégal chargea le GERCA, ILACO et SCET-Coop d'étudier la possibilité d'améliorer la riziculture en Casamance. Une note technique publiée en 1961 indiquait quelles données étaient connues et quelles études ultérieures étaient nécessaires. Sur la base de cette étude, le GERCA fut chargé d'une nouvelle étude, qui fut terminée en 1962. Les résultats ont été rassemblés dans un rapport de synthèse, soumis en avril 1963.

À partir de ce moment, l'État met progressivement en place un programme d'aménagement hydro-agricole et initie une politique spécifiquement destinée à la Casamance.

Les premiers projets de développement étaient fondés sur l'idée que la Casamance est le grenier à riz du Sénégal et que l'aménagement de grandes surfaces se heurtait aux contraintes socioculturelles. Le schéma d'aménagement était de construire des ouvrages hydrauliques, notamment des digues et les barrages anti-sel et d'effectuer le drainage et le dessalement des sols. Par le biais d'ILACO, les experts de cette structure vont donc entamer les études de terrain à l'issue desquelles ils constatent, d'une part, que la majorité des sols des zones de la Basse Casamance étaient colonisés par une mangrove mixte dont la teneur était inépuisable en matières organiques et, d'autre part, que ces sols étaient triplement composés de sols du continental terminal, des sols de transition des mangroves et des tannes favorables à la riziculture intensive (Diédhiou, 2004). Ils vont à la suite de cette étude préconiser la solution qui consiste à empêcher, au moyen d'un barrage avec écluse, l'entrée de l'eau de mer, d'utiliser pendant la saison des pluies les eaux pluviales pour effectuer le dessalement, après quoi, retenir suffisamment l'eau douce pour la croissance du riz (Euroconsult, 1983). Il est aussi préconisé de mettre en valeur ces terres dans les vallées de Nyssia et de Guidel, et simultanément de démarrer les casiers pilotes de Médina et de Diéba. La construction de ces casiers pilotes commença en 1964, sous la direction d'ILACO. Les résultats des examens sont contenus dans le rapport de gestion des casiers pilotes de Médina et Diéba, 1966-1967 (Euroconsult, 1983).

C'est en 1965 que démarrent également les études hydrauliques, pédologiques et de génie civil effectuées par ILACO. Par suite du manque de fonds disponibles pour la construction des barrages, de doutes quant à la disponibilité des ressources humaines suffisantes pour l'exploitation de nouvelles rizières, on renonça provisoirement à la mise en valeur proposée. Néanmoins, l'idée ne fut pas abandonnée, et dans la période 1968-1970, quelques 600 ha de sol de mangrove furent défrichés et aménagés pour la riziculture sans toutefois construire les barrages. Les travaux furent exécutés par les paysans locaux sous la conduite d'ILACO. Après 1970, le projet a été poursuivi par cette structure, mais avec un point de départ modifié.

Dans le nouveau projet, couvrant la période 1971-1975, il s'agissait d'améliorer l'agriculture dans les exploitations existantes. La région de travail fut, en outre, agrandie par l'adjonction des départements d'Oussouye et de Bignona. Un compte-rendu détaillé des méthodes de travail et des résultats a été donné dans 24 rapports trimestriels. En 1975, c'est l'échec du projet ILACO. Cet échec coïncide avec la fin du financement de ce projet par le Fonds européen de développement. Du projet ILACO, on passe au projet PIDAC (Projet intermédiaire de développement agricole en Casamance). Le projet ILACO a été exécuté simultanément avec le projet de la Mission agricole chinoise.

Il convient de souligner que dans le cadre de la coopération technique entre les gouvernements chinois et sénégalais, deux équipes de techniciens chinois du développement rural se sont succédé en Casamance de 1969 à 1973. L'équipe de la Chine de Formose a travaillé de 1969 à 1973 et a été relayée par celle de la Chine populaire de 1973 à 1989. De 1978 à la fin du programme, le projet a été dirigé par les Sénégalais et a connu de grandes difficultés de fonctionnement. La Mission agricole chinoise (MAC) avait engagé des techniciens chinois au nombre de 20, comprenant des riziculteurs, des aménagistes, des maraîchers, des machinistes agricoles et des mécaniciens. Le personnel sénégalais comprenait 40 personnes, auxquelles il faut ajouter 40 employés saisonniers et un peu plus de 70 paysans responsables de la vulgarisation au niveau des villages (Ndiaye, 1980).

Il n'y avait pas d'objectifs ni de programmes précis assignés à la mission agricole chinoise. Il était simplement demandé aux Chinois d'aider au développement de la riziculture en Casamance par l'introduction des techniques culturales modernes et la réalisation d'ouvrages hydro-agricoles. De ce fait, les Chinois ont introduit dans la région une grande gamme de matériels, dont certains non adaptés aux conditions du milieu (Ndiaye, 1980). Pour construire les barrages de Simbandi Balante et de Diagnon et aménager les terres, les Chinois ont fait venir de Chine trois bulldozers petit modèle, très pratiques, une bétonnière et un billonneur pour le creusement des canaux.

Pour le matériel de préparation du sol, trois tracteurs équipés de charrues à soc, de charrues à disque, des herses butteur billonneuse et rotovator ont été introduits. Seul le rotovator a fait ses preuves dans les rizières : ameublissement du sol à 20-25 cm de profondeur, travail rapide, maniement facile. Les autres matériels, remarque El Hadji Makhtar Ndiaye, n'ont pas été utilisés à cause de l'exiguïté des parcelles, du faible niveau technologique des paysans (Ndiaye, 1980). Cependant, l'auteur du rapport « Évaluation et perspective d'avenir de mission agricole chinoise » estime qu'on pourrait utiliser ce matériel en rouille en organisant les paysans en coopérative et surtout *remembrer les parcelles* (souligné par nous). Le projet a été financé par la Chine, mais avant la création de la SOMIVAC, la MAC a travaillé sous le contrôle de DGPA et l'ambassade de Chine à Dakar. C'est dire que la gestion du projet se fait très loin de son aire d'intervention. De l'avis d'El Hadji Makhtar Ndiaye, la MAC, avec ses moyens modestes, a obtenu d'excellents résultats, car la dernière année, la production a permis de couvrir les besoins annuels énergétiques et protidiques d'une population estimée à 11 086 personnes. Ces résultats ont été rendus possibles par un choix judicieux du matériel agricole, l'introduction de variétés hautement productives et un choix des thèmes techniques faciles à appliquer. Les Chinois, d'après l'expert, ont fait preuve de patience, de persévérance, de compréhension et de tolérance. Mais depuis le départ de l'équipe de techniciens chinois en avril 1979, la MAC a connu des difficultés de fonctionnement. En effet, le projet a été financé par la République populaire de la Chine et au terme du contrat de financement, la partie sénégalaise n'était pas suffisamment préparée pour assurer la relève. Pour preuve, à Simbadi Balanté, les 50 ha aménagés mis en culture étaient mal exploités faute de moyens de suivi et dans d'autres localités comme Bissine-Baïnouk, les 4,7 ha aménagés n'étaient plus cultivés et la station de pompage était en train de se détériorer (Ndiaye 1980). Rappelons que le PIDAC et la MAC étaient supervisés par la SOMIVAC, société créée par le gouvernement sénégalais.

À cet effet, dans le souci d'étendre sa politique de développement rural dans tout le territoire, le gouvernement a créé au niveau de chaque zone écologique une société régionale de développement rural chargée de promouvoir le développement intégré. C'est dans ce cadre qu'il faudrait situer la création de la Société de mise en valeur agricole de la Casamance (SOMIVAC), le 2 juillet 1976. Sa création s'inscrit donc dans le cadre de ce mouvement de réforme intervenu au niveau des structures du ministère du Développement rural en 1974, qui a conduit à la mise en place des sociétés régionales de développement rural. Au terme de cette réforme, le territoire national a été divisé en quatre zones écologiques au niveau desquelles doivent désormais intervenir ces sociétés pour y promouvoir le développement rural intégré en prenant en charge l'encadrement des populations rurales.

Les objectifs de cette structure sont entre autres la conception, la planification du développement du secteur rural de la région, la coordination des actions de développement agricole conduite dans la région, et le contrôle de la réalisation des actions de développement afin de faire régulièrement leur bilan. Ils entrent dans le cadre de la politique de développement rural intégré défini par le gouvernement et sont consignés dans les différents plans de développement économique et social (5e et 6e plans). Ces objectifs sont déclinés comme suit : une accélération des projets visant une meilleure maîtrise des facteurs de production, particulièrement hydraulique, une diversification agricole, l'extension des cultures vivrières en vue de l'autonomie alimentaire, l'intensification des cultures d'exportation, la valorisation industrielle de la production agricole, la conservation de la nature et de l'environnement (Badji, 1986). Comme nous pouvons le constater, la SOMIVAC avait pour mission de coordonner les actions du PIDAC, du PRS et de la MAC, qui sont les projets de développement les plus importants que cette société a pilotés.

Ainsi, le PIDAC constitue l'un des projets phares de cette structure. Puisque l'intérêt pour la mise en valeur des sols salés continue de se manifester encore en 1977, la région du projet PIDAC est étudiée par une mission canadienne dont les constatations sont consignées dans un rapport intitulé « aménagements des terres de mangrove dans les vallées de Nyassia et de Guidel ». Les conclusions de ce rapport sont les suivantes : à court terme, la production du paddy est susceptible d'augmenter et à moindre coût dans les zones naturellement favorables où les aménagements peuvent être moins coûteux à l'hectare. À long terme, en Casamance, la seule possibilité de pouvoir répondre à la demande en nouvelles rizières est la construction de barrages avec écluses. Dans ce rapport, l'importance d'une bonne vulgarisation est très nettement soulignée (Euroconsult, 1983).

Le PIDAC remplaçait officiellement ILACO. La période « post-ILACO » est celle de la prolifération des projets et correspond à la construction du barrage de Guidel. En 1978, de projet intermédiaire, le

PIDAC change de sigle et devient « projet intégré ». Comme l'a souligné L. Diédhiou, le changement de sigle n'était pas une simple commodité de langage, mais le résultat d'une prise de conscience des attentes des paysans et de la nécessité de promouvoir des modalités de gestion de l'économie rurale de manière à mieux prendre en compte ses attentes (Diédhiou, 2004). Financé par le gouvernement américain par le biais de son agence de développement, l'USAID, au titre de l'accord de don n° 6850205 pour près de 70 % du coût global de 23,75 millions de dollars, le reliquat du financement devant être supporté par l'État du Sénégal, le PIDAC avait élaboré un projet ambitieux : en dehors du développement de la riziculture et de la vulgarisation des nouvelles techniques, il se devait d'encourager la culture du maïs et d'intensifier le développement du maraîchage et de l'alphabétisation dans près de 89 % des villages de la Basse Casamance. Le PIDAC, qui a déroulé son programme de janvier 1974 à août 1978, avait pour objectif d'aider le gouvernement sénégalais à développer la Basse Casamance. Son champ d'action couvre toute la Basse Casamance, pour laquelle il a reçu mandat d'y assurer le développement rural intégré. Le projet PIDAC a bénéficié d'une prolongation jusqu'au 3 décembre 1985. En plus de ses activités d'encadrement des productions végétales (riz, maïs), le PIDAC a intégré d'autres volets dans son programme pour donner au concept d'approche intégrée du développement rural un contenu réel. Il s'agit du volet santé et du volet féminin. Sur le plan de la réalisation, le PIDAC a déclaré avoir encadré quelques 14 000 exploitations de la Basse Casamance (Badji, 1986). Le projet PIDAC s'est soldé également par un échec. En 1978, la SOMIVAC elle-même consacre aussi un rapport aux sols salés rizicoles.

Après avoir passé en revue la période 1961-1975, l'étude réalisée par cette structure parvient à la conclusion que le développement de la riziculture en Basse Casamance est bloqué par deux phénomènes, à savoir l'émigration et le développement des cultures de rente qui, conjugués, provoquent une pénurie de main-d'œuvre et entravent l'extension des superficies agricoles. Dans ces conditions, l'application de certaines méthodes culturales modernes (semi-direct, récolte à la faucille et surtout généralisation de la traction bovine) donnera, selon les auteurs du rapport, les solutions les plus efficaces pour résoudre le problème de la main-d'œuvre dans la riziculture en Basse Casamance (Euroconsult, 1983). Il est en outre indiqué dans le rapport que le problème du barrage anti-sel doit encore mûrir. Il est proposé, pour le court terme, de construire néanmoins un barrage-test et de continuer les actions concernant les techniques simples (vulgarisation) ainsi que les examens et les recherches.

Les recommandations contenues dans ce rapport ont été suivies pratiquement dans leur totalité : le barrage a été construit en 1980 ; les actions de techniques simples ont été expérimentées par la mission chinoise, bien qu'à une échelle très restreinte et en les limitant à quelques vallées plus favorables, les examens et recherches ont été entamés par l'ISRA. En 1980, une note a été publiée sur les sols de la vallée de Guidel établie par Marius et Cheval (Cheval & Marius, 1980). Cette note est le complément du rapport pédologique d'ILACO de 1965. Les conclusions de cette note sont données ci-après : les effets conjugués de la sécheresse et des aménagements ont provoqué une importante transformation des superficies. Il y a eu un tassement, une baisse de la matière organique, une acidification. En revanche, il y a eu une augmentation considérable de la salinité des sols et des nappes. C'est dans ce sens que s'inscrit le projet d'aménagement rizicole de la vallée de Guidel. Une étude fut menée en février 1978. En préambule, il est dit que ce projet consiste à protéger les terres inondées contre le sel et à aménager pour la riziculture 860 ha nets de terres salées dans la vallée de Guidel. Cet aménagement des terres pour la riziculture consiste en un réseau de fossés de drainage et un réseau de pistes à construire par les paysans en investissements humains.

Le projet d'aménagement de la vallée de Guidel est considéré par le gouvernement du Sénégal comme un projet test qui doit précéder et préparer un vaste programme de mise en valeur rizicole de 70 000 ha de terres basses salées (mangrove et tanne) dans les lits majeurs de quatre marigots de Bignona, Soungrougrou, Baïla et Kamobeul. Pour l'État du Sénégal, les réalisations du barrage et des aménagements sont jusqu'ici restées à petite échelle. Ainsi, la réalisation du barrage et des aménagements de Guidel permettrait de passer à l'échelle du millier d'hectares. Ce projet pourra alors accumuler de l'expérience pour passer au stade suivant, de l'ordre de la dizaine à la vingtaine de milliers d'hectares, qui est celui de la construction des grands barrages. L'État du Sénégal est conscient du fait qu'il reste en effet des connaissances à acquérir et des techniques à mettre au point et à vulgariser pour que l'opération de construction de grands barrages soit couronnée de succès. Ces connaissances et mises au point supposent la mise en œuvre d'un programme de recherches multidisciplinaires établi sur plusieurs années et dont les principaux thèmes seraient :

- l'augmentation de la productivité du travail en riziculture en Basse Casamance ;
- l'étude des effets des barrages sur le milieu naturel et les activités humaines (essentiellement pêche et santé publique).

La justification de ce projet est fondée sur l'idée qu'il y a des difficultés de développement de la riziculture en Casamance maritime. La riziculture, estime l'État du Sénégal, est une activité traditionnelle des riziculteurs casamançais puisqu'ils la pratiquent depuis plusieurs siècles avec des méthodes parfaitement adaptées aux conditions du milieu. Ils pratiquent traditionnellement deux types de riziculture :

- sur les terres douces où la nappe est proche de la surface en hivernage ;
- sur les terres de mangrove salées, en profitant du dessalement temporaire des marigots et des sols dû aux pluies d'hivernage. L'économie rizicole de la région vit actuellement en autarcie puisqu'elle ne produit pratiquement aucun surplus exportable vers le reste du Sénégal et ne suffit même pas pour la couverture totale des besoins en riz de la région. C'est pourquoi le gouvernement, soucieux d'augmenter la production nationale en riz et conscient des grandes potentialités de la Casamance, a le choix entre plusieurs types d'optiques ;
- intensifier la production d'hivernage sur les terres douces en introduisant, par exemple, la vulgarisation de nouvelles méthodes culturales (semi-direct, engrais, variétés plus productives…) en améliorant l'organisation coopérative et les infrastructures. Ce type d'action, malgré son grand intérêt, se heurte au problème foncier, car les paysans sont très attachés à leurs terres et acceptent difficilement des échanges et des regroupements (rapport SOMIVAC, 1978).

Toutefois, estiment les auteurs du rapport susmentionné, on peut espérer que si une ou plusieurs réalisations expérimentales bien conduites leur montraient l'intérêt d'un regroupement parcellaire, les paysans admettraient petit à petit de lancer de telles opérations dans le futur. Pour l'État sénégalais, le remembrement permettrait des gains de productivité importants par la rationalisation du réseau de chemins, par le regroupement des parcelles, par l'introduction d'une mécanisation des façons culturales.

Il s'agit, dans sa philosophie, d'étendre les possibilités rizicultivables, car de l'avis des experts, il existe de très importantes réserves de terres salées de mangrove estimées à 110 000 ha.

C'est dans ce rapport qu'un bilan critique des actions passées a été fait avec le constat qu'on s'est intéressé presque exclusivement à améliorer la production de riz sans pour autant résoudre tous les problèmes que cela posait au niveau de l'exploitation, à savoir les problèmes de :
- calendrier cultural de temps de travaux, de disponibilité de la main-d'œuvre à certaines époques ;
- concurrence avec d'autres cultures ;
- d'équipement d'exploitation.

Les auteurs du rapport de la SOMIVAC constatent que sur les rizières douces, le problème foncier n'a encore reçu aucun début de solution. Ils reconnaissent que le facteur humain a jusqu'ici été insuffisamment étudié et pris en compte aussi bien du point de vue quantitatif (disponibilité de main-d'œuvre), que qualitatif (besoins, aspirations des paysans), en particulier les problèmes des jeunes qui quittent les campagnes parce qu'ils ne trouvent pas sur place les revenus et les conditions de vie qu'ils souhaiteraient.

Le travail du riziculteur reste toujours *essentiellement manuel* (souligné par les auteurs) pour toutes les opérations culturales, y compris la récolte et le battage. La mécanisation et la traction animale n'ont été que très peu introduites. La production rizicole de la Casamance reste de *ce fait essentiellement tournée vers l'autosubsistance* (souligné par les auteurs) et ne couvre d'ailleurs même pas les besoins locaux, alors que l'ambition des programmes de développement était de tirer parti de la vocation rizicole indéniable de la Casamance pour combler une partie du déficit vivrier du pays (ce qui suppose que la région produise des excédents commercialisables). Ce bilan critique a permis aux auteurs de proposer des orientations pour le futur (rapport SOMIVAC, 1978). Trois objectifs furent ainsi visés. Il s'agit de :
- combler le déficit vivrier de la région, et une partie du déficit vivrier du pays en faisant de la Casamance une région exportatrice de riz ;
- améliorer les conditions de vie des populations locales, essentiellement par l'augmentation du revenu tiré de

l'agriculture et par une plus grande sécurité de la production agricole :
- freiner l'exode rural, en particulier celui des jeunes.

L'objectif d'accroître la production totale passe par la mécanisation des travaux et le remembrement des parcelles.

En 1985, les chercheurs et experts de l'ISRA ont évalué les expériences d'aménagement menées en Casamance : les conclusions étaient qu'il y a un échec. Ils préconisent les petits et moyens barrages. Les paysans doivent désormais être des acteurs. Pour appréhender ces échecs annoncés dans les différents rapports susmentionnés, il convient de faire une analyse socio-anthropologique de ces politiques.

2. ANALYSE SOCIO-ANTHROPOLOGIQUE DES POLITIQUES DE DÉVELOPPEMENT EN CASAMANCE

Pour résumer les politiques de développement initiées avec les différents projets susmentionnés, une idée semble constante : la mise en place en Casamance d'une agriculture moderne productiviste avec un nouveau type de paysan (ou agriculteur) débarrassé de ses pratiques « ancestrales ». Il s'agit d'insérer le paysan dans une logique capitaliste afin qu'il puisse dégager des excédents commercialisables. Cela ne peut se réaliser qu'en entreprenant des aménagements hydro-agricoles, mais surtout en introduisant les nouvelles techniques culturales. Ces nouvelles techniques, notamment la mécanisation, ne peuvent se réaliser qu'en remembrant les parcelles jugées exiguës. Se profile là un modèle de développement de type libéral (ou socialiste) qui cherche à introduire le capitalisme (déjà présent en milieu rural dans d'autres domaines[9]) et les rapports marchands qui renvoient à la concentration des terres, à la mécanisation et à la spécialisation agricole (Diédhiou, 2004). Comme nous pouvons le remarquer, toutes ces politiques ont échoué puisque jusque-là, les paysans joola de la Basse Casamance n'arrivent pas à dégager un surplus exportable dans d'autres régions du Sénégal ou ailleurs. Ils arrivent à peine ou pas du tout à atteindre leur propre autosuffisance alimentaire. C'est d'ailleurs ce qui a surpris le gouverneur de la région de Ziguinchor, Al. A. Sall. Ce dernier s'étonnait du fait qu'une région aux potentialités énormes n'arrive pas à relever le défi de l'autosuffisance alimentaire. Il préconise ainsi

---

[9] Il s'agit particulièrement des cultures de rente telles la culture de l'arachide et celle coton.

La Casamance, grenier à riz du Sénégal ?

d'intensifier et de motoriser l'agriculture[10]. Peut-on changer les techniques culturales de ces paysans ? Une chose est sûre : depuis les indépendances, les autorités et les développeurs n'arrêtent pas d'agiter en vain l'idée de moderniser l'agriculture en Basse Casamance. Toutes les tentatives ont connu des échecs ou des résultats mitigés. Quelles en sont les causes ? Comment analyser l'agriculture sénégalaise d'une manière générale ? Amadou Ndiaye, dans un ouvrage portant sur l'agriculture sénégalaise, se pose la question de savoir pourquoi, avec tous les efforts consentis par l'État qui, pourtant, dispose de techniciens et de chercheurs de haut niveau, le développement agricole tarde-t-il alors à se concrétiser (Ndiaye, 2013) ?

L'objectif assigné à cet ouvrage est d'initier une réflexion féconde et constructive pour mieux saisir le secteur agricole. Pour l'auteur, les initiatives coloniales les plus marquantes concernent l'introduction de la culture arachidière, le projet d'aménagement de la vallée du fleuve Sénégal et le développement de la riziculture pluviale. De 1965 à 1979, période des politiques d'inspiration socialiste centrée sur le productivisme décentralisé par les SRDR[11], la riziculture devient une option pour la Casamance, avec la riziculture de mangrove. Comme l'a remarqué cet enseignant-chercheur, ces sociétés régionales étaient chargées de la formation technique du producteur rural au détriment de la prise en compte de toutes les dimensions de la vie rurale. Certes, l'ouvrage n'est pas consacré exclusivement à la riziculture en Casamance, mais toujours est-il que le modèle d'analyse que l'auteur propose pour sortir l'agriculture sénégalaise de sa léthargie nous intéresse à plus d'un titre pour la simple raison que nous comptons le soumettre à la critique.

L'auteur de l'ouvrage *L'agriculture sénégalaise* s'est inspiré notamment de la sociologie rurale de Robert Redfield, de la sociologie de dénomination de Placide Rambaud et de l'approche de René Dumont (Redfield, 1956 ; Dumont, 1962 ; Rambaud, 1969). Critiquant la notion de « système agricole » préconisée par la FAO, qui ne prend en compte que les systèmes d'exploitation au détriment des dimensions sociopolitiques, économiques et juridiques, il avance l'idée selon laquelle cette notion ne permet donc pas de saisir le développement agricole dans son ensemble. Cette notion de « système agricole » fonde

---

[10] Propos recueillis le 13 mai 2015 Radio Sud FM au journal parlé de 7 h 30.
[11] Sociétés régionales de développement rural. La création de la SOMIVAC s'inscrit dans cette politique.

ainsi une détermination d'axes d'intervention politiques dominés par des éléments comme la mécanisation, les semences, les engrais, les aménagements de production et par conséquent, n'est opératoire que dans les pays développés (Ndiaye, 2013).

Partant de son expérience, des stratégies politiques, de l'action et de la réaction des acteurs de développement agricole et rural au Sénégal ainsi que la pratique de certains systèmes agricoles, A. Ndiaye propose une posture épistémologique interactionniste et systémique qui intègre la notion de SDAR[12]. Le modèle d'analyse s'appuie sur une approche systémique qui prend en compte les interventions (politiques et mesures) de l'État et les stratégies et pratiques des « bénéficiaires » qui orientent, anticipent, adoptent et dévient les actions de l'État. Ce sont ces actions et réactions qui déterminent fondamentalement le SDAR et permettent de comprendre les caractéristiques spécifiques de l'agriculture d'un pays (Ndiaye, 2013 : 66). Une fois ces préalables établis, le socio-économiste procède à la typologie des SDAR : cette typologie repose sur l'identification et la détermination des différences de fonctionnement et d'autorégulation de la totalité du système qui, elles-mêmes, dépendent de l'organisation et de l'interaction entre trois éléments ou sous-systèmes.

Cette typologie fait appel à la théorie de la sociologie empirique de Redfield et celle de la dénomination de Rambaud. Le premier dans sa théorie de la paysannerie soutient que tant qu'il n'y a pas de ville, il n'y a pas de paysans. Le tenant de cette théorie avance l'idée selon laquelle le paysan se définit par rapport à une société englobante (la présence d'un État extérieur). Il n'y a pas de paysan tant qu'il n'y a pas de ville ou d'autorité extérieure. Il n'y a plus de paysan quand la société est totalement urbanisée et que le cultivateur devient agriculteur. Car on est paysan que par rapport à une société urbaine qui nous domine. Ainsi, au moins trois types de sociétés agricoles peuvent se distinguer selon cette théorie :
- la société traditionnelle et lignagère avec des laboureurs/cultivateurs/éleveurs qui vivent en autarcie sans influence d'un pouvoir politique extérieur qui oriente des orientations et directions ;

---

[12] Système de développement agricole. Ce système d'analyse comprend trois sous-systèmes : les structures et performances de production, l'éducation agricole et le système de subvention agricole.

- la société rurale, qui compte des paysans en rapport avec un pouvoir politique extérieur généralement situé en ville ;
- la société moderne urbanisée, qui compte des agriculteurs, véritables professionnels de l'agriculture intégrés dans la société complète avec les mêmes modalités d'accès aux services de base.

Et l'auteur de conclure que le Sénégal est caractérisé par un système paysan qui maintient et fait perdurer des exploitations familiales au détriment de l'installation et du développement de véritables exploitations agricoles.

Ce modèle d'analyse systémique préconisé ici nous semble réducteur, car la réalité est beaucoup plus complexe, du moins en Basse Casamance. Il l'est d'autant plus que l'auteur propose une typologie aux allures évolutionnistes : on passerait ainsi de la société traditionnelle à la société moderne en passant par la société rurale. Ainsi, le Sénégal serait dans une phase transitoire d'un système de paysannat qui se perpétue. Un tel schéma serait pertinent si l'on arrivait à déterminer objectivement les catégories socioprofessionnelles en cours au Sénégal. En effet, dans quel type de société classerait-on les instituteurs joola ou d'autres groupes ethniques qui cultivent et défendent mordicus « leurs » terres qu'ils comptent préserver à vie ? Se pose alors la question de la mobilité sociale[13] qu'il faut prendre en compte dans l'analyse des politiques de développement, car ces instituteurs ou autres catégories socioprofessionnelles qui s'adonnent à l'agriculture ont connu une mobilité intergénérationnelle et donc ne devraient plus pratiquer cette activité. Ce modèle, qui s'inspire du processus d'urbanisation des sociétés occidentales (même si l'auteur s'en défend), n'est pas pour l'instant opératoire, car il ne prend pas en compte les dynamiques socioculturelles des différentes localités du Sénégal et les enjeux autour du foncier par exemple. L'auteur ne s'appesantit que sur les contraintes liées au développement de l'agriculture et les contradictions entre des logiques capitalistiques ou socialistes et celles de ces paysans.

---

[13] Ce volet est en partie évoqué par l'auteur quand il parle de l'éducation agricole et de la formation professionnelle des agriculteurs. Cette question mérite cependant une attention particulière car elle pose la problématique des catégories socioprofessionnelles au Sénégal et autres considérations sur l'agriculture (crise de représentation de cette profession).

La posture épistémologique interactionniste qu'il propose met l'accent sur les interventions (politiques et mesures) de l'État et les stratégies et pratiques des « bénéficiaires » qui dévient les actions de l'État. Ces aspects présentent certes une place de choix, mais toujours est-il que l'analyse de l'auteur ne prend pas suffisamment en compte les différents systèmes de production en fonction des zones écologiques. Le paysan joola ne perçoit peut-être pas les mêmes politiques étatiques que le paysan du Ferlo, du Walo ou celui de la vallée, comme le chrétien ou le musulman casamançais n'aurait pas la même conception de la terre que l'adepte des religions de terroir pour qui il y a un rapport entre la terre et les autels. D'où le caractère sacré de cette terre[14]. Ce paysan joola n'a pas la même conception de la terre et du riz que ceux de ces contrées (Ferlo, Walo, vallée). En Casamance, pour « atteindre » le stade d'une « société moderne urbanisée qui compte de véritables professionnels de l'agriculture et intégrés dans la société complète avec les mêmes modalités d'accès aux services » (Ndiaye, 2013), il faudrait au moins remembrer les rizières ou regrouper les paysans ou agriculteurs. Or, ces problématiques fondamentales ne font pas, à notre sens, l'objet d'un travail fouillé dans son analyse. En plus, un paradoxe apparaît dans cette posture épistémologique interactionniste préconisée. L'interactionnisme est plus pertinent ou opératoire au niveau microsociologique. Comment donc concilier ces niveaux micro et macrosociologique ? La démarche semble mettre l'accent sur la macrosociologie au détriment de la microsociologie, et c'est ce qui explique la place plus ou moins infime accordée à la riziculture en Casamance ou dans d'autres localités. On a l'impression que l'étude porte plus sur la vallée que sur la totalité du pays. Pourtant, l'ouvrage semble traiter de l'agriculture sénégalaise. Même si l'auteur propose par ailleurs une approche interdisciplinaire dans l'analyse du développement de l'agriculture, il n'en demeure pas moins que sa démarche se résume à l'appréhension « des problèmes stratégiques au niveau des acteurs (sociologiques) et au niveau de l'État » (Ndiaye, 2013 : 65). Cet auteur s'intéresse davantage à ces paysans qui investissent dans l'immobilier ou dans l'achat de voitures de transport ou à ces ingénieurs qui s'inscrivent dans cette logique, qu'à l'étude de véritables « contraintes » de l'agriculture sénégalaise et en particulier de la riziculture en Casamance, région considérée à tort ou à raison

---

[14] Il convient de noter que la réalité est beaucoup plus complexe car ce chrétien et ce musulman croient pour la plupart à ce principe de sacralité de la terre.

comme le grenier à riz du Sénégal. Aucun chapitre ne traite, par exemple, du système foncier, sinon des passages éphémères relatifs à la loi sur le Domaine national et la création des communautés rurales, « instances locales d'administrations des populations, du foncier et des ressources naturelles » (Ndiaye, 2013 : 42)[15]. Une approche socio-anthropologique qui s'inscrit dans une perspective pluridisciplinaire intégrant les sciences du langage[16] viendrait compléter ce schéma esquissé dans son travail. C'est pourquoi nous préconisons ici la grille de lecture utilisée par Darré en ce sens que le vocabulaire que ce socio-économiste emploie rejoint celui des développeurs qui se dédouanent à chaque fois qu'ils buttent sur certaines contraintes (Darré, 1985) et ce n'est pas pour rien que son préfacier[17] parle d'une certaine « « immobilité culturelle » [qui] peut paraître admirable devant la perte des valeurs et l'uniformisation du monde. Mais elle s'avère problématique pour assurer la sécurité alimentaire d'une démographie galopante et des populations sans cesse croissantes des citadins africains ». L'auteur élude dans son analyse les structures socioculturelles (jugées comme étant rétrogrades, immobiles) au détriment d'une posture qui met l'accent sur le système de production de développement agricole et rural tout de suite logé dans des typologies où sont mis en évidence ce qu'il appelle le système paysannal, agricultural et agro-industriel.

Pourtant, la notion de dénomination empruntée à Redfield et qui répond aux soucis de Rambaud (Ndiaye, 2013 : 67) semble être proche de la grille d'analyse proposée par Darré que nous comptons utiliser ici, puisqu'elle fait appel à la façon de nommer. Mais malheureusement, la

---

[15] L'auteur évoque tout de même les différentes réformes administratives adoptées par les différents régimes.
[16] En fait, il s'agit entre autres de l'anthropologie linguistique qui est peu pratiquée en France. Nous remercions Jean Copans pour nous avoir livré cette information.
[17] L'ouvrage a été préfacé par Volker Hoffmann de l'université de Hohenheim de la République fédérale d'Allemagne. Certes, ses propos n'engagent pas directement l'auteur, mais toujours est-il que sa typologie, qui met l'accent sur la professionnalisation du secteur agricole, relègue au second plan la société « traditionnelle » et lignagère. Or, c'est le point de départ de toute analyse socio-anthropologique, car pour comprendre les dynamiques et les contradictions des sociétés villageoises de la Casamance, par exemple, en rapport avec les politiques de développement, il nous semble opportun de s'arrêter sur ses modes de production lignagers encore présents dans beaucoup de localités de cette région. Cette analyse socio-anthropologique doit transcender ces dualismes très présents dans l'ouvrage : société traditionnelle et moderne, paysan et agriculteur…

dénomination (ou désignation) dont il est question dans son analyse se limite à identifier socialement quelqu'un, à l'individualiser pour le distinguer des autres. Le langage, qui peut renvoyer à la désignation qui, elle, obéit à des normes et traduit les règles, se réduit finalement aux noms (plus spécialement aux catégories socioprofessionnelles) et à leurs changements. Ces changements de noms signifient, selon l'auteur, des modifications dans les fonctions remplies par un groupe. Aucune analyse n'est faite sur la signification du riz, du maïs ou du développement d'une manière générale. En plus, les « contraintes » socioculturelles semblent être ignorées puisque par rapport aux facteurs limitants qui plombent l'agriculture, figurent le matériel biologique, l'eau, le foncier et les acteurs, thèmes génériques qui ne font pas l'objet d'une analyse approfondie. C'est pourquoi l'examen d'un ouvrage traitant du développement de la riziculture en Basse Casamance nous paraît important puisque son auteur, Lamine Diédhiou, a tenté de prendre en compte les contraintes socioculturelles.

Dans son ouvrage, il a décelé au moins six contraintes, parmi lesquelles figurent en bonne place celles liées aux structures sociales, à la gestion des ressources financières, au mode de fonctionnement des projets et au transfert de technologies.

Abordant la question relative aux contraintes liées aux structures sociales, l'auteur pose la problématique de la séparation des sexes et les conséquences que cette séparation peut avoir sur les activités de production. Pour lui, comme dans presque toutes les sociétés du monde, les rapports sociaux en milieu joola sont fortement teintés par les rapports de genre. Se pose ainsi la répartition des tâches dans le travail : à l'homme le labour de la terre, la récolte du vin de palme et à la femme le repiquage, la récolte du riz et les tâches ménagères[18]. Partant des transformations connues dans les zones joola mandinguisées[19], L. Diédhiou évoque la stratégie masculine de colonisation des activités

---

[18] Cette division sexuelle du travail n'est pas si rigide puisque les hommes font la récolte du riz, préparent le repas pour leur(s) femmes quand celles-ci sont dans les rizières ou dans les champs. Il en est de même des femmes qui débroussaillent les champs en même temps que leur mari dans le village d'Effoc et les villages joola au nord de la Guinée-Bissau. Dans le modèle éducatif « traditionnel », on apprend au garçon à préparer et à piler le riz. C'est dire qu'en milieu joola non « mandinguisé », cette division n'était et n'est pas si étanche.

[19] En rapport à la société mandingue, un groupe ethnique présent en Casamance. Ce groupe a eu une forte influence sur une partie des Joola du département de Bignona.

rémunératrices instaurées par les femmes. Il estime que cette stratégie est devenue un trait dominant les rapports entre hommes et femmes dans le système de production.

Les jeunes sont, selon lui, une autre catégorie discriminée parce qu'ils n'ont souvent pas voix au chapitre, notamment sur les questions relatives au sacré et au domaine religieux comme les libations, l'enterrement, la divination, la royauté... Les femmes et les jeunes (garçons et filles) sont donc, de l'avis de cet auteur, les principales catégories subordonnées et plus ou moins exclues des tâches économiques. Étant donné que ces catégories n'ont pas les possibilités de contester leurs statuts constamment réprimés par la tradition[20], ces jeunes et ces femmes tentent de résister à leur situation en jouant de nouveaux rôles et en tissant des réseaux implicites de solidarité dans des activités en marge de la tradition, comme le travail dans les vergers, le commerce, la migration, la scolarisation et l'exode rural.

Une telle interprétation des rapports de genre et du statut des jeunes dans les sociétés joola nous semble réductrice, car les problèmes de la tradition (qui les exclut) sont beaucoup plus complexes. L'exclusion de ces catégories dans les institutions religieuses est passagère (donc conjoncturelle), car ces femmes et ces jeunes sont appelés à intégrer ces instances après des rites de passage. Si nous prenons l'exemple des jeunes garçons en milieu *ajamat*[21], ils avaient, du point de vue de la tradition, accès à la terre dès lors qu'ils labouraient la terre. Chaque famille dispose d'une réserve de parcelles que les jeunes garçons cultivent pour préparer leurs fiançailles. En plus, ces jeunes constituent le poumon des associations traditionnelles de travail[22]. Il en est de

---

[20] Cette notion utilisée par ce sociologue est floue car il parle des Joola « mandinguisés ». Est-ce à dire que cette tradition renvoie à cette « mandinguisation » ou s'agit-il de la tradition avant ce processus ? En tout état de cause, ce concept est tellement galvaudé qu'il est devenu un concept fourre-tout et têtu.

[21] Le milieu *ajamat* comprend les villages de Youtou, Effoc et les villages joola au nord de la Guinée-Bissau. Nous utilisons le mot *ajama*t par commodité car il ne renvoie pas à un sous-groupe. Il signifie dans les langues villageoises de ces entités « homme » ou « ceux qui parlent la langue ».

[22] Dans ces villages *ajamat*, il existe des associations de travail composées de jeunes garçons et de d'hommes adultes. Les femmes mariées et les filles en disposent également. Celles-ci correspondent à l'âge, au genre, aux familles, aux concessions, aux quartiers mais rarement au village. Les membres de ces associations (terme non approprié puisque l'adhésion est obligatoire) entreprennent les services moyennant rémunération en nature (cochon) ou en

même des filles, à qui l'on attribue des rizières selon la disponibilité des terres. Le fruit de la récolte est destiné aux fêtes des filles dans leur sanctuaire, appelé *katijen*. C'est dire que les jeunes garçons et filles ont leurs puissances surhumaines (*ukin*) qui font partie des autels du village. Le culte des garçons est appelé *kakimbèn*. Les cultes des filles et garçons occupaient et occupent une place centrale dans le dispositif général des institutions religieuses puisqu'ils sont souvent sollicités par les couples en quête d'enfants[23]. Ainsi, ce n'est pas parce qu'ils occupent une position momentanément marginale dans les sociétés villageoises joola que les groupes des filles et garçons sont exclus du système de production. Dans certaines localités villageoises, garçons et filles disposaient des rizières et étaient *de facto* membres des différentes associations qui génèrent des fonds destinés à supporter les dépenses pendant les cérémonies d'initiation (circoncision et cérémonie de fécondité [*karahay*] ou du culte de la pluie [*kasarah*]). L'utilisation de ces fonds est considérée par L. Diédhiou comme une contrainte liée à la gestion des ressources financières.

En fait, ce que les femmes et les hommes gagnent dans l'activité productive est automatiquement « investi » dans le champ social afin d'honorer les liens et les obligations communautaires qu'ils ont accumulés, parfois durant de nombreuses années de labeur. Mais ce détournement est orienté plutôt vers la recherche de prestige. Le bétail qu'ils égorgent en abondance lors des cérémonies funéraires, les greniers remplis de riz qui servent à nourrir les convives, la dot qui assure une bonne image de l'époux de sa famille, l'initiation, les mariages somptueux, les dépenses pour les vélos[24], les fusils, tous ces

---

argent. Le capital accumulé est utilisé pour faire des libations dans les cultes ou pour acheter les bêtes lors des cérémonies de circoncision (pour les hommes) ou de fécondité (pour les femmes) ou du culte de la pluie. Les développeurs parlent de remembrement des parcelles, de coopératives, sans entreprendre une étude approfondie de ces associations « traditionnelles » qui obéissent aux structures de parenté sur lesquelles on peut s'appuyer pour réaliser éventuellement ces politiques de remembrement.

[23] Une femme en quête d'enfants peut se confier aux cultes des jeunes garçons ou filles.

[24] Les mariages somptueux, les dépenses pour les vélos et mêmes les *dahiras* que l'auteur évoque ici ne relève pas de la tradition joola. Les mariages en milieu *ajamat* n'étaient pas onéreux et somptueux. D'où le caractère ambigu de l'utilisation que ce sociologue fait du concept de tradition. Dans sa description, le lecteur a du mal à distinguer ce qui relève de la tradition joola et de la religion

« investissements » de prestige mobilisent pratiquement l'essentiel de l'épargne que réalisent les hommes (Diédhiou, 2004). Tous ces faits amènent l'auteur à reconnaître le bien-fondé des observations faites par de nombreux chercheurs à propos de la psychologie économique des sociétés « traditionnelles » africaines : en Afrique traditionnelle, les femmes et les hommes ne font pas de l'épargne et du réinvestissement les principes essentiels de l'accumulation des richesses. Et l'auteur d'ajouter que dans les sociétés égalitaires, ce problème est d'autant plus grave que c'est la culture elle-même qui réprime le principe d'accumulation pour éviter la genèse des inégalités !

Comme pour les rapports de genre et du statut des jeunes dans les sociétés villageoises[25] *joola*, l'auteur de *Riz et Symboles*... aboutit à une conclusion hâtive du phénomène d'épargne et de l'utilisation du capital issu du travail. La notion d'épargne[26] existe dans certains villages joola. C'est le cas des villages *ajamat* où le terme *éyarèn* est utilisé pour exprimer le procédé d'accumulation. C'est le même terme qui est employé pour parler du ou des greniers du jeune garçon qui doit accumuler le riz pour préparer ses fiançailles, appelées *sibando* (pluriel d'*ébando*)[27]. Il en est de même du terme « richesse », que l'on peut traduire par *ébaj*. Les notions d'*éyarèn* et d'*ébaj* vont de pair. Il convient de souligner la relativité de cette notion d'*ébaj*, qui vient du verbe « avoir » (*ubaj* en joola). Elle n'était pas individuelle et les « bénéfices » n'étaient pas destinés à une quelconque accumulation ni à un investissement dans d'autres activités purement économiques.

---

musulmane ou chrétienne. Dahiras, vélos et mariages somptueux (allusion certainement aux réceptions) sont tous logés dans le registre de la tradition !

[25] Nous utilisons l'expression « sociétés villageoises » pour montrer que la société joola est diverse. Ici, chaque village est indépendant et les pratiques diffèrent d'un village à un autre. Les chercheurs doivent dépasser la classification issue des recherches des premiers anthropologues qui ont travaillé sur ce groupe ethnique. La mise en œuvre des politiques de développement doivent, nous semble-t-il, procéder au cas par cas, c'est-à-dire village par village. Il faut cependant noter qu'on peut partir des généralités empiriquement enracinées afin de déterminer par le biais de la comparaison un fond commun.

[26] La notion d'épargne que l'on peut traduire par *éyaren* ne doit pas être analysée dans son acception capitaliste ou comme une économie de marché. Ici, on n'épargne pas pour générer ou avoir un profit ou intérêt.

[27] Sur cette cérémonie et le mariage, voir Paul Diédhiou, 2009, « Terre, fiançailles et mariage en milieu traditionnel *ajamat* », *Revue de psychologie de sociologie et d'anthropologie*, n° 1, Dakar, PUD.

La richesse est donc admise dans ces sociétés villageoises et les critères sur lesquels l'on se fonde pour dire d'une personne qu'elle est riche (*asanum*)[28] sont : la possession des terres, la disposition de plusieurs greniers pleins de riz, un troupeau de vaches, des cochons, des chèvres. Ainsi, pour ceux qui possèdent beaucoup de palmeraies et de rizières, on dit d'eux qu'ils ont de grands domaines (*ujokaw wamak*, pluriel de *bujok bamak*). Les Joola du milieu *ajamat* n'émettent pas une corrélation directe ou mécanique entre possession de grands domaines et richesse. Ce n'est pas parce que quelqu'un a des propriétés à perte de vue qu'il peut devenir riche pour autant. C'est Dieu (*at-émit*) qui attribue cette chance aux individus, qui doivent travailler pour bénéficier de ce don. Mais ces individus peuvent signer un contrat avec un nain de la brousse appelé *akodoron*, comme ils peuvent se confier aux puissances surhumaines (*ukin*) pour obtenir des avoirs. Cette richesse peut s'évanouir tout d'un coup dans la nature à cause de sa mauvaise gestion. Or, cette gestion revient souvent à la femme, qui gère les greniers et le ménage. Dans ce milieu, ce sont les femmes qui gèrent les greniers. C'est dire en passant qu'elles ne sont pas exclues du système de production. L'homme, après avoir aidé sa femme à ranger les bottes de riz (*kubassak*) dans les différents greniers (*urembao*, pluriel de *buremb*), ne s'occupe plus de leur gestion. C'est pourquoi il est recommandé aux hommes de choisir une femme capable de bien gérer le grenier, car un individu peut posséder plusieurs greniers, mais le simple fait d'épouser une femme qui « gaspille » le riz peut ramener celui qui était riche au rang de pauvre « *yusukatenah* »[29]. Nous ne pouvons épuiser ici cette question. Disons tout simplement que l'accumulation est admise dans les milieux villageois joola. Elle n'est pas proscrite par la coutume. Au contraire, toute famille, au sens large, ou tout quartier, souhaiterait toujours avoir un nanti dans le groupe et le proverbe « *asanum aquim ésuk*[30] » (« l'individu nanti est le soutien ou l'étendard du village ») illustre cela. C'est dire que la richesse est à la fois individuelle et collective. Individuelle, elle l'est, parce qu'elle

---

[28] *Asanum* est ici un adjectif et le substantif est *husanumah* ou *ébajey*. Ce dernier terme est aussi utilisé pour parler de la naissance, de la généalogie. On dira ainsi « *ébajey ata andé* », la lignée d'untel.
[29] Cette notion est polysémique car elle peut s'appliquer au couple sans enfant ou à un malheureux (orphelins, veufs ou veuves…). C'est dire qu'elle n'est pas uniquement « mesurable » ou quantifiable (nombre de greniers, de têtes de vaches, d'enfants…).
[30] Le vocable *aquim* veut dire littéralement « appartient ».

est attribuée à une personne riche, mais qui doit venir en aide à ses parents de même famille ou du même quartier et village. C'est pourquoi il arrive même que la communauté compose des chants élogieux pour ces personnes. À Youtou, un chant de la circoncision a été composé dans les années 1980 pour rendre hommage à Mina Diémé, du quartier de Bouayène, considéré comme un riche au service de sa communauté :

Mina asanum	Mina est riche
O ô ôyé[31]	
Jitèn ban	mangez et puis
Di jilanul	revenez encore pour manger
Ô ô oyé	

De son vivant, ce chef de village avait des greniers pleins de riz, et pendant les cérémonies telles que la circoncision ou autres, les personnes nanties doivent « gaver » les convives et la communauté compte sur elles pour faire face aux invités. Elles doivent honorer leur statut[32] pendant ces cérémonies et sont donc la fierté de leur groupe. Ce chant fait allusion à cela, car Mina est en mesure de nourrir ses convives. Il est appelé à relever ce défi et à couvrir ainsi les membres de sa famille ou de son quartier qui n'ont pas les moyens. Par conséquent, la richesse n'est pas condamnée ou blâmée par la tradition. Ce qui nous amène à discuter le vocable de « détournement » utilisé également par L. Diédhiou.

Ce sociologue parle de « détournement » de cette richesse aux fins des cérémonies funéraires ou d'initiation. Le chant que nous venons de présenter donne un aperçu des moyens et buts assignés à cette richesse et à cette idée d'accumulation. En dehors de cette intention de satisfaire un besoin naturel (« manger »), le riz ou les autres biens matériels accumulés des années durant remplissent ici des fonctions sociales et

---

[31] Expression joola difficile à traduire.
[32] À ceux qui n'honorent pas ce statut, la communauté compose des chants scabreux ou injurieux qui les déshonorent. Exemple de ce chant attribué à Ampakirène, du quartier de Bouayène (Youtou), et qui, lors de la circoncision de 1985, a refusé d'immoler son bœuf. Les initiés avaient composé un chant pour fustiger son attitude. Ce chant se compose comme suit : « Ampakirène *ô ô nabonkété sibas soolo lo ô ô abujoriso* » : « Le pingre Ampakirène refuse d'immoler ses vaches (pendant la cérémonie de la circoncision) ».

culturelles[33]. C'est dire qu'au départ (dans les traditions villageoises joola), ces produits ne sont pas destinés à la vente ou à l'exportation. Pourquoi donc parler de « détournement » quand on sait que la culture du riz et ses fonctions rituelles précèdent le système capitaliste ? Parler de « détournement », c'est biaiser l'analyse et faire fausse route dans l'interprétation. En avançant ces idées, nous ne cherchons pas à légitimer ce que les développeurs appellent du « gaspillage ». Nous cherchons à comprendre ou à expliquer ce fait avant d'apporter éventuellement une appréciation. Il nous semble que la meilleure manière d'étudier et de comprendre ce phénomène de *potlatch*[34], c'est d'appréhender les domaines, les moyens et les buts de cette céréale que l'on retrouve (comme le vin de palme) dans presque toutes les manifestations « traditionnelles » joola. Au lieu de condamner *a priori* ce *potlatch*, il vaudrait mieux procéder à une étude qui prouverait ou pas le bien-fondé (« traditionnel ») de ces pratiques décriées aujourd'hui. Se profile là une anthropologie économique.

En utilisant ce terme « détournement », L. Diédhiou impose ici son point de vue[35] puisqu'aux yeux des paysans, il ne s'agit pas d'un détournement[36]. Il y a là un malentendu linguistique. Même si l'auteur dénonce la posture des politiques de développement qui ne prennent pas en compte les représentations sociales des Joola, il n'en demeure pas moins qu'en utilisant le terme « détournement », il s'inscrit implicitement dans une logique capitalistique où le paysan joola est perçu comme un acteur non rationnel, parce que « gaspillant » les biens accumulés durant des années de labeur. Ce détournement de l'épargne dont il parle le place dans le registre des discours des développeurs. Il commet là les erreurs des techniciens qui ne cherchent pas à

---

[33] Nous ne cherchons pas à expliquer les faits par la fonction qu'ils remplissent. Nous utilisons ce vocabulaire proche du fonctionnalisme par commodité.

[34] À propos de l'application de cette notion, voir Francis DUPUY, 2001, *Anthropologie économique*, Paris, Armand Colin, plus particulièrement le chapitre 3, pp. 37-45.

[35] Nous reviendrons très largement sur cette notion que l'on doit intégrer dans l'analyse des politiques de développement.

[36] Ce phénomène de *potlatch* n'est pas spécifique au groupe ethnique joola. Curieusement, les francophones ou scolarisés joola sont aujourd'hui les plus prompts à entrer en scène pendant les cérémonies. Les étudiants du village de Moulomp, dans le département d'Oussouye, nous racontaient cette rivalité entre deux intellectuels et hommes politiques de cette localité. L'un d'eux a fait venir un chameau lors de la précirconcision organisée dans ce village ! On retrouve ce phénomène de *potlatch* en milieu urbain lors des mariages.

comprendre le langage des paysans. Or, comme le note Darré, le sociologue ou le chercheur, d'une manière générale, doit comparer le langage des techniciens et des paysans. Cette proposition nous semble fondamentale, car la linguistique et ses sous-domaines doivent être au cœur de l'analyse du développement. Ces notions d'épargne, d'intérêt, de profit, telles qu'elles sont utilisées en économie, sont souvent étrangères aux paysans. Il en est de même de la notion de développement. Les chercheurs et autres techniciens les utilisent dans leur acception d'économie de marché, ce qui peut engendrer un malentendu linguistique. Ce malentendu linguistique peut, nous semble-t-il, faire échouer tout un programme[37]. Nous y reviendrons dans les pages suivantes. La riziculture joola qui précède le capitalisme moderne n'avait pas une vocation purement économique. Cette volonté de l'adapter ou de l'insérer dans un système capitaliste nécessite une étude qui prend en compte le langage des riziculteurs, en un mot le rapport culture/langue[38]. C'est pourquoi nous inscrivons notre

---

[37] Une collègue linguiste de Gorée institute nous racontait (en 2013) comment, dans le Bandial (département de Ziguinchor), la mauvaise traduction du mot utilisé par un interprète a découragé les habitants de ces localités. Ce travail linguistique doit occuper une place de choix dans les dispositifs des politiques de développement. Le développement a des soubassements culturels et les non-scolarisés n'utilisent pas les mêmes catégories de pensée. Le mot « développement » n'existe pas dans les différentes langues joola. Souvent, les intellectuels se contentent d'une traduction littérale pour trouver un synonyme ou un mot équivalent. C'est, par exemple, le cas de cette expression en vogue au Sénégal : « yonu yookuté », traduite par « développement ». Quel que soit le modèle préconisé, il nous semble qu'il faut intégrer les études linguistiques dans toutes leurs dimensions. Il existe, à cet effet, des sous-disciplines de la linguistique comme l'ethnolinguistique (l'étude des langues locales des populations), la sociolinguistique (la prise en considération des différences de langage (âge, genre, catégorie sociale, etc.) et l'anthropologie linguistique qui implique de partir (dans des tendances d'origine plutôt américaines) du culturel et du social. En insistant sur ce point, nous ne cherchons pas à réduire la question du développement à des malentendus linguistiques. Le développement est après tout un enjeu à la fois géostratégique, politique, économique, culturel, religieux, bref, c'est un phénomène social total qui ne se réduit pas aux relations complexes entre culture et langue.

[38] Nous pensons à cette hypothèse Whorf/Sapir. Mais ces études doivent intégrer les travaux d'Émile Benveniste et d'autres disciplines telles que l'anthropologie linguistique, et c'est à ce titre que l'ouvrage dirigé par Bertrand Masquelier et Jean-Louis Sira peut être d'un grand apport. Nous remercions Jean Copans pour nous avoir indiqué cet ouvrage. Voir Bertrand MESQUELIER et Jean-Louis SIRA, 2000, *Pour une anthropologie de l'interlocution*, Paris, L'Harmattan, coll. « Logiques sociales ».

démarche dans une perspective socio-anthropologique qui fait appel aux sciences du langage. Il s'agit de faire une étude fine des pratiques et productions symboliques. Cette perspective s'impose de plus en plus dans la recherche en sciences de l'homme et de la société et tend à faire éclater les barrières des disciplines et à reléguer au second rang les approches quantitativistes (Darré, 1985)[39].

Cette perspective écarte d'emblée les visions lointaines, dirigeantes, économiques ou sociologiques qui construisent les grandes masses : les paysans, les agriculteurs, les éleveurs. Elle intègre l'analyse des mots utilisés par les techniciens et les paysans. C'est en cela que ce travail s'écarte également du modèle d'analyse que nous propose A. Ndiaye. Cette posture s'éloigne également du discours des experts des différents projets susmentionnés dans ce travail. D'où l'intérêt de revenir sur quelques recommandations formulées par ces techniciens dans leurs rapports. Il s'agit de faire une analyse critique de ces rapports en montrant le déphasage au niveau des pratiques et du langage.

Dans la plupart des rapports produits par les experts, plusieurs recommandations ont été formulées en vue de moderniser l'agriculture des paysans joola qui « refusent le développement ». Nous ne saurons dans ce travail lister l'ensemble de ces recommandations. Nous pouvons, en dépit des divergences d'approches, retenir que la plupart des rapports insistent sur la mécanisation et le remembrement. Autrement dit, l'instrument aratoire, le *kajandu*[40], que les Joola utilisent, semble aujourd'hui – à juste titre – inefficace. D'où l'idée, pour les techniciens, d'encourager la culture motorisée ou mécanisée et le regroupement des paysans sous forme de coopérative. Il convient de souligner que si les techniciens préconisent la mécanisation, il en est autrement des travaux des deux universitaires, à savoir A. Ndiaye et L. Diédhiou, qui dénoncent l'importation des technologies non adaptées au milieu. C'est à ce titre que Ndiaye, s'inspirant des travaux de René Dumont, rappelle l'échec de la mécanisation en Casamance avec

---

[39] Lors de ce colloque, notre communication orale a fait l'objet d'une virulente critique de la part du modérateur de l'atelier, le professeur Abdoul Aziz Ndiaye, qui est un économiste de l'université Gaston Berger de Saint-Louis. Il nous reprochait de n'avoir pas mis en évidence la méthode quantitative. Les réponses apportées par rapport à ce choix méthodologique ne le satisfaisaient pas. S'est ensuivie une vive polémique. Nous avons délibérément choisi de privilégier les méthodes qualitatives, car comme l'a remarqué Darré (1985), les paysans ne quantifient pas. Sur ce point, voir plus loin.

[40] Le *kajandu* est un instrument aratoire que les Joola utilisent pour labourer la terre.

l'expérience de la Compagnie générale des oléagineux tropicaux (CGOT)[41]. A. Ndiaye, comme L. Diédhiou, sont d'avis que la motorisation intégrale est difficile. Ils n'abordent cependant pas la question du remembrement, thème cher aux experts des différents projets.

Cette question est très délicate dans la mesure où les parcelles rizicoles sont pour la plupart exiguës. Non seulement elles ne sont pas d'une grande étendue, mais leur cadastre s'avère beaucoup plus problématique : ces rizières appartiennent à des familles différentes vivant, par exemple, dans un village ou un quartier. Il arrive qu'une famille A ait une parcelle dans une rizière et que la famille B ait une parcelle mitoyenne. Mais entre les deux familles, il n'existe aucun lien de parenté. Que faire dans ce cas de figure ? Pour les techniciens ou l'État, la solution préconisée est celle du remembrement ou du regroupement de ces familles. Pour l'État, le remembrement permettrait des gains de productivité importants par la rationalisation du réseau de chemins, par le regroupement des parcelles, par l'introduction d'une mécanisation des façons culturales[42]. Cette intention se heurte au refus des paysans, « qui sont très attachés à leurs terres et acceptent difficilement des échanges et des regroupements »[43]. Malgré cette réticence de la part des riziculteurs, l'État compte entreprendre plusieurs réalisations expérimentales en leur montrant l'intérêt d'un regroupement parcellaire, et c'est à partir de là que les paysans admettraient petit à petit de lancer de telles opérations dans le futur.

Ces solutions, aussi pertinentes soient elles, n'arrivent pas à se concrétiser jusqu'à présent, puisqu'aucune étude sérieuse sur le foncier et son cadastre n'a été faite, et l'État qui compte sur quelques réalisations expérimentales pour arriver à convaincre ces « idiots »[44] de la nécessité de se regrouper. Prenons, par exemple, le milieu *ajamat* où les religions du terroir sont encore présentes et pratiquées. Dans ce milieu, le morcellement des rizières ou du moins des parcelles rizicoles

---

[41] Sur cette expérience, voir l'ouvrage de Marina CO-TRUNG DIALLO, *La compagnie générale des oléagineux tropicaux en Casamance*, Paris, Karthala, 1998.
[42] Voir Rapport sur le projet d'aménagement rizicole de la vallée de Guidel (Casamance maritime), février 1978.
[43] *ibid*.
[44] Nous utilisons cette expression car tout « refus » de la part des paysans est considéré par les techniciens comme source d'ignorance des riziculteurs.

est très poussé à cause, entre autres, de la démographie[45], car les familles se divisent au fur et à mesure de leur accroissement démographique[46]. En outre, les populations de ces localités établissent une relation entre la terre et les puissances surhumaines (*ukin*, pluriel de *bakin*)[47]. D'où le caractère sacré de la terre et cette idée encore très présente dans la mentalité des paysans et même dans celle des citadins joola issus de ces zones. Le devoir et le droit de cultiver une parcelle vont de pair avec l'obligation de desservir les autels qui ont élu domicile dans la famille. La transmission des puissances surhumaines rime avec la culture des rizières. Autrement dit, les membres d'une famille labourent les rizières en desservant les puissances du lignage. Regrouper les parcelles pourrait non seulement remettre en cause les modes de transmission de ces cultes, mais aussi la structure de parenté puisque la famille (*élikèn*) est assimilée à la parcelle rizicole. Appartiennent à la même famille les individus qui cultivent le même lopin de terre. La terre (ici la parcelle rizicole) constitue le nœud de la famille et donc de la structure de parenté. C'est dire que la politique qui consiste à regrouper les paysans et à remembrer les rizières nécessite une réflexion approfondie qui prendrait en compte non seulement la disposition des rizières, mais le rapport entre la terre et les puissances surhumaines, et ce d'autant plus que ces autels sont assimilés à la terre et cette dernière se confond aux autels. Les cultes sont ainsi désignés

---

[45] Le format de l'ouvrage ne nous permet pas de développer cette idée, qui met en évidence la relation entre le morcellement des parcelles et la démographie. Ce phénomène est à l'origine de ce que les populations de ces localités (Youtou, Effoc, et les villages joola de la Guinée-Bissau comme Ejaten, Bujin, Cassole…) appellent *ubaj nu war* : il s'agit d'une règle où chaque père de famille attribue des parcelles qui lui ont été affectées lors d'une répartition des rizières familiales à ses enfants biologiques. Cette règle jugée anormale met en relief l'individualisme (à la limite l'égoïsme) de certains pères de famille qui, parce qu'ils n'ont pas de fils à qui ils doivent transmettre les terres, refusent de procéder à une nouvelle répartition. Cette règle est à l'origine de la dislocation des familles (*silikèn*, pluriel d'*éliken*) qui, pourtant, partagent le même autel appelé *hutil*. C'est un autel qui regroupe les membres d'une même famille ou d'une même concession (*hank*). Nous comptons y revenir dans nos travaux ultérieurs. Soulignons par ailleurs que la terre est un bien communautaire et non une propriété individuelle. Elle fait l'objet, en milieu *ajamat*, d'une répartition permanente. Elle n'est donc pas fixe.
[46] Une étude sociodémographique méticuleuse permettrait de reconstituer ces familles, mais pas de recenser ceux cultivent réellement les rizières, qu'ils résident dans les villages ou ailleurs.
[47] Sur ce rapport voir Paul Diédhiou ou Odile Journet-Diallo.

par le terme *sitamas*, pluriel d'*étam*[48] (on parle alors de *sitamas sata Youtou*, « les puissances surhumaines du village de Youtou ») et le mot « terre » (*étam*) peut prendre le sens d'*émitay*, singulier de s*imitas*[49] (on dira alors *simitas sata Youtou* : « les puissances surhumaines de Youtou »). Ici, la terre n'est pas seulement un moyen de production (vision des experts imbu du système capitaliste). Elle est imbriquée dans le système religieux qui régit les modalités de sa distribution et de son exploitation.

Il va sans dire que le vocabulaire ou les termes, bref, la désignation dont parle Ndiaye, laquelle ne doit pas se limiter, comme il le préconise, à identifier les catégories socioprofessionnelles d'un groupe, constitue un aspect à intégrer dans l'analyse des politiques de développement. Paysans et techniciens doivent s'entendre sur les mots qu'ils utilisent. Tous utilisent, par exemple, les mots « terre » (*étam*, singulier de *sitamas*), « rizières » (*uyonaw*, pluriel de *buyona* ou *buyit*), famille (*élikén*), mais tous n'ont pas la même conception de ces vocables, qui ne se réduisent pas seulement à la mise en valeur ou à la production chez les riziculteurs joola du milieu *ajamat*. Il en est du mot « riz » qui, aux yeux des techniciens, renvoie à une simple céréale consommable et commercialisable[50]. D'où cette idée récurrente que l'on retrouve dans presque tous les rapports qui consiste à se départir de cette « économie rizicole de la région [qui] vit actuellement en autarcie puisqu'elle ne produit pratiquement aucun surplus exportable vers le reste du Sénégal [...] » (rapport Somivac, 1978). L'option de l'État, c'est d'insérer les paysans dans un système où ils parviendront à subvenir à leurs propres besoins et à dégager un surplus qu'ils vont vendre. Ce modèle élude la symbolique du riz, qui ne se conçoit pas uniquement à partir de sa consommation. Cette symbolique dépasse ces domaines et intègre la problématique de l'éthique au travail, mais également du « partage » de

---

[48] On parle alors de *sitamas sata Youtou*, « les puissances surhumaines du village de Youtou ». Sur ce, voir Diédhiou, 2011.

[49] C'est un concept flottant qui peut prendre le sens de « Dieu » (*Ata-émit*), de « pluie » (*émitay*), de « ciel » (*émitay*) et de « puissances surhumaines » (*simitas*)...

[50] La commercialisation fait appel à d'autres considérations que nous ne saurons développer ici. Dans son ouvrage, Louis-Vincent Thomas (1958) consacre un chapitre aux activités commerciales chez les Joola. Le commerce du riz peut être considéré comme une activité ingrate, condamnable. Ce qui revient à dire que cette problématique du commerce chez les Joola doit faire l'objet d'une réactualisation, afin de voir si les thèses de ce socio-anthropologue français sont encore valables.

ce riz avec les défunts. C'est pourquoi il est fréquent de voir les parents d'un défunt exposer les bottes de riz ou des paniers de riz sur l'estrade où est exposé son corps. Ce riz est jeté par terre à la fin des cérémonies funéraires. Cet acte ou ce geste qui, aux yeux des tenants de l'économie de marché, peut paraître irrationnel, est encore très présent dans beaucoup de localités joola et correspond à une logique différente de la logique purement commerciale. C'est aussi un geste de reconnaissance pour sa participation aux travaux champêtres[51]. Ce rituel fait référence à l'éthique au travail.

C'est ce qui explique le rite d'*usok*, encore très valorisée dans beaucoup de localités : il s'agit, lors des rites funéraires, de rendre un hommage au défunt en mettant en évidence son courage, son abnégation, bref, son savoir-faire et son savoir-être en société. S'ouvre ici une anthropologie du travail qui pourrait prendre également en compte l'apprentissage familial qui passe dans ce milieu par le geste et le regard plus que par la parole (Darré, 1985). En effet, comme le dit cet auteur, le métier s'apprend comme toute autre façon d'être en le faisant avec et en le voyant faire, formation qui va directement de la pratique sans passer par le discours. C'est dire que les mots ne renvoient pas uniquement aux choses. Les gens, note Darré, utilisent les mots pour dire non des choses, mais leur relation aux choses. C'est en cela que cette lecture dépasse celle que propose A. Ndiaye, dont le modèle emprunté à Rambaud se limite à identifier les noms de groupes. Or, lorsque les gens utilisent les mêmes mots, ils ne leur attribuent pas les mêmes sens. Et cela, non pas par l'effet d'imprécision, mais par suite de la diversité de leurs activités et de leurs positions sociales : le sens des mots « terre », « riz », « développement », « surplus » ou « vente », ne sont pas le même pour le riziculteur et pour le technicien[52]. Le sens est lié à la communication ; il se construit en se partageant. Ce sens ou

---

[51] Au mois d'octobre 2016, l'un de nos interlocuteurs nous racontait le malheur qui est arrivé à une femme du quartier de Bouayène, à Youtou, qui a perdu son mari en 2015. Le couple avait, du vivant de l'homme, construit une cabane en brousse où ils élevaient des cochons. À la mort de l'homme, la femme n'a pas daigné tuer un cochon lors du rite de *kasok*. Au mois de juin 2016, la cabane a pris feu avec les cochons. Cet accident fut interprété comme la vengeance de l'homme à qui la femme n'a pas voulu rendre hommage ou honorer. Pour un esprit cartésien, cette interprétation peut paraître futile, mais toujours est-il que ces paysans baignent dans cet univers qui fait appel à la métaphysique. Il en est de même du riz. Ne pas le faire, c'est exposer les rizières, car un défunt qui n'a pas été honoré peut partir avec l'« âme » des parcelles (*yaley yata silikénas*).

[52] Nous reprenons, à notre compte, cette idée de Darré (1985).

la variation sémantique est associé au point de vue du groupe et est en rapport avec les positions des locuteurs en interaction.

C'est à partir de ce point de vue, objectivement situé, socialement situé, que le groupe s'approprie les termes généraux pour leur donner, dans le dialogue, le sens de l'expérience commune des activités et de la position sociale (Darré, 1984). C'est dire que les sciences du langage occupent une place de choix dans les dispositifs relatifs aux politiques de développement. D'où l'intérêt d'exposer la grille de lecture esquissée par Jean-Pierre Darré, qui fait appel aux travaux des linguistes tel Émile Benveniste, et des ethnobotanistes, telle Friedberg.

Parlant des travaux d'Émile Benveniste, Darré note avec lui que nous pouvons distinguer deux domaines de la langue : celui du signe, d'une part, et celui du discours, d'autre part. Le signe (sémiotique) désigne le mode de signification qui est propre au signe linguistique et qui le constitue comme unité. Avec la sémantique, nous entrons dans le mode spécifique de signifiance qui est engendré par le discours. Les problèmes qui se posent ici (Darré, 1984) sont fonction de la langue comme productrice de messages. Or, le message ne se réduit pas à une succession d'unités à identifier séparément ; ce n'est pas une addition de signes qui produit le sens, c'est au contraire le sens conçu globalement qui se réalise et se divise en signes particuliers qui sont les mots. La sémantique prend nécessairement en charge l'ensemble des référents, tandis que la sémiotique est par principe retranchée et indépendante de toute référence. La sémiotique (le signe) doit être reconnue ; la sémantique (le discours) doit être comprise. La différence entre reconnaître et comprendre renvoie à deux facultés distinctes de l'esprit : celle de percevoir l'identité entre l'antérieur et l'actuel d'une part, et celle de percevoir la signification d'une énonciation nouvelle, d'autre part. Pour Darré, la distinction opérée par Benveniste rend compte d'une observation centrale. Si, par exemple, le technicien et les paysans reconnaissent sans ambiguïté et sans malentendu les mots qu'ils utilisent dans leur dialogue, ils ne partagent pas toujours la même compréhension de l'usage qu'ils font des mots, c'est-à-dire des phrases dans lesquelles figurent ces mots, et qui leur donnent sens. Comme nous l'avons souligné précédemment, les uns et les autres identifient de la même façon les signes « terre », « riz » et « herbe ». Ces termes généraux sont pour eux à peu près les mêmes. Mais en fonction des points de vue différents, des références différentes leur sont données. C'est pourquoi Darré nous demande de nous intéresser au vocabulaire des paysans et du technicien. Ce dernier constatant dans son dialogue avec l'éleveur (le riziculteur) quelque chose qui ressemble à un malentendu, et observant que ce malentendu résiste aux modèles d'analyse dont il dispose habituellement (difficultés de vocabulaire, méconnaissance des conditions concrètes de travail et des réalités socioculturelles du paysan), il est alors conduit à penser qu'il refuse d'adopter les paquets technologiques que lui propose l'expert. Or, le vocabulaire du technicien est un vocabulaire d'origine technicienne et appartient à ce niveau de vocabulaire : remembrement, mécanisation, vulgarisation de nouvelles méthodes culturales (semi-direct, engrais, variétés plus productives…). C'est pourquoi, pour paraphraser Darré, il est possible de mettre en exergue la façon dont ils organisent en pensée leur univers des rizières, et ce, à partir de l'analyse systématique de la manière dont les éleveurs ou les paysans riziculteurs utilisent les mots. Darré part de l'hypothèse que l'usage que le locuteur fait des mots se réfère à ou met en œuvre un système de classement. Ce système de classement propre à un locuteur socialement situé, appartenant à un groupe au sein duquel ce système de classement est partagé, constitue un champ de connaissance qu'il appelle « champ noétique »[53].

Ce champ n'est pas le même partout, parce que l'univers de référence n'est pas le même que celui de la ménagère sénégalaise, pour qui le riz local n'est pas de bonne qualité pour préparer un bon *tiebu jéen*[54], d'où la difficulté à constituer un champ de connaissance cohérent, car il en résulte toujours des incompréhensions qui ont pour origine non les difficultés de vocabulaire, mais des erreurs sur le système de classement mis en œuvre par le locuteur (Darré, 1984). Dans ce système de classement, le discours du technicien se réfère au système de pensée du technicien, c'est-à-dire à la fois à ce que disent les techniciens du secteur et à leurs sources (ouvrages fondamentaux relatifs à la riziculture et ouvrages de recherche appliquée ou de

---

[53] C'est un ensemble de caractéristiques par lequel s'organise, par exemple, dans le cadre de la riziculture, l'univers du riz et de sa culture. Il peut évoquer les traits d'une variété (sa résistance, sa fragilité, sa durée de croissance, sa gourmandise…). Il convient de souligner qu'il y a un système de classement des rizières et des palmeraies. Une anthropologie de la nature et l'ethnobotanique permettrait d'approfondir ces aspects.

[54] Il s'agit du riz au poisson. De l'avis de la plupart des femmes, le riz produit dans la vallée ne permet pas de préparer un succulent riz au poisson ou à la viande. Or, pour le paysan joola, ce riz gardé des années dans les greniers est le plus prisé pendant les cérémonies de la circoncision et du *kasarah* (cérémonie du culte de la pluie).

vulgarisation). C'est pourquoi, soutient Darré, il faut procéder à l'organisation conceptuelle et voir (pour ce qui concerne le riz) ce que l'on entend par « cultiver du riz ». Pour ce faire, il faut dégager auparavant les systèmes qui sont en concurrence ou en contradiction dans les sociétés villageoises joola : le système « traditionnel », où cultiver du riz renvoie entre autres à faire face aux grandes cérémonies (*bukut* et *karahay*), aux rites funéraires, et le système « moderne », où l'on cherche à produire pour vendre le surplus. Il s'agit de comparer le langage des techniciens et des riziculteurs, car la caractérisation de ces riziculteurs se réfère à des opérations et à des expériences matérielles, le plus souvent aux aspects visibles, aux fonctions visibles et finales (le riz comme céréale utilitaire et symbolique). Les mots des techniciens se réfèrent à des composants invisibles, à des constructions abstraites, à des systèmes explicatifs ou à des opérations symboliques (des calculs en particulier). Ainsi, les agriculteurs ne peuvent comprendre le sens des techniques nouvelles (mécanisation, remembrement, vulgarisation) s'ils n'accèdent pas au sens qu'elles ont pour leurs créateurs ou promoteurs.

Après ces travaux, qui font appel à la linguistique d'une manière générale, et où la notion de référent occupe une place de choix, il convoque également ceux des ethnobotanistes, tel Friedberg. Cette dernière propose une démarche de même ordre que celle de Benveniste (Darré, 1985) tout en insistant sur le système de classification des plantes. Trois systèmes de classification plus ou moins distincts sont ainsi répertoriés :

- le système de signification des plantes ;
- le système de nomenclature ;
- le système de représentation, c'est-à-dire le système rendant compte de la façon dont est organisé, au sein d'une culture particulière, l'ensemble du monde culturel.

C'est parce que les techniciens d'ILACO n'avaient pas pris en compte ce système de signification des plantes, de la nomenclature des rizières et du système de représentations culturelles que les experts de cette structure ont procédé à l'abattage des palétuviers en espérant récupérer et étendre les possibilités « rizicultivables »[55]. Les auteurs du rapport mentionnent qu'il « existe de très importantes réserves de terres salées de mangroves dans les marigots de la Casamance (on estime à

---

[55] Voir le rapport sur le projet d'aménagement rizicole de la vallée de Guidel, *op. cit*.

110 000 hectares environ les terres salées qu'on pourrait aménager) »[56]. En un mot, la grille d'analyse que propose Darré cherche à dissiper les malentendus linguistiques qui découlent des politiques de développement. Techniciens et paysans n'utilisent pas le même vocabulaire.

CONCLUSION

La Casamance, grenier du Sénégal ? Certainement pas, si l'on inscrit sa démarche dans une perspective capitaliste et où l'on cherche à dégager un surplus exportable. En plus, les aléas climatiques ont rendu vulnérables le système de production et les méthodes culturales des paysans joola obligés de demander l'appui des bailleurs et de l'État. C'est à cause des limites d'une riziculture jadis performante (Pélissier, 1966) que les experts ont tenté d'apporter des solutions. Mais comme nous venons de le souligner tout le long de cette contribution, ces experts ne parlent pas le même langage que les paysans qu'ils sont censés aider. N'utilisant pas les mêmes référents, ils les accusent à tort d'immobilisme. Si du point de vue de ses potentialités naturelles, la Casamance peut constituer le grenier à riz du Sénégal, techniquement, elle ne peut pas produire un surplus exportable dans le reste du Sénégal à cause des méthodes culturales « obsolètes », pour reprendre ce vocabulaire récurrent qu'utilisent les techniciens. À cet effet, le constat est le même et presque unanime : ce n'est pas avec les instruments aratoires tels le *kajandu*[57] que l'on arrivera à atteindre l'autosuffisance et la souveraineté alimentaire au Sénégal. Le changement de méthodes culturales est une nécessité, voire un impératif ; seulement, c'est dans la démarche et les solutions préconisées qu'il faut, à la limite, chercher les causes de ce que les techniciens appellent le « refus au développement » ou l'« immobilité culturelle ». En réalité, indépendamment des enjeux (géostratégiques, économiques, politiques, religieux…) relatifs à la question du développement qu'il faut intégrer dans l'analyse, il s'agit plutôt, pour la plupart du temps,

---

[56] *Ibid*.
[57] Une des erreurs, nous semble-t-il, des experts et autorités, c'est de vouloir importer des tracteurs non adaptés au milieu et de ne pas entreprendre les recherches sur le *kajandu*, qui est pourtant très adapté à ce type de riziculture inondée. Or, pour la plupart des paysans interrogés sur la nécessité d'utiliser les tracteurs, ces engins ne sont pas adaptés car ils les obligent à faire un double travail. Ils évoquent surtout le désherbage, qu'ils doivent entreprendre après le repiquage ou la semence du riz.

d'un problème d'incompréhension entre technicien et agriculteur. C'est pourquoi nous avons fait appel aux travaux de Darré, dont la grille de lecture semble dépasser les modèles d'analyse proposés par A. Ndiaye et L. Diédhiou. Ces travaux de Darré nous ont permis d'intégrer les sciences du langage dans les dispositifs des politiques de développement[58]. Loin d'être des acteurs réticents aux changements, les riziculteurs joola développent des stratégies pour faire face aux aléas climatiques : ils misent sur l'école, qui est perçue comme une des solutions. Alors que les développeurs cherchent à maintenir la main-d'œuvre dans les campagnes, les riziculteurs, quant à eux, souhaitent voir leurs enfants travailler dans l'Administration ou ailleurs. Cette crise de représentation de l'agriculture fait que pour beaucoup de jeunes, la culture du riz n'est pas un métier. Comme autres stratégies, les paysans joola réorganisent les cycles des cérémonies telles que la circoncision pour ne pas pénaliser les élèves et étudiants futurs initiés. En plus, dans les localités comme Youtou, les autorités religieuses ont apporté des réformes. Ainsi, l'utilisation du riz local, qui était obligatoire pendant les grandes cérémonies, n'est plus en vigueur. Il est à présent permis à ceux qui ne disposent pas de riz local d'acheter et d'utiliser le riz importé[59]. C'est dire que ces paysans acceptent les dynamiques du changement et du coup, ne sont pas réfractaires à la nouveauté. Nous ne pouvons épuiser dans ce travail, les problèmes soulevés. Cette contribution doit se lire comme un projet qui ouvre des perspectives de recherche puisque beaucoup de thèmes n'ont pas fait l'objet d'une analyse fouillée. Il s'agit entre autres de :

- la question de la mobilité intergénérationnelle (plus particulièrement de la problématique des catégories professionnelles) en cours au Sénégal, puisque les fonctionnaires (instituteurs ou autres) continuent à cultiver leur terre. Sont-ils des fonctionnaires ou des paysans ? Les deux ? ;
- l'éthique au travail et donc d'une anthropologie du travail (aujourd'hui, cette éthique éprouve des difficultés, car on assiste

---

[58] Nous pensons également aux travaux de Jean-Marc Gastellu sur le *Seereer* dans les années 1960-1980, et ceux de Jean-Pierre Olivier de Sardan publiés dans la revue *Anthropologie et Développement*.

[59] Cette réforme a été initiée en 2014 lors de la récente circoncision. Il en est de même du calendrier de la cérémonie, qui se faisait en saison sèche. C'est à la fin de l'année scolaire, en juillet 2014, que la cérémonie s'est déroulée, ce qui était inimaginable il y a trente ans de cela. L'immobilisme dont parlent les experts est un faux débat.

à un phénomène d'assistanat où les ONG comme le programme alimentaire mondial [PAM] donnent des produits alimentaires afin que ces paysans élèvent les digues !) ;
- du foncier, et donc d'une anthropologie juridique (cette thématique constitue un problème fondamental qui nécessite des études sérieuses) ;
- l'innovation et donc une sociologie des techniques et de l'innovation (il n'y a malheureusement aucune étude et recherche, ou du moins peu[60], sur les instruments aratoires « traditionnels ». Les autorités et les experts se contentent des tracteurs ou autres matériels importés souvent non adaptés. Or, des laboratoires ou instituts autour de la riziculture pourraient amener les chercheurs de différentes disciplines (y compris des sciences dites dures) à réfléchir sur la motorisation, par exemple, du *kajandu* ;
- du financement des projets et de leur gestion (cette problématique s'inscrit dans cette idée novatrice qui consiste à dire que le développement s'étudie d'abord au Nord et, par conséquent, la sociologie du développement ne sera plus une discipline exclusivement consacrée aux pays du Sud).

Ces différentes perspectives énumérées ici n'épuisent pas les dimensions de ce domaine immense qu'est le développement (concept qu'il faut réinterroger, parce que n'existant pas dans la plupart des cultures et langues nationales).

---

[60] Il faut tout de même mentionner les travaux de Seignobos (de l'IRD) et de Robert Creswell. Nous remercions Jean Copans pour avoir attiré notre attention sur ces travaux. C'est aussi l'occasion de saluer cette initiative du collègue Jean-Alain Goudiaby, de l'université Assane Seck de Ziguinchor qui, dans son cours de sociologie des techniques et de l'innovation, demande aux étudiants de mener des recherches sur les instruments aratoires. Un *kajundu* en fer a été introduit sans succès dans les années 1970-1980. Les paysans du village de Youtou le jugeaient trop lourd et donc non adapté à soulever la boue. Ils l'utilisaient pour la clôture de leurs champs.

BIBLIOGRAPHIE

BADJI, B., 1986, Évaluation dans les relations de développement rural par questionnaire : cas du programme ¼ d'hectare par ménage du PIDAC, Ziguinchor (doc. inédit).

CO-TRUNG DIALLO, Marina, 1998, *La compagnie générale des oléagineux tropicaux en Casamance*, Paris, Karthala.

CHEVAL M. ; MARCUS C., fév. 1980, « Note sur les sols de la vallée de Guidel », Orstom, centre de Dakar.

DARRÉ, Jean-Pierre, 1985, *La parole et la technique*, Paris, L'Harmattan.

DIÉDHIOU, Lamine, 2004, *Riz, symboles et développement chez les Diola de Basse-Casamance*, Laval, Presses universitaires de Laval.

DIÉDHIOU, Paul, 2009, « Terre, fiançailles et mariage en milieu traditionnel *ajamat* », in *Revue de psychologie de sociologie et d'anthropologie*, Département de sociologie, université Cheikh Anta Diop, Dakar, Presses universitaires de Dakar, n° 1.

DIÉDHIOU, Paul, 2011, *L'identité joola en question*, Paris, Karthala.

DUMONT, René, 1962, *L'Afrique noire est mal partie*, Paris, Seuil.

DUPIRE, Marguerite *et al.*, 1974, « Résidence, tenure foncière, alliance dans une société bilinéaire (serer du Sine et du Baol, Sénégal) », *CEA* 55, XIV-3, vol. 14, pp. 417-452.

DUPUY, Francis, 2001, *Anthropologie économique*, Paris, Armand Colin.

ILACO, SCET-COOP, avril 1963, Aménagement hydro-agricole en Casamance et en Haute Gambie, tome 5, note de synthèse.

ILACO, juin 1963, Pré-étude Basse-Casamance. Aménagement hydro-agricole en Casamance, ILACO, juillet 1965, 1967 ; déc. 1967, Rapport de Gestion des casiers-pilotes de Médina et de Diéba.

Euroconsult, 1983, Rapport préliminaire. Étude d'aménagement de la plaine en Amont du barrage de Guidel.

Euroconsult, déc. 1985. Rapport de synthèse. Étude d'aménagement de la plaine en amont du barrage de Guidel, Arnhem, Pays-Bas.

JOURNET-DIALLO, Odile, 2007, *Les créances de la terre*, Turnhout, Brepols.

NDAO Mor, 2009, *Le ravitaillement de Dakar 1919-1945*, Paris, L'Harmattan.

MASQUELIER Bertrand & SIRAN, Jean-Louis (dir.), 2000, *Pour une anthropologie de l'interlocution*, Paris, L'Harmattan

NDIAYE, Amadou, 2013 ou 2015, *L'agriculture sénégalaise de 1958 à 2012*, Paris, L'Harmattan.

NDIAYE, El Hadji Makhtar, déc. 1980, « Évaluation et perspective d'avenir de La MAC ».

SAGLIO, Christian, 1984, *Casamance*, Paris, L'Harmattan.

SOMIVAC, fév. 1978, « Les barrages anti-sel en Casamance maritime. Réflexion sur une orientation nouvelle de l'opération », Projets de Guidel, rapports trimestriels.

SOMIVAC, 1983, « L'évaluation de l'impact du PIDAC en Basse Casamance », campagne agricole 1982-1983.

PÉLISSIER, Paul, 1966, *Les paysans du Sénégal*, Saint-Yrieix, imprimerie Fabrègue.

RAMBAUD, Placide, 1969, *Société rurale et Urbanisation*, Paris, Seuil.

REDFIELD, Robert, 1956, *Peasant society and culture*, Ithaca, Cornell University Press.

THOMAS, Louis-Vincent, 1958, 1959, *Les Diola. Analyse fonctionnelle d'une population de Basse Casamance*, Dakar, IFAN.

CHAPITRE 7

L'ÉVOLUTION DU STATUT PORTUAIRE AFRICAIN : UNE CHANCE POUR LE DÉVELOPPEMENT DES PORTS DE L'AFRIQUE FRANCOPHONE. L'EXEMPLE DU PORT AUTONOME DE DAKAR

Khalifa Ababacar KANE

Les ports maritimes africains sont au centre de la dynamique de la chaîne internationale des transports. À ce titre, ils sont fondamentalement au service des navires et de la marchandise. Par ailleurs, ces ports sont des organes vitaux pour l'économie de leur pays. En guise d'exemple, plus de 90 % du commerce extérieur des pays d'Afrique passe par les ports (Malet, 2002). Seulement, le mode de gestion de certains d'entre eux fait que les recettes portuaires sont un élément clé pour nourrir et fortifier le budget des États. C'est le cas des ports de l'Afrique francophone tels que Dakar, Douala ou Abidjan, où il apparaît nettement que l'État est propriétaire des infrastructures et décide de la politique portuaire[1].

À Dakar, même si le nouveau statut du port permet une gestion qui s'apparente à celle d'une entreprise privée[2], il n'en demeure pas moins que la politique portuaire est décidée par l'État. La conséquence immédiate est une autonomie administrative et financière relative, voire très relative, car limitée par l'impossibilité pour les autorités portuaires d'avoir davantage de projets de développement. De ce fait, il serait

---

[1] Le continent africain compte deux grandes familles portuaires. D'une part, la famille francophone, et d'autre part, le dispositif anglophone, où le port est à la fois juge et partie en assurant lui-même les charges d'infrastructures et de services. C'est le cas du Ghana, du Nigéria, de la Gambie et de la Sierra Leone.

[2] En effet, la loi n° 87-28 du 18 août 1987 autorisant la création de la société nationale du Port Autonome de Dakar (J.O.S, 12 septembre 1987) a permis de renoncer à l'autonomie classique pour instituer une « société par actions ».

intéressant, dans le cadre de l'amélioration de la gestion portuaire, d'avoir une évolution du cadre institutionnel des ports sénégalais. L'objectif d'une telle évolution est non seulement d'assurer une certaine autonomie aux autorités portuaires sénégalaises, mais aussi de permettre aux usagers portuaires de bénéficier de davantage de droits dans l'exercice de leur activité.

Si la rigidité domaniale peut s'expliquer par la nécessité pour l'État et les autres personnes de droit public de faire respecter la consistance et la destination du domaine public, il ne faut pas perdre de vue que l'une des finalités d'un port est sa rentabilité économique[3]. Toute la problématique sera donc de concilier ces deux idées a priori contradictoires.

Pour pallier cette difficulté, le Sénégal devra s'atteler à améliorer le cadre institutionnel de ses ports en desserrant un peu l'étau de la tutelle étatique. En effet, même si l'intervention de la puissance publique dans la gestion des ports reste indispensable, elle doit se concilier avec la participation du secteur privé, d'autant plus que de nos jours, la question de l'influence du statut juridique des ports maritimes sur leur compétitivité (Bethenod, 2005) reste d'actualité.

Par « statut », nous entendons l'ensemble des règles qui régissent la création et le fonctionnement des espaces portuaires. Il s'agit de normes spécifiques auxquelles s'ajoutent à titre supplétif, en tant que de besoins, les règles de droit commun[4]. Ceci étant, nous considérons que tout système juridique ne vaut que sa mise en œuvre. Un texte mis en pratique de façon différente, voire contraire à la logique ou à l'esprit de la loi, peut se révéler inefficace. D'un autre côté, l'absence de texte clair et précis peut constituer un frein au développement d'une structure, voire d'un port. Ces deux points caractérisent parfaitement les ports sénégalais. En effet, au moment où le port de Dakar est géré et exploité sur la base de textes très rigides qui ne cadrent pas avec le mode

---

[3] ANONYME, « Entretien avec Bara SADY, Directeur général du Port Autonome de Dakar : *Nous sommes sur la voie d'être un port de référence.* ». Source : http//www.Sen-adresse.com. Consulté le 26 juillet 2015.

[4] Sur ce point, M. Rezenthel soulignait que : « les règles fondamentales concernant le régime juridique des ports sont définies par la loi, mais le gouvernement est compétent dans ce cadre pour décider, par décret, de la création des ports autonomes ou des classements (ou du retrait) d'un port dans la liste des ports d'intérêt national ». Pour plus d'informations, voir REZENTHEL (R.), *Juridis périodique* (revue camerounaise de droit et de sciences politiques), n° 39, juillet-août-septembre 1999, p. 20.

d'organisation d'une « société par actions », la situation des ports secondaires demeure confuse, car leur gestion repose sur des normes imprécises et floues. De ce fait, l'existence de textes qui posent les fondements de l'organisation portuaire au Sénégal est utile pour définir le régime juridique des ports. Il ne s'agit pas de proposer des systèmes juridiques clé en main, mais plutôt d'apporter notre contribution à l'édifice portuaire sénégalais. Pour ce faire, nous prônons d'abord le recul de l'étatisme dans la gestion du PAD. Une telle mesure signifierait notamment la diminution de la tutelle étatique dans la composition des organes chargés d'appliquer le droit portuaire.

Pour le dictionnaire *Le Robert*, l'étatisme est une « doctrine politique préconisant l'extension du rôle de l'État dans la vie économique et sociale » (Le Robert, 2010, p. 633). Appliquée au droit portuaire, cette notion signifie que les ports sénégalais sont administrés par l'État. En effet, depuis l'accession à l'indépendance, nous assistons à une omniprésence de l'État au PAD. Quels que soient les modes d'organisation qu'il a connus, le port de Dakar est toujours contrôlé par l'État et considéré comme un instrument de la politique économique. La conséquence immédiate de cette politique de « tout État » est la création d'une situation de monopole étatique[5], car même le contrôle exercé sur l'Administration s'opère dans la configuration du port propriétaire foncier. Pour avoir une illustration de cette situation de monopole, il suffit de s'intéresser à la composition des organes chargés de l'application du droit portuaire. Ces derniers sont constitués majoritairement, pour ne pas dire exclusivement, de représentants de l'État occultant du reste ceux des intérêts privés. De ce fait, nous pensons que même si une refonte intégrale du système portuaire du PAD n'est pas envisageable pour le moment, une diminution de cette tutelle étatique permettra de mieux alléger la composition publique et publiciste de ces organes de gestion (§ 1) occasionnant ainsi une représentation plus importante des usagers portuaires (§ 2).

---

[5] Il faut souligner, une fois encore, que cette situation n'est pas typique au PAD. En effet, tous les ports de l'Afrique de l'Ouest et du Centre connaissent le même phénomène. Ce qui a poussé M. Ratheaux à estimer qu'« à quelques exceptions, les ports africains sont en monopole de fait pour le trafic de leur pays ». Voir RATHEAUX (O.), « Options de gestion des ports maritimes : cas des ports africains », *J.M.M.*, 13 mai 1997, p. 1370.

1. LA DIMINUTION DE LA TUTELLE ÉTATIQUE ET LA RECOMPOSITION DES ORGANISMES CHARGÉS DE L'APPLICATION DU DROIT PORTUAIRE

« Les ports sont des entreprises qui intéressent trop directement l'État pour que leur construction et leur administration puissent être confiées à des particuliers, sinon sous le contrôle de l'Autorité »[6].

Cette affirmation relevant d'une note diplomatique française sous la colonisation est encore d'actualité au Sénégal puisqu'elle donne une justification purement politique à cette conception ; laquelle est devenue désuète et absurde[7].

Ce qui justifie l'intervention de l'État, c'est l'établissement du PAD sur le domaine public maritime[8]. Cependant, force est de constater que « trop d'État » n'est pas compatible avec le régime d'autonomie, car constituant un frein à toute tentative de projet de développement. Cette tutelle doit être diminuée non seulement au niveau du contrôle étatique (1.1), mais aussi dans la composition des organes de gestion (1.2).

1.1. La diminution de la tutelle étatique

La conception « étatistique » du port est clairement affirmée par l'exposé des motifs de la loi n° 87-28 du 18 août 1987 autorisant la création de la société nationale du PAD. En effet, celui-ci met en évidence l'emprise de l'État en ces termes : « un tel statut conserve à l'État la maîtrise des attributions du port, de sa politique à terme et du plan d'investissement, ainsi que le contrôle des résultats et du respect

---

[6] Note française du 6 novembre 1903 à la Grande-Bretagne au sujet du Maroc, in « Documents diplomatiques français relatifs aux origines de la guerre », 2e série, t. IV, n° 28, p. 3.

[7] NKOUNKOU (J.), « Législations et politiques portuaires en Afrique francophone : cas de la Côte d'Ivoire, du Congo, du Cameroun et du Sénégal », thèse de droit, Brest, 2003, p. 182.

[8] Il faut préciser que cette situation n'est pas propre au Sénégal. En effet, l'article 538 du Code civil français déjà évoqué incorpore les ports dans le domaine public même si nous savons qu'il y a des exceptions en cas de déclassement. En Afrique francophone aussi, le classement des ports dans le domaine public fonde leur gestion publique. Au Cameroun, par exemple, l'article 1er du décret n° 77-414 du 20 octobre 1977 modifiant la délimitation du domaine public portuaire de Douala Bonabéri confirme cette affirmation. Dans les deux systèmes, comme souligne M. Nkounkou, « le résultat est équivalent » car l'existence du port et son exploitation résultent d'une décision étatique.

des règles générales ». Ce texte attribue à l'État une autorité et un « droit de regard » sur toutes les activités industrielles et commerciales qui s'exercent dans la circonscription du PAD[9].

Selon l'article 2 du décret n° 87-19 du 19 décembre 1987 approuvant les statuts du PAD : « la tutelle du Port autonome de Dakar est exercée conjointement par le ministre chargé des Transports maritimes et le ministre chargé des Finances ». Or, nous savons que le ministère est une entité étatique qui est chargée de mettre en œuvre la politique nationale définie par le gouvernement. Le ministre des Transports (devenu depuis la loi n° 2004-572 du 30 avril 2004, le ministre de l'Économie maritime, de la Pêche et des Transports maritimes[10]) est une autorité gouvernementale en proue en matière de formulation de politiques, d'investissement et de gestion des infrastructures essentielles telles que les ports. Il est chargé de définir une politique nationale intégrée des problèmes portuaires permettant d'avoir une vision globale et d'élaborer les projets de loi sur le PAD[11]. Il définit les principes régissant l'occupation du domaine du port, applique le régime fiscal ou tarifaire des activités portuaires déterminé par l'État. Ce dernier assure aussi la sécurité et la police des installations et fixe la taxe sur les passagers et autres impôts.

La signification de la forte tutelle du ministre de l'Économie maritime doit être recherchée dans la nature des différents pouvoirs qui se sont succédé. En effet, au Sénégal, l'Administration pas plus que le pouvoir ne se partagent. D'ailleurs, la Constitution dispose clairement que le président de la République est le détenteur exclusif du pouvoir exécutif. Cette tutelle pesante et illimitée illustre parfaitement l'absence de circonscription étroite du rôle de l'État ; ce qui favorise les interférences plus ou moins arbitraires. Comme souligne M. Ratheaux à propos de tous les ports africains se trouvant dans la même situation

---

[9] Il existe un certain nombre de dispositions juridiques semblables dans les ports africains francophones, notamment au Cameroun, où la loi n° 98-021 du 24 décembre 1998 portant réforme du secteur portuaire considère que l'autorité portuaire nationale est un acteur à part investi des prérogatives de la puissance publique, ce qui lui confère une emprise sur le système portuaire camerounais, en lieu et place de l'État. De ce fait, elle constitue l'outil d'intervention directe et spécifique de l'État.

[10] Loi n° 2004-572 du 30 avril 2004 portant création du ministère de l'Économie maritime, de la Pêche et des Transports maritimes, *J.O.S.*, 19 mai 2004.

[11] Source : http//www. ecomaritime.gouv.sn/presentation.php. Consulté le 20 juillet 2015.

que Dakar : « cette gestion publique favorise par ailleurs les ingérences politiques : parachutage de dirigeants, imposition de contrats de travaux non conformes à l'intérêt du port, prélèvement de l'État sur les finances portuaires. L'État est tenté de garder la haute main sur cette source de rente publique » (Ratheaux, 1997 : 1372). Autrement dit, l'autonomie des ports est assez relative quant à leur mode d'organisation. En effet, l'indépendance de l'autorité portuaire est limitée par la trop forte intervention des pouvoirs publics sénégalais concernant notamment la tarification portuaire et d'autres questions administratives, financières et techniques. Cette tarification est décidée par le gouvernement et homologuée par le Conseil d'administration du port, lequel est composé majoritairement, pour ne pas dire uniquement, des représentants de ministres[12]. Dans ces conditions, il n'existe pas d'autonomie réelle, et il est bien difficile de satisfaire aux exigences des pouvoirs publics sénégalais et d'assurer, en même temps, une exploitation journalière efficace.

Au total, nous pouvons considérer que l'État a mal utilisé les pouvoirs de contrôle qu'il tient de la loi n° 87-28 du 18 août 1987 et du décret n° 2014-1213 du 22 septembre portant approbation des statuts de la société nationale du PAD modifiant le décret du 19 décembre 1987. Au demeurant, par ses interventions dans la gestion du port, il vide de sens le principe d'autonomie. En effet, même pour vendre une parcelle de son domaine propre, le PAD doit obtenir l'autorisation préalable de ces ministres de tutelle[13]. En pratique, cette autorisation intervient souvent après un très long délai.

Comme nous le constatons, cet étatisme met en exergue le cadre juridique et institutionnel hypertrophié du PAD, donc défavorable à l'émergence du « légalisme » en matière portuaire. L'existence de ce cadre défaillant pérennise l'absence du légalisme induit par le rôle tentaculaire de l'État dans la gestion des activités portuaires. Cette défaillance se mesure par une insécurité juridique dans la mesure où la responsabilité de l'État dans la désuétude des lois est grande, car il lui appartient de tracer les bornes juridiques permettant aux usagers de se mouvoir en toute connaissance des règles du jeu. De ce fait, l'étatisme apparaît comme un obstacle majeur à l'efficacité du port de Dakar.

---

[12] Article 15 du décret du 22 septembre 2014 déjà cité.
[13] En effet, l'article 5.B. § 5 dispose que : « Toute amodiation supérieure à 9 ans doit recueillir l'avis préalable du ministre assurant la tutelle technique et du ministre chargé des Finances ».

C'est pourquoi nous estimons que le rôle de l'État vis-à-vis du port doit être étroitement circonscrit pour éviter les interférences plus ou moins arbitraires et nuisibles à l'efficacité. À ce propos, le rôle de l'État pourrait s'orienter vers le plan financier. Il aura la tâche d'orienter vers le port d'importants moyens financiers[14]. En d'autres termes, aujourd'hui, l'administration portuaire doit avoir aussi la possibilité de gérer et d'administrer le port.

Cette évolution aura comme conséquence immédiate de renforcer la mise en place des sociétés de partenariat et de chercher des financements sans avoir toujours à attendre l'aval de l'État. Ce dernier aura certes toujours une influence sur le port, mais celle-ci devra être limitée à la législation et à la réglementation en matière de police portuaire, de droit de la concurrence, de fiscalité, de procédures d'aménagement. De même, il conservera un pouvoir d'intervention dans le domaine de la sûreté des installations portuaires et de la sécurité des infrastructures (Kane, 2012 : 386). Cette évolution du statut juridique du port devra aussi permettre de décongestionner les organes de gestion.

1.2. La recomposition des organes de gestion portuaire

Habituellement, le port maritime est considéré comme une personne morale de droit public. Suivant qu'il sera port propriétaire ou port service, son caractère, si ce n'est sa nature, d'organisme industriel et commercial sera plus ou moins accentué. De ce fait, la composition des organes de gestion peut déterminer le mode d'organisation du port.

---

[14] En France, le législateur de 1965 a consacré un nouveau régime de l'autonomie des ports. Cela a conduit à une diminution relative du rôle et de l'influence de l'État. Cette loi de 1965 a donné aux ports maritimes les moyens d'avoir une véritable autonomie en définissant les charges que l'État doit supporter pour les financements des travaux portuaires (voir REZNTHEL (R.), « La modification du Code des ports maritimes : une réforme à contre-courant », D.M.F., 597, octobre 1999, p. 868). Par la suite, l'État va opérer une réduction de sa participation financière dans la réalisation des ouvrages portuaires. Cette mesure a pour mérite de développer le partenariat avec le secteur privé et, depuis la réforme portuaire issue des décrets n° 99-781 et 99-782 du 9 septembre 1999, les ports obtiennent même la possibilité de créer des filiales. Cette diminution de l'emprise de l'État va s'accentuer notamment avec la réforme n° 2008-660 du 4 juillet 2008 instituant le régime des grands ports maritimes.

À l'instar des autres établissements publics portuaires africains[15], le PAD est doté de deux principaux organes de gestion qui assurent son administration : le Conseil d'administration et la Direction générale[16]. Mais force est de constater que la composition actuelle de ces organes n'est qu'une représentation étatique. Ce qui témoigne, une fois de plus, de leur manque d'autonomie. Pour s'affranchir de cette emprise étatique, il est nécessaire de procéder à une recomposition du Conseil d'administration (1) ainsi qu'à une responsabilisation du directeur général (2) du PAD.

1- *La recomposition du Conseil d'administration*

Selon l'article 15 du décret 2014-1213 du 22 septembre portant approbation des statuts de la société nationale du PAD[17] et l'article 14 du décret du 19 décembre précité, le Conseil d'administration du PAD comprend : « les représentants :

✓ du président de la République ;

✓ du Premier ministre ;

---

[15] À titre d'exemples, nous citerons les décrets n° 78-432 du 10 mai 1978 et n° 78-434 du 10 mai 1978 portant respectivement organisation administrative et financière des ports d'Abidjan et San-Pedro, mais aussi le décret n° 99/0130 du 15 juin 1999 portant organisation et fonctionnement de l'organisme portuaire autonome de Douala.

[16] Cette composition est une reprise de celle consacrée par le décret colonial n° 55-637 du 20 mai 1955. En effet, l'article 4 de celui-ci disposait que : « l'administration d'un port autonome est assurée par un conseil d'administration et un directeur ». Il faut seulement rappeler qu'en France, depuis la réforme portuaire de 2008, le Conseil d'administration est remplacé par un Directoire et un Conseil de surveillance.

[17] Cet article 15 a modifié légèrement celui 14 du décret du 19 décembre aux termes duquel le Conseil d'administration du PAD comprend : « les représentants :
  ✓ du président de la République ;
  ✓ du ministre chargé des Finances ;
  ✓ du ministre chargé des Transports maritimes ;
  ✓ du ministre chargé de la Pêche maritime ;
  ✓ du président de la Chambre de commerce et d'industrie de la région de Dakar ;
  ✓ du directeur général de la Régie des chemins de fer ;
  ✓ du secrétaire général du Conseil Sénégalais des Chargeurs ;
  ✓ des employés de la société désignés par l'organisation syndicale la plus représentative au sens du Code du travail ;
  ✓ des entreprises de manutention et d'armement ;
  ✓ des entreprises de transport et de transit ;
  ✓ des ravitailleurs en hydrocarbures ;
  ✓ du gouvernement de la République du Mali ».

- ✓ du ministre chargé des Finances ;
- ✓ du ministre chargé des Transports maritimes ;
- ✓ du ministre chargé de la Pêche maritime ;
- ✓ du président de la Chambre de commerce et d'industrie de la région de Dakar ;
- ✓ du directeur général du Conseil Sénégalais des Chargeurs ;
- ✓ du personnel de la société ;
- ✓ des entreprises de manutention et d'armement ;
- ✓ des entreprises de transport et de transit ;
- ✓ des ravitailleurs en hydrocarbures ;
- ✓ du gouvernement de la République du Mali ».

Nous pouvons nous permettre de faire une comparaison avec les conseils d'administration de certains ports africains pour mieux souligner la spécificité du Sénégal. En effet, même si la présence de l'État demeure forte dans le Conseil d'administration du PAD, on y note une certaine diversité de professions représentées. Tel n'est pas le cas à Pointe-Noire (Congo) où le Conseil d'administration comprend seize membres, tous représentants de l'État (Nkounkou, 2003 : 161). En Côte d'Ivoire, selon les articles 12 et 9 des décrets n° 2001-143 du 14 mars 2001 et n° 95-819 du 30 septembre 1995 portant respectivement approbation des statuts du Port autonome d'Abidjan et de celui de San-Pedro[18], le Conseil d'administration est composé de huit membres, tous représentants de l'État. Il en est de même du Bénin où, en vertu de l'article 9 du décret n° 89-306 du 28 juillet 1989 portant approbation des statuts du Port autonome de Cotonou[19], le Conseil d'administration est composé de sept membres, dont trois représentants des pays de l'hinterland (Burkina Faso, Niger et Mali) et un représentant du personnel portuaire.

Malgré cette avancée, force est de constater que l'emprise de l'État se fait sentir dans la composition du Conseil d'administration du port

---

[18] Décret n° 2001-143 du 14 mars 2001 portant approbation du Port autonome d'Abidjan, *J.O.C.I.*, mars 2001. Voir aussi http//www.paa-ci.org/presentation/view/statut-juridique. Consulté le 10 juillet 2015.
Décret n° 95-819 du 30 septembre 1995 portant approbation des statuts du Port autonome de San-Pedro, *J.O.C.I.*, octobre 1995. Source : http//www.sanpedro-portci.com/fr/statut_juridique.php. Consulté le 10 juillet 2010.

[19] Décret n° 89-306 du 28 juillet 1989 portant approbation des statuts du Port autonome de Cotonou, *J.O.B.*, août 1989.

de Dakar. Cette emprise est renforcée par la possibilité offerte aux représentants des établissements publics autres que les fonctionnaires et agents du ministère de tutelle de présider le Conseil d'administration[20]. Il s'agit ici d'une manière habile de ne pas confondre pouvoir de tutelle et pouvoir hiérarchique, car permettre au ministre de tutelle d'assurer la présidence du Conseil d'administration aurait été le couronnement. Au demeurant, la représentation de certains usagers au sein de ce conseil d'administration n'existe que de façade, dans la mesure où elle est assurée par des entreprises publiques. Il en est ainsi de la CCI, car cette dernière n'est pas indépendante de son ministre de tutelle, dont elle peut recevoir des instructions. Il s'agit d'une manière détournée de renforcer la représentation de l'État.

Au final, le Conseil d'administration apparaît plus comme un conseil consultatif que comme un véritable conseil d'administration responsable, car il serait étonnant de voir des représentants de services publics voter dans un sens autre que dans celui qui leur a été indiqué. En outre, la représentation d'un ministre ne veut rien dire si nous savons que ce dernier ne constitue pas une entité différente de l'État. Cela illustre bien le caractère consultatif du Conseil. L'objectif poursuivi ici est « moins la voix que l'opinion d'un département technique sur un problème portuaire » (Grosdidier de Maton, 1969 : 248), d'autant plus que d'après l'article 16 alinéa 7 du décret de 1987 précité, les « décisions sont prises à la majorité simple des votants ».

Le rôle du Conseil d'administration n'est pas de prendre des décisions politiques ou de lever des options à long terme. C'est un organe actif qui a pour fonction d'administrer. Or, en multipliant les représentations politiques, nous risquons d'assister à une dénaturation de l'essence de l'organisme. Dès lors, il cesse d'être cet organe qui dispose des « pouvoirs les plus étendus pour définir la politique générale du port autonome et évaluer sa gestion » (Grosdidier de Maton, 1969 : 250).

Pour lui permettre de jouer pleinement son véritable rôle, il faudra davantage impliquer en son sein les spécialistes des affaires et des problèmes portuaires issus des milieux économiques concernés. Bien évidemment, il faudra réduire la super représentation de l'État et des entreprises ou collectivités publiques et augmenter la participation des

---

[20] L'article 23 du décret du 19 décembre 1987 prévoit que le président du Conseil d'administration et son second ne peuvent pas être élus ni parmi les représentants du ministre de tutelle, ni parmi les fonctionnaires.

usagers et opérateurs portuaires. Cette évolution aura le mérite non seulement de limiter le mandat des administrateurs[21], mais surtout de permettre d'impliquer tous les intervenants portuaires. Cette implication sera beaucoup plus intéressante si elle s'accompagne d'apports de capitaux. Pour cela, il faudra revoir le dernier alinéa de l'article 8 du décret de 1987 qui énonce que : « les actions ne peuvent être détenues que par l'État et le cas échéant, d'autres personnes morales de droit public ».

En plus de la recomposition du Conseil d'administration, l'évolution du statut juridique pourra permettre de mieux responsabiliser la Direction générale du port de Dakar.

2- *La responsabilisation du directeur général du PAD*

L'article 26 alinéa 1 du décret de 2014 précité dispose : « Un directeur général est placé à la Société nationale. Il est nommé pour trois ans renouvelables par décret sur proposition du ministre chargé de la tutelle technique ».

Ce texte ne renseigne pas sur les conditions requises pour être nommé à la tête de la Direction générale. Il se borne plutôt à évoquer la manière de cette nomination. Nous pouvons en déduire qu'en principe, ce poste ne peut être confié qu'à un proche du pouvoir en place. La conséquence immédiate qui en découle est que le directeur général n'est responsable qu'envers celui qui l'a nommé. Ce qui veut dire que le Conseil d'administration ne dispose pas d'un vrai pouvoir de contrôle sur son action. Nous aurions souhaité une autre formulation de cet alinéa 1, laquelle s'appuierait sur le critère de compétence et conférerait ce pouvoir au Conseil d'administration. Sur ce point, une inspiration pourrait être faite sur l'article 26 du décret camerounais n° 99/0130 du 15 juin 1999 précité. Cet article fournit une précision exemplaire qui mérite d'être soulignée, car il indique le critère de nomination de la Direction générale. Ledit article se lit de la façon suivante : « La Direction générale du Port autonome de Douala est placée sous l'autorité d'un directeur général, éventuellement assisté d'un adjoint, tous deux nommés en Conseil d'administration sur la base de leurs compétences ».

---

[21] Les administrateurs sont nommés pour deux ans assortis d'un renouvellement illimité et les motifs de perte de mandat sont limitativement énumérés par l'article 14, dernier alinéa.

Ce texte camerounais qui constitue une première en Afrique francophone trouve déjà son pendant en Côte d'Ivoire[22], et nous encourageons vivement les législateurs de cette partie du continent à s'en inspirer[23]. En effet, il faut mettre fin à l'idée simple et fausse que le pouvoir politique doit intervenir dans la nomination du directeur du port. Les intérêts spécifiques du port ne doivent pas être subordonnés aux besoins du pouvoir en place. À titre d'illustration, le prédécesseur de l'actuel directeur général du port de Dakar était considéré comme un proche du parti socialiste détenteur du pouvoir central jusqu'en mars 2000. Il fut remplacé le 26 septembre 2001 par un nouveau directeur général qui à son tour a été remplacé au lendemain de l'accession du nouveau régime au pouvoir[24].

Quoi qu'il en soit, il faut songer à donner au Conseil d'administration plus de pouvoir sur la Direction générale. Cela lui permettra de disposer d'un certain pouvoir de contrôle sur l'action de cette dernière. De ce fait, la reformulation de l'article 26, alinéa 1 sera accompagnée de celle de l'alinéa 2 du même article. Actuellement, cet article 26 dispose que : « En cas de faute grave ou mauvaise gestion, il peut être révoqué à tout moment sans préjudice des poursuites pénales ou disciplinaires qu'il peut encourir par ailleurs ». Non seulement cet article est imprécis, car ayant une lecture difficile, mais en plus il invite le lecteur à aller effectuer une recherche supplémentaire sur les conditions de mise en responsabilité du directeur général. Ainsi, nous souhaitons qu'il soit réécrit comme suit : « Le directeur général est

---

[22] L'article 20 alinéa 2 du décret de 2001-143 du 14 mars 2001 portant approbation des statuts du Port autonome d'Abidjan dispose que : « La direction générale est nommée par le Conseil d'administration, elle peut être révoquée à tout moment par ce dernier ».

[23] En plus du Sénégal, les législateurs ivoiriens (pour San-Pedro) et congolais doivent faire un effort dans ce sens. À San-Pedro (article 17 du décret de 1995 précité), le directeur général est nommé par décret en Conseil des ministres. Quant à Pointe-Noire, le Conseil d'administration ne dispose que d'un avis consultatif dans la nomination de la Direction générale.

[24] Si l'exemple du Sénégal peut prêter à équivoque, celui de son voisin ivoirien écarte toute possibilité de doute. En effet, le remplacement qui s'est opéré à la tête du Port autonome d'Abidjan, le 17 novembre 2000, rentre dans le schéma classique de tout changement de pouvoir politique en Afrique francophone. Le nouveau gouvernement ivoirien a confié la gestion du PAA à un cadre membre important du Front populaire ivoirien (FPI), parti au pouvoir. Pour plus d'information, voir MALLET (S-H.), « Changement de tête à la direction du port d'Abidjan », *J.M.M.*, 5 janvier 2001, p. 6.

responsable devant le Conseil d'administration qui peut le sanctionner en cas de faute grave de gestion ou de comportement susceptible de nuire à la bonne marche ou à l'image du Port autonome de Dakar »[25].

Cette sujétion préconise la révocation du directeur par un conseil d'administration exerçant réellement ses responsabilités. Elle a le mérite de prouver que le directeur est l'agent du Conseil d'administration à qui il rend compte de sa gestion. Cette mesure est importante, car le directeur détient, dans la pratique, la réalité du pouvoir[26]. L'objectif poursuivi à travers cette responsabilisation du directeur général est le recul de l'étatisme. En effet, si le Conseil d'administration recomposé dispose du pouvoir de nommer et de révoquer le directeur général, la gestion du port en serait moins étatique. De ce fait, la présence des autres compétences sera renforcée dans les organes de gestion.

2. LE RENFORCEMENT DES COMPÉTENCES DIVERSES ET VARIÉES DANS LES ORGANES DE GESTION

Dans l'hypothèse de la commercialisation des activités portuaires au sens de les orienter davantage vers le client, il est nécessaire de modifier les organes de gestion comme le Conseil d'administration. Pour cela, il faut le rendre plus souple en réduisant la participation de l'État pour que les usagers soient mieux représentés, afin d'assurer un équilibre entre les différentes catégories d'intérêts en présence. Dans cette logique de moins d'État et plus d'intérêts professionnels, le renforcement des compétences du Conseil sénégalais des chargeurs (CO.SE.C) (A) et celui de la participation du secteur privé dans le Conseil d'administration (B) s'avèrent indispensables pour une bonne politique de gestion portuaire.

---

[25] Pour la réécriture de cet article, nous nous sommes inspirés de l'article 28 du décret camerounais précité.

[26] L'article 2 du décret sénégalais précité énumère les différentes fonctions du directeur général de la façon suivante : 1. (Gestion du personnel), 2. (Établissement de succursale), 3. (Investissement), 4. (Gestion commerciale), 5. (Administration générale), 6. (Administration des biens sociaux), 7. (Actions en justice), 8. (Coordination des services publics), 9. (Subdélégation).

2.1. L'apport du Conseil Sénégalais des chargeurs dans la gestion portuaire

C'est à la suite d'une étude du Conseil économique et social que le gouvernement sénégalais a, par la loi n° 75-51 du 3 avril 1975, créé le Conseil Sénégalais des Chargeurs (COSEG). Ladite étude faisait suite aux recommandations de la Conférence des Nations unies sur le commerce et le développement (CNUCED) et de l'Accord général sur les tarifs et le commerce (GATT) aux pays en développement visant la création de telles institutions. L'étude en question avait conclu à l'opportunité de la création d'un Conseil des chargeurs au Sénégal et convaincu le gouvernement d'une telle option à partir des facteurs suivants :

- la nécessité de limiter les hausses abusives des tarifs des transports par mer qui pénalisaient le développement du commerce extérieur ;

- la nécessité d'acquérir des services suffisants et efficaces dans le secteur maritime ;

- une volonté de promouvoir une flotte marchande nationale afin d'améliorer la balance des services de paiement du Sénégal ;

- une volonté de donner aux armateurs, aux organismes d'État, aux autorités portuaires et aux auxiliaires du transport maritime, un moyen approprié de communication avec les chargeurs ;

- enfin, une volonté de promouvoir le secteur maritime au Sénégal en assurant aux opérateurs du secteur une assistance dans leurs activités et tout financement (ou réalisations) concourant directement ou indirectement à l'amélioration des conditions de transport des marchandises par mer[27].

C'est donc l'importance du transport maritime dans l'économie du Sénégal et la qualité des chargeurs qui justifient la création du CO.SE.C. Cet établissement public est placé sous la tutelle du ministre de l'Économie maritime et des Transports maritimes internationaux. Ses attributions sont assurées par les services suivants :

« - Le Service des Études et Tarifs (SET) dont le rôle est de s'occuper de tous les aspects liés au secteur maritime en général et plus particulièrement à l'expédition des produits ainsi qu'à l'approvisionnement par voie maritime du pays. Le SET prépare

---

[27] Article 2 de la loi n° 75-51 du 3 avril 1975 portant création d'un Conseil sénégalais des chargeurs, *J.O.S.*, 10 avril 1975.

L'évolution du statut portuaire africain : une chance...

également les rencontres et négociations tarifaires avec les conférences maritimes et armements intervenant dans la desserte maritime du Sénégal. Il est à ce titre habilité à contrôler l'application des taux de fret négociés et charges connexes et peut mettre en œuvre tout moyen coercitif pour pénaliser les armements contrevenants.

Le Service Tarifs Frets (SETRAF) qui joue un rôle moteur au sein du CO.SE.C.

C'est au sein de ce service que se gèrent les droits de trafics et la mise en œuvre du système de répartition des cargaisons qui avaient cours sur les trafics avec l'Espagne, l'Italie, les Pays-Bas, l'Allemagne et la Belgique. Le SETRAF applique les sanctions aux contrevenants de la réglementation sénégalaise. Il fournit les imprimés d'offres de cargaison, les dispenses de réservations de fret ou attestations de réservation de fret en collaboration avec le service des douanes pour le contrôle des manifestes d'embarquement »[28].

L'évolution des besoins des chargeurs et usagers du port a rendu nécessaire la mise en place d'un certain nombre de réformes au sein du CO.SE.C. Ces réformes[29] se sont traduites, entre autres, par une révision des textes du CO.SE.C. Ainsi, trois textes réglementaires ont été pris entre 1994 et 1995 : d'abord, le décret n° 94-605 du 9 juin 1994 soumettant le CO.SE.C au contrôle de l'État. Ce contrôle, appliqué à titre exceptionnel au CO.SE.C pour sauvegarder les intérêts de l'État, se justifie par l'importance stratégique et le poids financier de ce dernier. Ce décret est suivi de celui n° 94-606 du 9 juin 1994[30] fixant

---

[28] AW (A.), « Le transport combiné dans les États membres de l'Union Économique et Monétaire Ouest-Africaine (UEMOA) », thèse de droit, Nantes, 2004, p. 252. Voir aussi : ANONYME, « Note sur les missions et réalisations du Conseil Sénégalais des Chargeurs ». Source : http// www.lesoleil.sn. Consulté le 20 juillet 2015.

[29] En effet, les réformes intervenues au sein du CO.SE.C s'articulent autour de deux points. Le premier point est relatif à l'assistance aux chargeurs pour une meilleure négociation des taux de fret. En effet, il a été noté une disparité entre les taux de fret appliqués par les différentes compagnies maritimes. Ces taux étaient plus élevés pour les armements partenaires de l'armement national sénégalais, qui bénéficiaient de la protection de l'application de la clé de répartition inscrite dans le code de conduites des conférences maritimes.

[30] Parmi les modifications apportées par ce décret, nous pouvons citer la redéfinition des attributions des organes du CO.SE.C. Cette redéfinition a pour objectif d'assurer un fonctionnement normal de l'association. Ce décret a aussi apporté d'importantes modifications dans l'assiette du prélèvement et les modalités de son

les nouvelles règles d'organisation et de fonctionnement du CO.SE.C ; puis de l'arrêté ministériel n° 868/MPTM du 1er février 1995 portant composition de l'Assemblée générale et du Conseil d'administration du CO.SE.C[31]. Le CO.SE.C cherche aussi à élargir son champ d'intervention aux ports secondaires[32] après avoir participé à l'équipement du port de Dakar (Anonyme, 2002 : 29). L'objectif poursuivi est la décongestion du PAD[33]. Il faut juste souligner que le CO.SE.C est membre de l'UCCA (Union du Conseil des Chargeurs Africains)[34].

Au vu de ce qui précède, nous pouvons constater sans risque de nous tromper que la dimension portuaire n'est pas facilement perceptible dans les orientations politiques du C.O.SE.C. Pourtant, celui-ci fait partie du Conseil d'administration du PAD, et ledit conseil est compétent, d'après l'article 18 du décret du 18 décembre 1987 précité, pour assurer un certain nombre d'attributions dont la délibération sur les tarifs des redevances et prestations portuaires. À partir de ce moment, ne faudrait-il pas réfléchir à une implication beaucoup plus poussée de l'établissement public qu'est le C.O.SE.C, notamment dans la négociation des tarifs d'entreposage des marchandises ? Quel contrôle peut-il exercer sur les tarifs portuaires ? Comment peut-il participer à l'amélioration de la sécurité de la marchandise sur les terre-pleins, surtout s'il y a des vols fréquents dans la manutention ?

Ces questions sont loin d'être anodines, car le CO.SE.C occupe une position privilégiée dans le dialogue public-privé. Il est, comme souligne M. Diallo, ex-directeur général, « un peu le représentant du privé à travers tous ceux qui importent et qui exportent et dont nous

---

recouvrement. Il en est ainsi du reversement par le Trésor public des sommes perçues tant au titre de prélèvement que de la cotisation (article 16 du décret).

[31] L'un des avantages de cet arrêté est que les privés deviennent majoritaires dans les organes délibérants.

[32] Dans son projet de redynamisation des ports secondaires (Kaolack et Ziguinchor), le CO.SE.C « a investi plus de 500 millions de FCFA pour des travaux de réhabilitation de ces derniers. L'objectif est de permettre à ces ports de venir en appoint de Dakar, mais surtout de retrouver leurs activités économiques d'antan ». Source : http//www.cosec.sn, Rubrique Domaine d'assistance. Dernière visite le 10 juillet 2015.

[33] La dernière invention du CO.SE.C a été la mise en place des « bateaux taxis » reliant Rufisque et Dakar. L'objectif est d'assurer une liaison maritime directe entre ces villes, permettant ainsi aux passagers de se soustraire à la pénibilité de la circulation routière.

[34] Nous reviendrons sur cette structure dans nos développements.

avons pour objectif de promouvoir et d'assister... »[35]. De ce fait, en ayant la possibilité d'exercer un contrôle sur les tarifs et en s'intéressant davantage à la sécurité des marchandises entreposées sur les terre-pleins, il participe au renforcement de l'équilibre entre le public et le privé dans la gestion portuaire. Ainsi, en plus de son rôle de formation et d'information des chargeurs[36], le CO.SE.C contribuera utilement à la représentation des intérêts de ces derniers dans la gestion portuaire, d'autant plus qu'il fait aussi partie de la communauté des acteurs portuaires sénégalais.

2.2. Le renforcement de la participation du secteur privé dans la gestion portuaire à travers CAP-DAKAR

Il ne s'agit pas de prôner la privatisation de la gestion portuaire de Dakar. En effet, nous savons que la présence accrue du secteur privé dans les ports est très souvent assimilée à la privatisation[37]. Celle-ci est

---

[35] SAMBE (F.), « *Des bateaux taxis sur l'axe Dakar-Rufisque en juillet*, entretien avec Amadou Kane Diallo, Directeur général du COSEC, PCA du Consortium sénégalais d'activités maritimes (COSAMA) ». Source : http//www.lesoleil.sn/articlephp3?id_artilce36203. Consulté le 15 juillet 2015.

[36] À l'instar de ses homologues des pays africains, le CO.SE.C est doté d'une structure juridique contribuant ainsi à la diffusion de l'information juridique par le biais d'une revue trimestrielle appelée *Le Monde maritime*. À ce propos, M. Ndendé a souligné que : « la plupart des conseils nationaux de chargeurs ont joué le rôle de véritables centres d'études, non seulement en se dotant de structures juridiques performantes, mais encore en créant seuls, ou avec l'aide des pouvoirs publics, des revues spécialisées qui ont puissamment servi à diffuser l'information juridique et à désenclaver le monde maritime africain », voir NDENDÉ (M.), « Les mécanismes juridiques d'exploitation des terminaux portuaires : essai de synthèse et approches comparées », *A.D.M.O.*, t. 23, 2005, p. 249.

[37] TIERNY (ED.), *op. cit.*, p. 155. L'auteur explique que l'idée de privatisation se développe de plus en plus sans que la motivation de ses partisans soit clairement exprimée. Il soutient que plusieurs significations ont été avancées par différents auteurs. Ainsi, privatisation peut signifier : (1) la transformation d'une prestation de service public, c'est-à-dire l'abandon par la personne publique de sa maîtrise et de ses grands principes ; (2) une modification de mode de gestion (elle n'est plus directe mais déléguée, comme par exemple, la concession. Or, « concéder n'est pas privatiser » ; (3) un changement d'habilitation ; (4) l'abandon par des personnes publiques d'activités qu'elles exerçaient de manière privée et qui ne constituaient pas d'activités de service public proprement dites.

définie selon le dictionnaire Larousse comme « L'action de transférer au domaine de l'entreprise privée ce qui est du ressort de l'État »[38].

Pour le moment, une telle solution[39] n'est pas envisageable[40] au Sénégal, à cause notamment des risques qu'elle peut engendrer[41] en

---

[38] La même définition peut être trouvée dans le dictionnaire *Le Robert* qui utilise aussi le terme de « dénationalisation » comme synonyme à la privatisation, p. 1350.

[39] Le Royaume-Uni est l'un des premiers pays à adopter un tel mode de gestion. Ce pays compte plus de 650 ports, dont une trentaine seulement sont véritablement actifs. Ils sont pour la plupart gérés par des opérateurs commerciaux qui jouent un rôle particulièrement important dans l'organisation portuaire. Voir pour plus d'informations : ANONYME, « Les opérateurs commerciaux dans l'organisation des ports et terminaux conteneurs du Royaume-Uni », note de synthèse n° 46, juin 2002, Dossier du CDAT (Commissariat au Développement durable) sur « Les ports maritimes », 1999-2005, vol. 2, p. 297.

[40] Ce phénomène de mode s'est accentué progressivement dans les pays africains à cause principalement de la mondialisation et des exigences des institutions internationales qui voudraient que les fonds investis soient utilisés dans des projets prioritaires comme la santé, l'éducation ou les routes.
Voir CAMARA (S.), « Guinée : Avantages et inconvénients de la privatisation du port de Conakry », Source : http// http//www.Aminata.com. Dernière visite le 19 juillet 2015.

[41] Les risques de la privatisation sont nombreux et nous pouvons en énumérer quelques-uns :
- La privatisation peut menacer l'intérêt commun dont l'État est le gardien si l'intérêt commun en question n'est pas limité à l'efficacité économique. L'intérêt commun exige que la privatisation soit bâtie sur des fondations solides qui assurent un équilibre adéquat entre les intérêts du public et de l'entreprise privée sans toutefois qu'on atteigne un niveau de réglementation qui entraverait son efficacité. Mais on ne saurait concéder à une entreprise privée des compétences régaliennes ou des pouvoirs de police qui lui permettraient d'abuser de sa position privilégiée. C'est ainsi que la Commission de l'Union européenne avait ouvert une enquête sur le rachat du terminal à conteneur ECT de Rotterdam par le holding Hutchinson Whampoa de Hong Kong. Elle veillait à ce qu'il n'y ait pas de position dominante conformément aux stipulations du Traité de Rome.
- La privatisation aboutit aussi à des situations de monopole, comme ce fut le cas au Royaume-Uni. En effet, le risque monopolistique est toujours présent, surtout en fonction de l'importance des investissements.
- La vente des « *trusts ports* » britanniques a permis la constitution de monopoles privés d'estuaires auxquels ont été données des prérogatives de puissance publique en matière de domanialité et de contrôle de la navigation. La conséquence a été que toute entreprise désireuse de s'implanter dans l'estuaire devait demander une licence à son futur concurrent, le port privé, qui a la possibilité de refuser (dans son intérêt). C'est ainsi qu'en 1991, la Société des ports de Firth of Fort, en Écosse, a pu s'opposer à l'implantation

dépit des avantages escomptés[42]. Quoi qu'il en soit, dans ce pays, parler de privatisation du service public, quel qu'il soit, provoque généralement l'émoi de l'opinion publique et, peut-être pour des raisons davantage sociologiques et culturelles qu'économiques, la privatisation semble une hypothèse surréaliste[43].

Au PAD, le secteur privé est très présent dans l'exploitation portuaire. Pour mieux défendre leurs intérêts, les opérateurs portuaires sénégalais ont décidé, depuis le 23 août 1994[44], de mettre sur pied une

---

d'une société concurrente qui voulait mettre en place son propre terminal en interdisant simplement la navigation sur une partie du fleuve, et ce, en application d'une directive exécutoire (General Direction) qu'elle a elle-même rédigée et promulguée. En effet, si un port ou un groupe de ports a pour seul objectif de maximiser ses excédents financiers et se trouve en situation de monopole, il est dans son intérêt de freiner l'offre et de pousser les prix à la hausse. Or, ce n'est pas ce qu'un public attend d'un port, même si ce dernier, quel que soit son mode d'organisation, a le droit de dégager des excédents convenables. Le public attend toujours d'un port une optimisation économique dans l'intérêt commun.

[42] La privatisation signifie que la liberté individuelle se développe et c'est peut-être son impact le plus important. De ce fait, elle peut être une fin en elle-même. Elle apparaît comme un spectre triple : celui de la liberté, de la loi du contrat et de l'initiative individuelle. À ce propos, M. Jean-Paul II soutenait que : « Le modèle à proposer aux pays du tiers-monde à la recherche du développement économique est un système économique qui reconnaisse le rôle fondamental de la propriété privée et de la responsabilité qu'elle implique dans le contrôle des moyens de production et de la libre créativité des hommes en matière économique. Il s'agit là de l'économie de marché ou, plus simplement, de l'économie libre entourée et appuyée par un cadre juridique adéquat et solide au service de la liberté des hommes et aux directives fondamentales morales… », cf. Jean-Paul II, *Encyclique Centimus Annus*, 1.5.1991, part. 42, cité par GRODIDER DE MATONS (J.), 1969, *op. cit.*, p. 407.

[43] Le dernier exemple pertinent a été la concession du terminal à conteneurs par le port de Dakar à Dubaï Port Authority. Beaucoup y ont vu une privatisation rampante du port de Dakar. De façon générale, au Sénégal, privatisation rime avec : (1) une réduction de l'emploi ; (2) une perte de contrôle du port au profit des compagnies privées étrangères ; (3) des difficultés pour choisir un opérateur sérieux ; (4) des difficultés pour coordonner les investissements privés et publics ; (5) une création d'une mauvaise compétition susceptible d'entraîner une situation de favoritisme d'un opérateur par rapport à un autre ; (6) une négociation entre les cadres de l'État non expérimentés par rapport aux experts des compagnies étrangères privées bien informées

[44] CAP-DAKAR est une association créée en application de la loi n° 66-70 du 13 juillet 1966 portant Code des obligations civiles et commerciales. Cette loi de 1966 a été modifiée par celle n° 68-708 du 26 mars 1968 (*J.O.S.*, avril 1968) et du décret n° 76-040 du 16 janvier 1976, *J.O.S.*, février 1976.

structure devant servir de cadre d'échange, de conceptualisation et de promotion de la politique de développement des activités de transport[45]. Cette communauté des acteurs portuaires a pour principal objectif de prendre en charge les conditions de compétitivité du port en instaurant un véritable cadre de concertation entre les intervenants. Ledit objectif, d'après le règlement intérieur de CAP-DAKAR, passe nécessairement par la mise en place d'outils stratégiques ayant un impact sur les relations entre les acteurs et sur le fonctionnement du Port. Cette structure est composée notamment du Conseil Sénégalais des Chargeurs et de l'ensemble des organisations professionnelles opérant dans le secteur privé[46]. Cette initiative qui entre dans le renforcement du partenariat public-privé (PPP)[47] doit être davantage encouragée. Pour être efficace, le partenariat « public-privé » doit donner lieu à une coopération dépassant le seul aspect financier et qui se prolonge dans le temps. Cet aspect est très important pour le port de Dakar en constante mutation à cause de la pression de la concurrence de ses voisins

---

[45] Article 2 des statuts de l'association CAP-DAKAR.
[46] Le secteur privé membre de CAP-DAKAR regroupe l'ensemble des professions qui interviennent depuis l'avis d'arrivée du navire (AVARNAV) jusqu'à son départ. Il s'agit généralement des professions de transitaire, de manutentionnaire, de consignataire, du commissionnaire en douane et par extension, des experts et évaluateurs agréés.
[47] Le partenariat public-privé est une technique moderne qui permet un équipement accéléré d'un pays en grandes infrastructures. Appliqué en matière portuaire, il s'agit d'établir un cadre qui est à la fois respectueux des intérêts publics et des usagers et soucieux de faciliter la participation d'opérateurs privés à l'exploitation portuaire. De ce fait, la principale compétence des autorités portuaires sénégalaises est la garantie de l'intérêt général. Cette garantie de l'intérêt général comporte deux volets. Le premier est celui de la gestion des espaces portuaires : il s'agit pour l'autorité publique portuaire sénégalaise de gérer (ou de faire gérer) un espace rare, irremplaçable pour le transbordement des marchandises. Le second volet est celui de service portuaire, qui est un facteur essentiel de l'attractivité d'une place portuaire.
Seulement, aujourd'hui, les textes régissant cette technique ne font pas explicitement référence aux ports et il faut procéder à une large interprétation de leurs dispositions pour pouvoir étendre leur champ d'application aux services portuaires. Il en est ainsi du décret n° 2007-545 du 25 avril 2007 portant Code des marchés publics (*J.O.S.*, 10 mai 2007) mais aussi des lois n° 2004-06 du 6 février 2004 portant Code des investissements (*J.O.S.*, 15 mars 2006) et n° 2004-13 du 1er mars 2004 relative aux contrats de construction, d'exploitation et de transfert d'infrastructures (*J.O.S.*, 10 mars 2004). Ces deux lois ont comme point commun de permettre l'ouverture au secteur privé.

africains[48] et du développement du commerce international. Pour cela, le secteur privé devrait être mieux représenté dans les instances décisionnelles du port ; ce qui aurait un impact positif dans la défense de leurs intérêts.

Aujourd'hui, l'implication croissante du secteur privé dans la conception, le financement, la réalisation et l'exploitation des services publics se confirme de plus en plus. Les partenariats public-privé, sous des formes diverses, constituent sans doute à ce jour la réponse la mieux adaptée à la conciliation d'exigences de rentabilité et d'intérêt général du port de Dakar. La raréfaction des ressources publiques oblige l'État à faire appel aux partenaires privés pour la réalisation d'investissements onéreux que sont les matériels de manutention (portiques) ou les infrastructures terrestres (quais)[49]. De ce fait, une meilleure représentativité institutionnelle du secteur privé serait appréciable. En effet, l'implantation des investissements privés dans le secteur portuaire doit s'opérer, de façon générale, dans un cadre juridique national tendant à concilier intérêt public et intérêts privés[50].

---

[48] Confronté à la concurrence de plus en plus accrue de ses voisins comme Abidjan, le PAD cherche à fixer ou à capter au maximum les flux portuaires afin de préserver ou de développer ses activités. Cependant, cette politique a un coût qui n'est pas toujours à la portée du port. En effet, le développement d'un appareil portuaire moderne et compétitif requiert des investissements massifs et des compétences particulières qui sont parfois au-dessus des capacités des ports publics comme Dakar. Ces derniers sont alors obligés de se tourner vers les partenaires privés pour une éventuelle association. Les modalités du développement portuaire sont ainsi directement affectées par la libéralisation des flux des marchandises, et les ports, de ce fait, entrent dans une mutation libérale.
[49] Il en est ainsi de la concession du terminal à conteneurs à Dubaï Port World.
[50] En France, sans attendre l'ordonnance n° 2004-559 du 17 juin 2004 relative aux contrats de partenariat, les gestionnaires des ports maritimes autonomes essentiellement exposés à la concurrence ont imaginé des solutions pour encourager les opérateurs privés à investir sur leur domaine. Voir REZENTHEL (R.), « Le partenariat *public-privé* dans les ports maritimes », *La Revue du trésor*, avril 2007, p. 252.

BIBLIOGRAPHIE

Ouvrages et traités

BEURIER (J.-P.) (dir.), *Droits maritimes*, Paris, Dalloz Action, 2009/2010.

GUILLOTREAU (P.) (dir.), *Mare economicum : enjeux et avenir de la France maritime et littorale*, PUR, juin 2008.

KANE (K.-A.), *Droit portuaire en Afrique : Aspects juridiques de la gestion et de l'exploitation portuaires au Sénégal*, Paris, L'Harmattan, 2012.

MAMONTOFF (C.), *Domaine public et entreprises privées : la domanialité publique mise en péril par le marché*, Paris, L'Harmattan, coll. « Logiques juridiques », 2003.

MESCHERIAKOFF (A.-S.), *Droit des services publics,* PUF, coll. « Droit fondamental : Droit administratif », 1991.

NGO MBOGBA (P.), *La protection de l'environnement marin dans la région de l'Afrique du Centre et de l'Ouest : le mémorandum d'Abuja*, Yaoundé, Presses de l'UCAC, 2005.

RAND (A.), *La révolte d'Atlas,* Tome I, Paris, éd. Atlas, 1958.

REZENTHEL (R.), *Le droit portuaire*, tome 2 : *Les régimes portuaires dans le monde, l'Union européenne et les ports maritimes*, Cours de droit portuaire, université de Nantes, 1997.

RODIÈRE (R.), *Traité général de droit maritime. Affrètement et transports*, tome III, Dalloz, 1970.

RODIÈRE (R.), *Traité de droit maritime : Introduction/L'armement*, Paris, Dalloz, 1976.

SARR (A.-Y.), *L'intégration juridique dans l'Union économique et monétaire ouest-africaine (UEMOA) et dans l'organisation pour l'harmonisation du droit des affaires en Afrique (OHADA)*, Marseille, PUAM, 2008.

SAVAGADO (L.), *Essai sur une théorie générale des États sans littoral : l'expérience africaine*, Paris, L.G.D.J., 1997.

Thèses

AMBOMO (M.), « Commerce, environnement et développement en Afrique francophone : réalités et perspectives », thèse de droit, Nantes, 2009.

AW (A.), « Le transport combiné dans les États membres de l'Union Économique et Monétaire Ouest-Africaine (UEMOA) », thèse de droit, Nantes, 2004.

BETHENOD (J.), « Le droit portuaire, instrument de régulation de la compétitivité et de la protection de l'ordre public », thèse de droit, Nice, 2005.

GAOUSSOU (D.), « L'expérience maritime d'un pays enclavé : le cas du Mali », thèse de droit, Aix-Marseille, 1991.

GUEGUEN-HALLOUET (G.), « L'application du droit communautaire aux ports maritimes », thèse de droit, Brest, 1999.

Articles de doctrine

ANONYME, « Domaine public portuaire : retrait d'autorisation. Indemnisation », *D.M.F.*, hors-série n° 14, juin 2010, pp. 26 et s.

NDENDÉ (M.), « Les mécanismes juridiques d'exploitation des terminaux portuaires : essai de synthèse et approches comparées », *A.D.M.O.*, tome 23, 2005, pp. 201 et s.

NGNINTEDEM (J.-C.), « La gestion portuaire au Cameroun : un enjeu de compétitivité », *A.D.M.O.*, tome 23, 2008, pp. 671 et s.

RATHEAUX (O.), « Options de gestion des ports maritimes : cas des ports africains », *J.M.M.*, 13 mai 1997, p. 1370 et s.

REZENTHEL (R.), « La gestion des ports maritimes après la réforme portuaire », *Revue de Droit des Transports*, étude n° 9, septembre 2008, pp. 30-33.

Textes juridiques

DÉCRET 2014-1213 du 22 septembre 2014 portant approbation des statuts de la société nationale du PAD., *J.O.S.*, septembre 2014

DÉCRET n° 2004-564 du 26 avril 2004 portant répartition des services de l'État et du contrôle des établissements publics, des sociétés nationales et des sociétés à participation publique entre la présidence de la République, la Primature et les ministères, *J.O.S.* n° 6159, mai 2004.

DÉCRET n° 95-819 du 30 septembre 1995 portant approbation des statuts du Port autonome de San-Pedro, *J.O.C.I.*, octobre 1995.

DÉCRET n° 2001-143 du 14 mars 2001 portant approbation du Port autonome d'Abidjan, *J.O.C.I.*, mars 2001.

DÉCRET n° 89-306 du 28 juillet 1989 portant approbation des statuts du Port autonome de Cotonou, *J.O.B.*, août 1989.

DÉCRET camerounais n° 77-414 du 20 octobre 1977 modifiant la délimitation du domaine public portuaire de Douala-Bonabéri, *J.O.C.*, novembre 1977.

DÉCRET n° 75-498 du 3 juillet 1975 portant classement du domaine public portuaire de Douala-Bonabéri, *J.O.C.,* août 1975.

DÉCRET congolais du 7 janvier 1975 relatif au domaine public portuaire de Pointe-Noire.

LOI n° 2004-06 du 6 février 2004 portant Code des investissements du Sénégal, *J.O.S.*, 20 février 2004.

LOI n° 2004-13 du 1er mars 2004 relative aux contrats de construction, d'exploitation et de transfert des infrastructures, *J.O.S.*, 10 mars 2004.

CHAPITRE 8

LE DÉVELOPPEMENT PAR LA MICROFINANCE ? RÉFLEXIONS À PARTIR DU CAS SÉNÉGALAIS

Éveline BAUMANN *& Cécile* GODFROID

INTRODUCTION

« *Microcredit is a macro idea. This is a big idea, an idea with vast potential. Whether we are talking about a rural area in South Asia or an inner-city in the US, micro credit is an invaluable tool in alleviating poverty* », clama Hilary Clinton, à l'époque secrétaire d'État, lors du Sommet de la microfinance à Washington en 1997.

Les agences internationales et autres experts en développement étaient convaincus d'avoir enfin trouvé l'outil permettant d'avancer sur la voie du progrès : la distribution de petits prêts était supposée contribuer à la lutte contre la pauvreté dans le monde, conformément aux Objectifs du millénaire pour le développement. Lorsqu'en 2006, le prix Nobel fut décerné au professeur Yunus, figure de proue du microcrédit, celui-ci devait définitivement gagner ses lettres de noblesse. Les *success-stories* – mettant surtout en scène des femmes – ont fait le tour du monde et ému le grand public.

Qu'en est-il des répercussions du microcrédit – mais aussi de l'épargne, autre produit de la microfinance – en matière de développement, plus de trois décennies après ses débuts, si nous entendons par développement un processus qui conduit à davantage de prospérité matérielle pour tous – ce qui renvoie à la réduction de la pauvreté – et qui permet la création d'emplois et l'émergence d'entrepreneurs produisant tout d'abord pour les populations locales[1] ? Un processus qui donne aussi lieu à une distribution plus équilibrée des

---

[1] Nous remercions l'évaluateur anonyme des remarques pertinentes à propos d'une première version de ce texte. Nos remerciements vont aussi à Jean-Michel Servet pour ses commentaires constructifs. Nous sommes cependant seules responsables des imperfections de ce travail.

fruits de la croissance, une plus grande égalité entre les genres et davantage d'autonomie par rapport aux liens asservissants, pour ne nommer que ces critères-là.

Il existe désormais une pléthore d'études d'impact recourant parfois aux méthodes statistiques les plus sophistiquées (Bédécarrats, 2012 ; Guérin, 2015 ; Servet, 2015a). Cependant, même lorsque le microcrédit est réduit à un outil standardisé, les acteurs à des individus désincarnés et les communautés à des entités sans histoire et enjeux de pouvoir – comme le fait la méthode de la randomisation (Banergee & Duflo, 2012)[2] –, les répercussions du microcrédit restent particulièrement difficiles à évaluer. Alors que des bienfaits peuvent être enregistrés dans un lieu précis et à un moment donné, leur validité universelle reste à prouver tant les réalités sont complexes. La seule étude d'impact disponible pour le Sénégal au moment de la rédaction arrive à des conclusions non univoques (Sy & Thiam, 2014). Les nombreux revers qu'a connus le mouvement (Bateman, 2010 ; Bateman & Chang, 2012 ; Dichter, 2007 ; Guérin et al., 2015) ont tempéré l'enthousiasme des défenseurs les plus fervents pour faire place à un réalisme de bon aloi.

L'évolution de la microfinance au Sénégal, pays pionnier en ce domaine, n'est pas à l'abri d'une certaine ambiguïté. À en juger les données chiffrées, les institutions de microfinance (IMF) témoignent d'un dynamisme remarquable. Entre 1998 et 2014, elles ont enregistré une croissance annuelle du nombre de sociétaires d'environ 17 %, une moyenne qui occulte cependant le recul entamé depuis 2011 (BCEAO, 2000 ; Sénégal, 2015a). Près de 16 % de la population dans son ensemble a désormais accès aux produits de la microfinance, ce qui correspond à un taux de pénétration[3] deux fois et demie plus élevé qu'en 2005. Les encours de crédit et d'épargne ont connu une évolution tout aussi impressionnante avec, entre 2005 et 2014, un triplement pour les premiers et plus qu'un triplement pour les seconds (Sénégal, 2015a : 15). On notera enfin que depuis 2002, l'encours de crédits dépasse celui de l'épargne, signe que le (micro)crédit semble en voie de banalisation. Ses effets restent cependant difficiles à cerner.

L'objectif est ici d'interroger les apports de la microfinance en termes de développement, en mettant un accent particulier sur les populations les plus démunies. Ce sont celles qui vivent en milieu rural.

---

[2] Pour une critique de cette méthode, voir Bédécarrats et al. (2013) et Labrousse (2010).
[3] Membres des IMF par rapport à la population dans son ensemble.

Il s'agira, tout d'abord, de retracer l'histoire de la microfinance au Sénégal en soulignant les dynamiques sous-jacentes ayant conduit à la généralisation des mécanismes de marché. Par la suite, sera abordée la problématique propre à la mesure des répercussions de la microfinance. L'on s'interrogera aussi sur les présupposés qui ont accompagné l'introduction de la microfinance, pour les confronter aux réalités du terrain sénégalais. Sera enfin ouvert le débat sur les réorientations des services financiers ciblant les pauvres, réorientations qui s'expliquent par la crise ayant suivi l'éclatement de la bulle spéculative de 2008.

1. LA MICROFINANCE AU SÉNÉGAL :
D'UN OUTIL MIS EN PLACE POUR LES PAUVRES...

Pour comprendre les dynamiques qui sous-tendent l'évolution de la microfinance, il convient de revenir à ses origines même (Doligez *et al.*, 2012). Celles-ci sont liées aux difficultés engendrées par les nombreuses catastrophes naturelles ayant sévi au Sénégal dans les années 1970 et 1980. Des sécheresses récurrentes avaient fragilisé tant les zones rurales que le milieu urbain, ce qui provoqua un exode rural massif et contribua au sous-emploi dans les villes. Les programmes d'ajustements structurels (PAS) entrepris à partir des années 1980 ont aggravé cette situation en matière d'emploi (Baumann, 2016 : 122-124) : des réformes structurelles mises en place pour stabiliser les finances publiques avaient réduit le rôle de l'État en tant qu'acteur économique. Le personnel du secteur public et parapublic fut l'objet d'incitations au départ volontaire, voire de licenciements. Les secteurs de la santé, de l'éducation, de la consultance, etc., s'ouvraient à l'initiative privée. Autant de mesures censées assurer aux biens et services sénégalais une plus grande compétitivité, dans un contexte d'économie de marché naissante. Le travail indépendant commença à avoir meilleure presse auprès des populations, même s'il s'agissait de petites activités – auparavant peu considérées – désormais souvent gérées par des patrons de toute évidence surqualifiés[4].

---

[4] ...tout en étant aussi souvent sous-qualifiés par rapport à la tâche qui les attendait. L'Opération maîtrisards en fournit la preuve la plus patente. Voir Baumann (2016 : 231-237).

Encadré

Questions méthodologiques et approche du terrain

Ce texte s'inscrit dans les travaux menés dans le cadre du projet « *Microfinance in crisis* » (financement European Investment Bank University Research Sponsorship programme, http://www.microfinance-in-crisis.org/, Guérin *et al.*, 2015 ; Baumann *et al.*, 2015). Il s'appuie sur des sources écrites qui comprennent la littérature académique, des enquêtes statistiques (notamment celles réalisées par les services statistiques sénégalais), des thèses, des rapports de stage, des documents officiels. Les données quantitatives proviennent de sources sénégalaises (Direction de la microfinance, Direction de la régulation et de la surveillance des systèmes financiers décentralisés, Observatoire de la qualité des services financiers), des IMF ainsi que de Mix Market, plateforme internationale spécialisée dans la collecte de données quantitatives auprès des institutions de la microfinance. Le cadre limité de cet article ne nous permet pas de faire une analyse critique de ces différentes sources. Ainsi, nous recourons aux données chiffrées dans l'objectif d'indiquer seulement les grandes tendances à l'œuvre.

Notre approche comprend aussi une démarche qualitative (entretiens, observation participante), afin de mieux interpréter et affiner les conclusions de ces sources écrites. Ainsi, environ quatre-vingts entretiens en profondeur ont été réalisés en février et mars 2013 et en juin et juillet 2014. Ces entretiens ont impliqué des représentants de l'offre (IMF et banques) et de la demande de services financiers (clients et non-clients d'IMF, dirigeants et membres des tontines), des hauts fonctionnaires de l'administration publique, des responsables d'institutions d'intermédiation financière privées et des représentants de bailleurs de fonds. Dans tous les cas, un guide d'entretien a contribué à donner de la cohérence à nos interrogations. Pour une question déontologique, nous avons opté pour la préservation de l'anonymat des interviewés. L'exploitation de ces entretiens s'est faite manuellement, en confrontant les dires des uns et des autres, conformément aux méthodes de la sociologie économique et de la socio-économie.

Nous avons également participé à des cérémonies privées, telles que des baptêmes et des réunions de tontines, et ceci afin d'analyser la représentation de la dette et connaître la pluralité des instruments financiers de type informel et leur rôle pour la répartition des risques.

L'implication d'une des co-auteures dans les travaux du CNC (Comité national de coordination, Cellule ATCPEC) au cours des années 1990 et le suivi des contacts au-delà de cette période a permis de donner de l'épaisseur historique à notre réflexion. L'autre co-auteure a effectué, en juin et juillet 2014, un stage dans une agence d'une IMF en banlieue de Dakar, ce qui a permis de mieux saisir les enjeux actuels.

Le développement par la microfinance ?

Les PAS avaient aussi des répercussions lourdes de conséquences pour le secteur financier : toutes les banques de développement avaient été contraintes de fermer. Les personnes les plus démunies étaient souvent amenées à s'adresser à des usuriers, et ceci tout particulièrement en milieu rural, ou à recourir à des sources de financement essentiellement basées sur les liens familiaux, les affinités personnelles, les principes religieux de solidarité, etc. (Baumann & Fall, 2013 ; Mottin-Sylla, 1993 ; Ndione, 1992). Comme dans d'autres pays d'Afrique subsaharienne, ces instruments financiers de type informel ont contribué – et contribuent toujours – à la cohésion sociale, tout en échappant à la mainmise de l'économie formelle et des milieux politiques.

Compte tenu de l'effondrement du système bancaire et dans un souci de remédier au sous-emploi, mais aussi de promouvoir la monétarisation de l'économie, les agences de développement allaient privilégier la microfinance comme un outil central pour les politiques publiques. Dans ce contexte, de nombreux dispositifs censés stimuler la création de micro et petites entreprises furent mis en place. Les décideurs politiques et les hauts fonctionnaires sénégalais travaillaient à l'élaboration du cadre institutionnel des activités de microfinance, avec l'aide de bailleurs de fonds. Ainsi, la coopération canadienne et la Banque mondiale ont été les principaux partenaires du projet ATOMBS (Projet d'Assistance technique aux opérations bancaires mutualistes au Sénégal), qui a élaboré le cadre juridique (Sénégal, 1991). Les activités ont débuté sous la supervision de l'AT-CPEC (Cellule d'assistance technique aux caisses populaires d'épargne et de crédit) rattachée au ministère de l'Économie et des Finances. La priorité fut d'abord accordée à des zones où le dénuement des populations est traditionnellement particulièrement grand, à savoir les zones rurales, mais aussi les banlieues de la capitale où la pauvreté avait pris de l'ampleur. Les documents officiels reprenaient le discours des bailleurs en insistant sur les potentialités de la microfinance en termes de réduction de la pauvreté[5].

---

[5] Ainsi, le premier document de stratégie pour la croissance et la réduction de la pauvreté (DSRP) estime que le « développement de la microfinance, notamment en appui à l'auto-prise en charge, permet aux clients pauvres des institutions mutualistes, en particulier les femmes, d'accroître et de stabiliser leurs revenus dans les zones urbaines et rurales (Sénégal, 2002 : 28). Le second DSRP, lui, considère la microfinance même comme un « domaine d'activité prioritaire » (Sénégal, 2006 : 25).

En très peu de temps, trois grandes institutions de microfinance sont apparues, chacune sous la coupe d'un « tuteur ». L'ACEP (Alliance de crédit et d'épargne pour la production) a été créée en 1986 dans les régions de l'arachide, Kaolack et Fatick, avec l'appui de l'USAID. Le CMS (Crédit Mutuel du Sénégal) a débuté ses activités dans la zone arachidière de Kaolack en 1988, grâce à l'appui de la coopération française. En revanche, le Pamecas (Projet d'appui aux mutuelles d'épargne et de crédit au Sénégal), dénommé à présent Partenariat pour la mobilisation de l'épargne et du crédit au Sénégal, soutenu par l'Agence canadienne de développement international, a privilégié, dès ses débuts en 1995, Pikine et Rufisque, deux banlieues de Dakar. Chaque « tuteur » voulait renforcer son propre modèle et gagner des parts de marché, ce qui devait rapidement renforcer la position dominante de ces trois grands acteurs.

L'ACEP et le Crédit Mutuel du Sénégal se sont rapidement rendu compte qu'en dépit de subventions considérables, la focalisation sur les zones rurales était économiquement insoutenable, ce qui les amena à se tourner davantage vers la clientèle urbaine. Le Pamecas avait, quant à lui, adopté la démarche inverse : s'il a pu étendre ses activités dans les zones rurales, c'était grâce à ses origines urbaines (Ouedraogo & Gentil, 2008 : 253-254). Cette croissance « extensive » a permis aux trois principaux acteurs de confirmer leur position dominante. En 1995 déjà, les deux tiers des emprunteurs ou épargnants sénégalais d'institutions de microfinance étaient clients de l'une de ces trois institutions. Les responsables du pays, eux, se félicitaient de l'évolution spectaculaire de la microfinance, présentant, ne serait-ce qu'implicitement, l'augmentation du nombre de sociétaires, de l'épargne mobilisée et des prêts distribués comme l'équivalent de l'efficacité en termes en lutte contre la pauvreté[6].

La mutualisation des risques grâce à la coexistence de produits d'épargne et de crédit – par opposition à l'approche commerciale du type société anonyme – est depuis le début un élément essentiel de la microfinance au Sénégal. Lors de l'élaboration de la première loi sur la microfinance (Lelart, 1996), l'on estimait que cette formule devait garantir une certaine autonomie par rapport au refinancement par le marché[7], faciliter l'appropriation des organisations par les sociétaires et

---

[6] Voir Sénégal (2002, 2007, 2010a, 2013).
[7] Même si les règles prudentielles imposent des limites assez strictes à la transformation des dépôts en crédits.

par là aussi, limiter la fraude. La législation encourageait le développement des coopératives en prévoyant un statut spécifique pour les précoopératives et les groupements d'épargne et de crédit (GEC). De petite taille et s'adressant aux plus démunis, ces GEC totalisaient 10 % des clients de la microfinance en 1996.

Jusqu'à la fin des années 1990, les organisations de microfinance bénéficiaient d'appuis réguliers et substantiels de la part de la communauté des bailleurs. Or, progressivement, elles se sont vues obligées de se refinancer aussi sur les marchés financiers et d'entrer dans une optique de commercialisation. L'on entend par là le recours aux marchés internationaux, au respect de l'impératif de rentabilité financière, de compétition et de régulation. Le rôle d'investisseurs privés tels que les banques, les fonds de pension, les compagnies d'assurance et des structures intermédiaires comme Blue Orchard, Triodos, Oikocredit, MicroCred Holding, etc., est central. Parmi les banques refinançant les IMF au Sénégal, l'on peut mentionner Ecobank, la Bank of Africa, la CBAO (Compagnie bancaire de l'Afrique occidentale), la Caisse nationale de crédit agricole du Sénégal (CNCAS), la Société générale de banques au Sénégal (SGBS) et la BIMAO (Banque des institutions mutualistes d'Afrique de l'Ouest). Quant aux autres intervenants, on peut signaler Caixa Catalunya espagnole, la KfW (Kreditanstalt für Wiederaufbau) allemande, la Fondation Grameen états-unienne, etc.

... à un dispositif intégré dans un paysage financier unique où le crédit se banalise

Non sans surprise, plus qu'avant, la commercialisation et le souci de refinancement poussaient les IMF à faire preuve de dynamisme. C'est à cette époque – en 2002 – que, pour la première fois, les encours de crédit dépassaient l'épargne (Sénégal, 2011a : 9), une tendance qui s'est maintenue depuis.

La croissance rapide avait cependant un prix, une certaine négligence par rapport aux ratios prudentiels et au suivi rapproché des clients, ce qui devait inévitablement conduire à la détérioration de la qualité du portefeuille. Et les autorités nationales de prononcer un verdict assez alarmant sur la situation des IMF, toutes catégories confondues, en critiquant leur « faible capacité de gestion », des « pratiques nébuleuses », et « l'absence de contrôle interne » (Sénégal, 2010a : 2). Cette situation était particulièrement problématique pour les GEC. Souvent, leur gestion manquait de rigueur

(Fall, 2012), ce qui se traduisait, entre autres, par leur incapacité de fournir un rapport annuel ou des informations relatives à leur clientèle.

Des réformes en profondeur étaient donc indispensables. Elles allaient se traduire notamment par une nouvelle loi réglant la microfinance, promulguée en 2008. Celle-ci prévoit une implication plus grande de la Banque centrale en matière de surveillance et d'octroi des agréments ; elle conduit aussi au renforcement des mécanismes de contrôle interne des IMF et exige des audits des états financiers et la protection des intérêts des consommateurs. L'idée centrale de la loi consiste en l'intégration de la microfinance dans un paysage financier unique. Pour les IMF, ceci implique l'acceptation des règles de l'économie de concurrence. Des acteurs transnationaux, mus par la recherche de profit sont amenés à jouer un rôle de plus en plus central, d'où l'arrivée, sur le marché sénégalais, d'IMF de type société anonyme et société à responsabilité limitée. Cette ouverture va de pair avec le ciblage accru d'une clientèle de petites et moyennes entreprises[8]. Or, il n'existe pas, au Sénégal, de limite clairement définie quant au montant maximum que les IMF sont autorisées à prêter. Par conséquent, celles-ci s'alignent sur le montant maximum pouvant être octroyé aux PME, conformément à la réglementation de l'UEMOA, à savoir 300 millions de FCFA (457 000 €). Selon nos interlocuteurs, les IMF accordent rarement des prêts aussi élevés, mais il semble que des sommes comprises entre vingt et trente millions de FCFA (30 500 à 45 700 €) soient assez souvent octroyées, entre autres à des personnes morales. Cela est d'autant plus problématique que le taux de défaut de paiement serait particulièrement important pour les prêts élevés. D'une manière générale, il semblerait que seuls 15 % des demandes de prêt soient rejetés (Sy & Thiam, 2014 : 18).

---

[8] Les principaux acteurs à cet égard sont des sociétés anonymes – Microcred Sénégal, Microsen et Mectrans (Mutuelle d'épargne et de crédit des transporteurs de la région de Dakar) –, ainsi que les leaders « traditionnels » – le Crédit Mutuel du Sénégal, ACEP et Pamecas –, ces derniers disposant désormais d'un guichet spécifique consacré aux PME (Sénégal, 2015b : 9). Une enquête réalisée par la Direction de la microfinance auprès de 18 IMF montre qu'en 2013, celles-ci avaient financé 4 400 petites et moyennes entreprises pour un montant moyen d'environ 9 millions de FCFA (13 700 €). Les prêts en question correspondaient à 14 % du portefeuille des IMF en question (Sénégal, 2014a).

Le développement par la microfinance ?

Parallèlement, les prêts à la consommation se banalisent[9], une banalisation qui est largement imputable à la domiciliation grandissante des salaires auprès des IMF. Le Crédit Mutuel du Sénégal, dont 8 % des clients sont des salariés, est un pionnier dans ce domaine. Produit nouveau s'il en est, la domiciliation de salaire est particulièrement rentable et prometteuse pour les IMF. Tout d'abord, elle génère d'importantes commissions, entre 3 000 et 5 000 FCFA (entre 4,50 et 7,50 €) par mois et par compte. Ensuite, du fait de la régularité des salaires, elle est susceptible de donner lieu à une épargne récurrente. Elle est aussi une condition préalable pour la distribution de prêts à la consommation. Et tout compte fait, les salariés représentent une clientèle relativement peu risquée puisqu'en cas de défaillance du preneur de crédit, une fraction du salaire sera saisie. Mais c'est aussi une clientèle susceptible d'évincer des populations plus risquées qui vivent d'activités telles que le petit commerce, les prestations de service, la petite production marchande, autant d'activités qui ne peuvent présenter que des garanties modestes et difficilement réalisables, mais qui mériteraient sans doute davantage un appui, pour leurs potentialités de création d'emplois et de génération de revenus.

Le risque d'éviction touche aussi les populations les plus précaires, sociétaires des institutions d'envergure modeste. Le souci de consolider le paysage de la microfinance a consisté à fermer près de 450 de ces organisations, dont la moitié étaient des GEC (Sénégal, 2010a). Conformément à la nouvelle législation, ces derniers ont été contraints de rejoindre des IMF réglementées ou de disparaître. Certains de nos interlocuteurs estiment que, de ce fait, l'on reviendrait aux tout débuts de la microfinance, en termes de couverture des zones les plus reculées[10]...

Alors que les IMF se focalisent de plus en plus sur les segments du marché supposés porteurs, la relation positive entre la microfinance, et tout particulièrement le microcrédit, continue à être présentée comme allant de soi, même si ce discours risque d'être en porte à faux par rapport aux réalités du terrain ; nous y reviendrons. Dans les nombreux

---

[9] A priori, une telle tendance n'est en rien critiquable, si ce n'est qu'elle contredit l'objectif initialement visé par la microfinance.

[10] Ce constat semble être confirmé par une augmentation sensible de l'épargne de type informel (par exemple auprès de regroupements de toutes sortes). Elle est attestée, pour la période comprise entre 2006 et 2011 (Sénégal 2015c : 205-218). Il semblerait aussi que les ruraux gardent davantage d'argent à domicile qu'ils ne l'ont fait en 2006.

documents analysés, un seul interlocuteur exprime le souhait de disposer d'une « étude pour évaluer l'impact de la microfinance, car [les partenaires techniques et financiers] restent convaincus qu'elle est un outil de réduction de la pauvreté[11] ».

En même temps, certains acteurs sonnent l'alerte – ne serait-ce qu'en privé – et les autorités nationales, elles, semblent s'inquiéter de la santé du secteur. Elles notent, entre autres, une « baisse tendancielle et inquiétante de la rentabilité des SFD, ainsi que de leur niveau de capitalisation ». De même, les indicateurs PAR (portefeuille à risque) à 30 et 90 jours se dégradent, dépassant « les normes admises » (Sénégal 2015b : 11). Plus encore, de manière récurrente, la presse relaie – non sans raison, nous disent des sources bien informées – des informations relatives à des irrégularités survenues dans les IMF *leaders*, comme le Crédit Mutuel du Sénégal et Pamecas, des *leaders* dont on dit qu'ils bénéficient d'un important soutien politique[12].

2. Microfinance, développement et lutte contre la pauvreté

Les bienfaits de la microfinance sont répétés inlassablement, tel un mantra, dans les documents officiels, sans véritablement être remis en question (Sénégal, 2002, 2007, 2010a, 2013). Un document interne, le compte rendu de réunion du Comité central de coordination de la Direction de la microfinance (22 juillet 2009), résume l'idée que se font notamment les hauts responsables. La ministre de la Famille, de la Sécurité alimentaire, de l'Entrepreneuriat féminin, de la Microfinance et de la Petite enfance souligne que la microfinance permet de « sortir les couches vulnérables de la population de la pauvreté et de contribuer efficacement au développement économique ». Qu'en est-il effectivement ?

---

[11] *Ibid.* Il s'agit de la représentante de l'Agence française de développement. Un souhait qui s'est réalisé par l'étude économétrique évoquée ci-dessus (Sy & Thiam, 2014).

[12] On lira, entre autres, « Bamboula à la FC CMS. Comment le Crédit mutuel du Sénégal a été siphonné par ses dirigeants », *La Gazette*, 5 avril 2012 ; « Mame Boury Ngom Tall, Directrice de la réglementation et de la supervision des systèmes financiers décentralisées : Ce qui s'est passé à Pamecas... », *Dakaractu.com*, 22.10.2014. Les autorités sénégalaises, soucieuses d'éviter un mouvement de panique chez les déposants, sont toujours restées prudentes quant à la divulgation de l'information.

Il n'y a pas de doute, beaucoup a été fait en matière de microfinance, que ce soit en termes de création d'institutions, de formation des bénéficiaires, de sensibilisation des populations ou de professionnalisation du personnel. Cependant, le développement étant un processus multidimensionnel, il est extrêmement délicat de mesurer l'impact de la microfinance. Cette difficulté conduit l'analyste à procéder par petites touches, à prendre l'opinion des intéressés, à scruter tel ou tel phénomène, si peu perceptible soit-il.

Si l'on s'interroge sur la microfinance en tant qu'instrument de lutte contre la pauvreté, par le biais du financement d'activités génératrices de revenus et d'emplois, la prudence est de mise. Car la mesure s'avère délicate non seulement à cause de la fongibilité de l'argent et de la multiplicité des sources de financement disponibles, mais aussi parce que les petits opérateurs économiques font rarement la distinction entre le budget personnel et la trésorerie de leur entreprise. Dit autrement, même si un prêt est formellement destiné à l'investissement, son remboursement peut être rendu possible par un transfert d'argent effectué par un proche vivant à l'étranger[13], voire par l'endettement croisé impliquant le cas échéant une autre IMF. L'endettement croisé est favorisé par l'absence d'un dispositif opérationnel susceptible d'enregistrer, au niveau national, les preneurs de prêts et les clients défaillants. Autrement dit, le remboursement d'un prêt – les taux voisinent les 95 % – n'est pas nécessairement un bon indicateur susceptible de prouver l'efficacité de l'investissement, si investissement il y a.

Pour le Sénégal, la seule étude ayant pour ambition de mesurer l'impact de la microfinance – et adoptant une approche économétrique – arrive à des conclusions non équivoques. On peut y lire notamment que « seuls 11 % des clients dont le revenu est compris entre 45 000 et 100 000 FCFA recevraient un revenu supplémentaire à la suite d'une demande de microcrédit » (Sy & Thiam, 2014 : 19). Décidément, ceci est peu…

L'on peut aussi interroger les données macro-économiques. Ainsi, sachant que désormais près d'un Sénégalais âgé de plus de 15 ans sur trois a accès aux services de la microfinance, on pourrait s'attendre à une diminution sensible de la pauvreté, diminution explicitement identifiée comme telle par les populations. La *Deuxième enquête de*

---

[13] Au Sénégal, les transferts dépassent désormais l'aide publique au développement !

suivi de la pauvreté au Sénégal en 2011 indique que la pauvreté a effectivement régressé entre 2001 et 2010-2011, une évolution qui est également attestée par l'indice de Gini[14]. En début de période, 55 % de la population étaient considérés comme pauvres – par rapport à la consommation alimentaire et non alimentaire –, contre près de 47 % en fin de période, l'amélioration de la situation étant particulièrement remarquable dans la capitale (38 % contre 26 %) (Sénégal, 2013a : 29). Cependant, la sévérité de la pauvreté – elle renvoie aux populations les plus démunies – est restée quasiment au même niveau. En 2011, le pourcentage des pauvres est, avec plus de 60 %, particulièrement élevé dans les régions comme Fatick, Kaolack, Kaffrine, Kolda, Ziguinchor, Sédhiou, Tambacounda et Kédougou, contre moins de 40 % dans les régions de Dakar, Saint-Louis et Louga[15]. Il s'avère qu'à l'exception de Ziguinchor, toutes ces régions sont aussi celles où l'implantation de la microfinance est relativement faible[16]. En même temps, d'après la même enquête, plus de la moitié des Sénégalais pensent qu'au courant de l'année écoulée, leur situation matérielle s'est dégradée (*ibid.* : 36). Lors de la première *Enquête de suivi de la pauvreté au Sénégal*, la dégradation – cette fois-ci au courant des cinq années précédentes – a été ressentie par 44 % des familles enquêtées, contre 65 % en 2001/2002 (Sénégal, 2007 : 53)[17].

La pauvreté serait-elle alors due à une demande insuffisante de produits microfinanciers, surtout en milieu rural ? Ou bien est-ce l'offre qui fait défaut, car les IMF hésiteraient à s'installer près des pauvres, alors qu'elles disposent de suffisamment de ressources mobilisables, ce qui fait certains de nos interlocuteurs réclamer une limitation stricte de la distribution de microcrédits ? Et quid des déterminants du recul de la pauvreté ? Ces relations de cause à effet mériteraient d'être approfondies par des études fines, c'est certain. Il n'en reste pas moins que les Sénégalais ne semblent pas très convaincus des potentialités de

---

[14] Indice qui mesure la répartition globale des revenus, sans pour autant refléter leur distribution entre les différents segments de la population. Plus l'indice Gini est élevé, plus la société est inégalitaire. Après une chute spectaculaire de 54 à 41 entre 1991 et 1994, cet indice était de 40 en 2011. Source : http://www.indexmundi.com/facts/senegal/indicator/SI.POV.GINI/.
[15] Il semblerait que le résultat étonnant de Louga, région d'émigration par excellence, soit dû aux transferts d'argent.
[16] Les relations de cause à effet mériteraient des études fines.
[17] D'après l'afrobaromètre, la situation au Sénégal serait moins bonne qu'ailleurs en Afrique subsaharienne (Mattes *et al.*, 2016).

Le développement par la microfinance ?

la microfinance en termes de réduction de la pauvreté. Nous en prenons comme preuve les résultats de la première *Enquête de suivi de la pauvreté au Sénégal*. À la question de savoir quel serait le meilleur outil pour lutter contre la pauvreté, l'accès au crédit vient en cinquième position, loin après la création d'emplois et la mise à disposition de services sociaux (Sénégal, 2007 : 59). Ces résultats confirment aussi les dires de nos interlocuteurs sur le terrain.

L'on peut aussi s'interroger quant à la démocratisation qu'est supposée promouvoir la microfinance. Un premier indice que l'on peut prendre en compte concerne les relations entre prêteurs de type informel et populations. La mise en place de la microfinance au Sénégal était justement motivée par la dépendance des populations rurales vis-à-vis de « prêteurs usuriers », notamment en milieu rural et pendant les périodes de soudure (Sénégal, 1991). D'après nos investigations, cette dépendance a de toute évidence régressé, même si la contribution effective de la microfinance à cette évolution mériterait des analyses approfondies afin d'être prouvée.

Un autre indice concerne l'émancipation des femmes. La microfinance prétend la promouvoir en privilégiant l'entrepreneuriat féminin. Il est vrai que la clientèle féminine est particulièrement choyée par les développeurs de toute sorte – et ceci était particulièrement vrai pendant la présidence d'Abdoulaye Wade –, mais il y a un décalage non négligeable entre le discours et les réalités quotidiennes. L'on constate que prises individuellement, les femmes ne représentent qu'environ 40 % des sociétaires, et ceci de manière assez constante[18]. Elles contribuent à environ un quart de l'épargne déposée dans les IMF, et même si elles bénéficient de la moitié des prêts, ceux-ci ne comptent que pour environ un quart des encours (Sénégal, 2015b : 4). Ces données incitent à relativiser l'impact de la microfinance en termes d'émancipation des femmes.

La démocratisation renvoie aussi aux inégalités entre milieux et régions, en termes d'accès aux services financiers. Là aussi, la situation paraît problématique, car le taux de pénétration relativement satisfaisant au niveau national cache des disparités considérables. En effet, en 2013, ce taux a varié d'un à quinze entre milieu rural et urbain, et même d'un à dix-sept entre régions (Sénégal, 2014a : 3). Toujours en

---

[18] Le chiffrage exact se heurte au fait qu'environ 10 % des sociétaires sont des personnes morales. Souvent, il s'agit également de femmes, mais les données font défaut.

2013, plus de la moitié des sociétaires vivaient dans la région de Dakar – avec une forte concentration dans la ville même de Dakar –, alors que sa population représentait moins d'un quart des Sénégalais.

Ceci nous amène à nous interroger sur la vision qui a présidé à l'introduction de la microfinance et à confronter cette vision aux réalités du terrain.

3. PRÉSUPPOSÉS *VERSUS* RÉALITÉS

Cette vision se caractérise par un certain nombre de présupposés qui nous paraissent fort discutables. Le premier consiste à affirmer que les populations pauvres ne savent pas gérer leur budget et qu'elles n'épargnent pas suffisamment. Seules les institutions formalisées seraient à même de remédier à cette situation. Il s'agit là d'une approche qui est celle des économistes comportementalistes, approche répandue, entre autres, par la Banque mondiale (2015b et 2015c). Dans l'édition 2015 de son *Rapport sur le développement dans le monde*, elle insiste sur des lacunes cognitives des populations pauvres, lacunes qui freineraient l'épargne, celle-ci étant d'ailleurs considérée exclusivement sous sa forme monétaire. C'est une vision réductrice qui nous est présentée là : elle n'ignore pas seulement la discipline dont les pauvres font preuve lorsqu'il s'agit de gérer leurs modestes économies (Rutherford, 2012), mais aussi la pluralité des dispositifs d'épargne.

Pour le Sénégal, cette vision est aussi contredite par l'*Enquête pauvreté et structure familiale 2010-2011* qui nous apprend que l'épargne privée – 404 milliards de FCFA (près de 615 millions €) au niveau national, soit près de 6 % du PIB – se fait auprès des banques, des mutuelles, des tontines et autres groupements ainsi qu'auprès de personnes de confiance. En milieu rural, l'épargne déposée dans les institutions formelles (qui englobent les IMF) équivaut à celle qui circule au sein des tontines, soit 37 milliards de FCFA (56 millions €) (Sénégal, 2015a : 404-405). Les ménages ruraux déposent leurs économies, plus que ne le font les citadins, auprès de groupements de toutes sortes, et ils gardent des sommes considérables au domicile (29 milliards de FCFA, soit 44 millions €). On le voit, la microfinance n'est qu'un outil parmi d'autres pour sécuriser les économies monétaires. Plus encore, les populations ont aussi une grande habitude d'immobiliser leurs économies sous forme de biens de toutes sortes, de tissus, de matériaux de construction, de denrées alimentaires et d'animaux. Cette épargne sur pied est en même temps un investissement qui peut être réalisé en cas de besoin, avec une plus-value parfois considérable, par exemple dans le cas d'un ovin vendu au moment des fêtes religieuses. L'on sait aussi que beaucoup de biens, tels les tissus, couvre-lits et autres produits de toilette, circulent dans les cérémonies comme les baptêmes, circulation qui permet à l'individu – les femmes notamment – d'être inséré dans des communautés qui sont susceptibles de venir au secours de leurs membres (Baumann & Fall, 2013 ; Mottin-Sylla, 1993 ; Ndione, 1992). Autant d'éléments qui nous amènent à relativiser le rôle de l'épargne dite « officielle » auprès d'une IMF.

Un second présupposé consiste à penser que, pour faire face aux aléas de la vie, mais aussi pour mener une activité économique, les populations pauvres sont demandeuses de crédit et que les IMF représenteraient les institutions de choix à cet égard. Ce présupposé semble négliger le fait que les populations ne pensent pas nécessairement à des catégories telles que l'épargne, le crédit ou l'assurance, et que pour faire face aux risques et incertitudes, elles ont l'habitude de recourir à une pluralité d'outils (Servet, 1995). Lorsque prêt il y a, il peut être de type formel ou informel, être pris auprès de la famille, d'amis ou de coreligionnaires. Mais c'est tout d'abord l'épargne personnelle qui joue un rôle central. Grâce à la littérature scientifique, l'on sait que les activités économiques sont, dans un premier temps, généralement financées par l'épargne personnelle (Bateman et Chang, 2012). Dans le cas du Sénégal, les conclusions d'enquêtes récentes réalisées au niveau macro-économique vont également dans ce sens. Ainsi, l'*Enquête nationale sur le secteur informel* nous apprend que les investissements de petites unités proviennent à raison de 76 % de l'épargne personnelle et seulement pour moins de 3 % d'une IMF (Sénégal, 2013b : 39). D'après l'*Enquête nationale sur les petites et moyennes entreprises*, moins de 10 % des PME recourent au financement par un microcrédit – contre 14 % auprès d'une banque (Sénégal, 2014b : 29). Et si la difficulté d'accéder à un prêt est susceptible d'être vécue comme une contrainte, celle-ci n'est pas considérée comme la plus handicapante. En effet, les entrepreneurs se sentent tout d'abord pénalisés par le montant élevé des impôts et taxes et par la difficulté d'accéder aux marchés publics (*ibid.* : 43).

Un troisième présupposé renvoie à l'idée selon laquelle la microfinance sert à l'investissement dans des activités productives et qu'*in fine*, ce sera par ce levier que la pauvreté sera réduite. Or, il s'avère que les prêts accordés servent tout d'abord à financer le (petit) commerce – à raison de près des deux tiers (Sénégal, 2011b : 13) – qui, par nature, crée peu de valeur ajoutée. Pour ce qui est des petits producteurs de biens, tels que les menuisiers, les tailleurs et les bijoutiers, les prêts servent essentiellement à alimenter le fonds de roulement. La création d'entreprise de production, elle, s'effectue tout d'abord grâce à l'épargne personnelle, nous l'avons vu.

Un autre présumé concerne l'agriculture, pensée comme l'un des domaines de prédilection pour financer l'économie. Là aussi, les espoirs furent vite déçus lorsque, au bout de quelques années d'existence seulement, les leaders de la microfinance au Sénégal commençaient à s'investir davantage dans les villes, tant le secteur agricole s'était révélé risqué et son financement difficilement compatible avec les temporalités qui sont celles des prêts classiques. Et les autorités même de regretter « l'absence de maîtrise au niveau des SFD, du cycle et des caractéristiques des filières agricoles existantes et des chaînes de valeur qui les composent » (Sénégal, 2010b : 23). Environ 10 % des prêts se dirigent vers l'agriculture, nous disent les rares documents officiels ventilant en fonction des secteurs financés (Sénégal, 2011b : 13). Autrement dit, dans l'état actuel des choses, au Sénégal, avec des aléas naturels – pluviométrie déficitaire, invasion de criquets, etc. – frappant une année sur trois une agriculture peu artificialisée où l'assurance n'est qu'à ses premiers balbutiements, le financement de l'agriculture par le microcrédit est tout simplement trop risqué.

Le cinquième et dernier présupposé est sans aucun doute le plus problématique. Il est relatif au rôle qu'est censée jouer la microfinance, et tout particulièrement le microcrédit, par rapport aux plus pauvres. Un certain nombre de conditions doivent être remplies pour que l'équation « microcrédit égal bienfaits pour les plus pauvres » soit valable (Servet, 2015d) : les bénéficiaires doivent vraiment se compter parmi les plus pauvres ; les prêts doivent se diriger vers des activités productives pour lesquelles un véritable marché existe, sans pour autant porter atteinte aux autres opérateurs déjà présents ; le bénéficiaire du prêt doit être en mesure de s'exposer aux risques inhérents à l'activité financée et avoir des capacités managériales ; le coût du prêt doit être avantageux par rapport à la marge bénéficiaire de l'activité financée ; les investissements réalisés doivent être endogènes, etc. Toutes ces conditions sont rarement réunies. Ce sont donc à la fois l'offre et la demande qui sont en cause. Si l'on part du principe que les couches les plus défavorisées ont besoin de prêts, elles ne disposent pas nécessairement du savoir-faire social nécessaire pour se rapprocher d'une IMF et formuler leur demande. Pour ce qui est de l'offre, les IMF subissent d'importantes contraintes de compétitivité, nous l'avons vu. De ce fait, elles préfèrent s'adresser de prime abord aux couches solvables, laissant aux ONG à vocation humanitaire le soin de s'occuper de l'assistance aux populations les plus démunies. Revenons à l'étude mentionnée plus haut dont les auteurs estiment que plus les preneurs de prêts sont pauvres – d'origine rurale, peu instruits et novices en matière d'IMF – plus ils risquent de s'engouffrer dans une trappe de pauvreté… (Sy & Thiam, 2014).

4. D'UN MANTRA À L'AUTRE : MICROFINANCE ET INCLUSION FINANCIÈRE

L'accès au crédit et à des produits d'épargne de type formel est tout à fait légitime et souhaitable pour les populations des pays du Sud : il y va de leur autonomie. Ce qui est cependant problématique, c'est l'instrumentalisation des pauvres pour faire aboutir des projets plus globaux, projets dont la maîtrise leur échappe complètement.

Nous avons vu à quel point il y a un hiatus entre le discours enjoliveur sur la microfinance, d'une part, et la situation réelle des populations démunies, d'autre part, au Sénégal comme ailleurs (Guérin *et al.*, 2015). Pendant longtemps, les bailleurs de fonds et les experts en microfinance se disaient persuadés que la microfinance permettra le développement et la réduction de la pauvreté. Alors qu'ils répétaient inlassablement ce même mantra, l'économie de marché a de plus en plus envahi le paysage de la microfinance, amenant de nouvelles règles de jeu et impliquant de nouveaux arrangements institutionnels. En effet, les caractéristiques de cette économie conduisent les IMF à se refinancer de plus en plus sur le marché[19], à attirer, pour être rentables, une clientèle de plus en plus nombreuse et plus solvable que ne le sont les plus pauvres, ces derniers se trouvant surtout parmi les populations rurales. Les délais de montage des dossiers – aspect non négligeable de la compétition entre IMF – sont souvent extrêmement réduits et peu compatibles avec une étude sérieuse de la situation. Rien d'étonnant à

---

[19] Jacques Attali ne s'y trompa point lorsqu'il prédit, il y a une dizaine d'années, que « [la microfinance…] constituera […], dans l'avenir, un formidable marché pour les banques commerciales ». Source : Guérin (2015 : 11) citant J. Attali, « La microfinance aujourd'hui », in *Rapport moral sur l'argent dans le monde*, Paris, Association d'économie financière, 2006, p. 151.

cela, car le personnel est lui aussi poussé à « faire du chiffre ». Si le crédit s'est désormais banalisé, y compris pour la consommation, des méthodes parfois musclées employées à l'égard des débiteurs défaillants font partie du tableau. Dans des expériences isolées, l'on peut constater que les populations se sont véritablement approprié leur IMF, mais ceci n'est certainement pas – ou plus – le cas pour la grande majorité des sociétaires des IMF. On est donc loin des débuts de la microfinance, lorsque l'accent a été mis sur le « *small is beautiful* », l'approche par le bas et sur les aspects sociaux. La microfinance est devenue un élément à part entière du capitalisme mondialisé et la financiarisation progresse, même si, au Sénégal, elle est loin d'avoir atteint les proportions qu'on lui connaît ailleurs[20].

La dernière page de la microfinance est cependant loin d'être écrite. Alors que l'un des apologistes du microcrédit admet que « *microcredit [...] may not be the "miracle" that it is sometimes claimed to be, although it does allow some households to invest in their small businesses* » (Banerjee *et al.*, 2014 : 28), le discours et les pratiques évoluent et de nouvelles pistes sont explorées. Désormais, les populations en situation de précarité – dans le Sud, certes, mais pas seulement – sont ciblées par une autre formule quasiment magique, celle de l'inclusion financière, dans le sens d'un accès à des services financiers auprès des banques, les IMF et les agences d'*e-money*. Sept des vingt objectifs pour le développement durable sont concernés par l'inclusion financière qui, nous disent les experts, ouvrirait la voie non seulement vers la prospérité, mais aussi vers un monde plus égalitaire. Et la Banque mondiale de citer le Sénégal même comme exemple[21]. Ceci n'est certainement pas le fruit du hasard, si l'on sait que la couverture en téléphones portables, éléments clés pour l'*e-banking*, dépasse les 100 % de la population sénégalaise. Le pays pourrait ainsi

---

[20] L'on pense notamment aux pays post-soviétiques telle la Géorgie, où les IMF accordent des prêts en trente minutes sans la moindre garantie et sans que le preneur ait à se présenter dans les locaux, et ceci moyennant des taux débiteurs de 18 % par mois. Voir, par exemple, http://www.finca.ge/en/. Les banques commerciales ne sont pas en reste, avec des pratiques qui frisent le harcèlement.

[21] Voir « *Prosperity in Senegal* » sur le site de la Banque mondiale et https://www.youtube.com/watch?v=vZMNRw0Z3U8 [accès 7 novembre 2016]. Un document récent de la Banque mondiale (2016) est un véritable plaidoyer pour l'inclusion financière. On y trouve les arguments simplistes désormais classiques tels que la forte demande des pauvres de services financiers et leur insuffisante compréhension des mécanismes financiers. Autant d'arguments qui mériteraient d'être relativisés au vu des résultats d'enquêtes fines…

être à l'avant-garde de l'innovation et suivre l'exemple du Kenya, où l'*e-banking* est particulièrement répandu. On le voit, le mantra a peu changé : la prospérité est mise en avant, la promesse de démocratisation et les relations de genre également. Cette fois-ci, c'est la technologie qui vient en appui, dans un contexte international profondément ébranlé par les suites de l'éclatement de la bulle spéculative en 2008. Pour éviter que le monde de la finance soit de nouveau exposé à des risques lourds de conséquences pour son équilibre, l'argent des pauvres – et notamment leur épargne – est censé venir au secours (Han & Melecky, 2013 : 4). Sachant que les populations disposant de faibles revenus ont un comportement financier plus stable que les riches, leur épargne peut servir d'amortisseur en cas de fluctuations intempestives. Plus encore, elle est susceptible de représenter une ressource disponible lorsque d'autres canaux de financement se seront taris. L'argent des pauvres permettrait enfin aussi d'augmenter la résilience des ménages et de contribuer de manière indirecte à la stabilité globale. De ce fait, les pauvres se trouvent instrumentalisés au nom d'un projet plus large, celui d'assurer la stabilité de la finance globalisée. Nous sommes alors en présence d'une solidarité d'un nouveau type, produite par le marché globalisé, et non plus, comme ceci était le cas au tout début de la microfinance, une solidarité générée par l'adhésion par le bas à un projet commun. On peut alors être sceptique quant aux potentialités de développement d'un tel système.

BIBLIOGRAPHIE

BANERJEE, A. V. & DUFLO E. (2012), *Repenser la pauvreté*, Paris, éditions du Seuil.

BANERJEE, A. V. ; DUFLO, E. ; GLENNERSTER, R. & KINNAN C. (2015), "The miracle of microfinance? Evidence from a randomized evaluation", *American Economic Journal: Applied Economics*, vol. 7, n° 1, january, pp. 22-53.

BANQUE MONDIALE/RÉP. DU SÉNÉGAL, MINISTÈRE DE L'ÉCONOMIE, DES FINANCES ET DU PLAN/CONFÉDÉRATION SUISSE, Federal Department of Economic Affairs (2016), *Amélioration de la capacité financière et de l'inclusion financière au Sénégal. Une évaluation de la demande*, Washington D.C., Rapport n° AC18885.

BATEMAN, M. (2010), *Why Doesn't Microfinance Work? The Destructive Rise of Local Neoliberalism*, London, Zed Books.

BATEMAN, M. & CHANG H.-J. (2012), "Microfinance and the Illusion of Development: From Hubris to Nemesis in Thirty Years", *World Economic Review*, vol. 1, pp. 13-36.

BAUMANN, E. (2016), *Sénégal, le travail dans tous ses états*, Rennes, Presses universitaires de Rennes/IRD éditions.

BAUMANN, E. & FALL M. A. (2013), « Représentations de la dette et microfinance au Sénégal », in HOURS B., OULD-AHMED P. (éds.), *Dette de qui ? Dette de quoi ? Une économie anthropologique de la dette*, Paris, L'Harmattan, pp. 77-90.

BAUMANN, E. ; FALL, A. & GODFROID, Cecile, 2015, "Malaise in the Senegalese Microfinance Landscape", in GUÉRIN I., LABIE M. et SERVET J.-M., *The Crises of Microcredit*, London, Zed Books, pp. 133-151.

BCEAO (Banque centrale des États de l'Afrique de l'Ouest) & BIT (Bureau international du travail) (2000), « Banque de données sur les systèmes financiers décentralisés. 1998 », Dakar, PA-SMEC (Programme d'appui aux structures mutualistes ou coopératives d'épargne et de crédit).

BÉDÉCARRATS, F. (2012), *La microfinance entre utilité sociale et rentabilité financière : le rôle des normes dans la gouvernance d'un secteur mondialisé*, université Panthéon-Sorbonne – Paris I. https://tel.archives-ouvertes.fr/tel-00866895.

BÉDÉCARRATS, F. ; GUÉRIN, I. & ROUBAUD F. (2013), « L'étalon-or des évaluations randomisées : du discours de la méthode à l'économie politique », *Sociologies pratiques*, 2013/2, n° 27, pp. 107-122.

DICHTER, T. (2007), "A Second Look at Microfinance. The Sequence of Growth and Credit in Economic History", *Development Policy Brief Paper*, n° 1, Cato Institute, Center for Global Liberty and Prosperity.

DOLIGEZ, F. ; FALL, F. S. & OUALY M. (dir.) (2012), *Expériences de microfinance au Sénégal*, Paris, Karthala.

FALL, A. (2012), « Les mutations juridiques et institutionnelles de la microfinance au Sénégal », in DOLIGEZ F. *et al.*, *Expériences de microfinance au Sénégal*, Paris, Karthala, pp. 27-44.

GUÉRIN, I. (2015), *La microfinance et ses dérives. Émanciper, discipliner ou exploiter ?*, Paris, Demopolis.

GUÉRIN, I. ; LABIE, M. et SERVET J.-M. (dir.) (2015), *The Crises of Microcredit*, London, Zed Books.

HAN, R. & MELECKY M. (2013), "Financial Inclusion for Financial Stability. Access to Bank Deposits and the Growth of Deposits in the Global Financial Crisis", *Policy Research Working Paper*, n° 6577, Background Paper to the 2014 World Development Report, Washington D.C., World Bank.

LABROUSSE A. (2010), « Nouvelle économie du développement et essais cliniques randomisés : une mise en perspective d'un outil de preuve et de gouvernement », *Revue de la régulation*, n° 7, printemps, 32 p. https://regulation.revues.org/7818 [accès octobre 2016].

LELART, M. (1996), « La nouvelle loi sur les mutuelles d'épargne et de crédit dans les pays de l'UEMOA (loi PARMEC) », *Mondes en développement*, 24(94), pp. 57-69.

MOTTIN-SYLLA, M. H. (1993), *L'argent, l'intérêt, l'épargne et le temps. Tontines et autres pratiques féminines de mobilisation de moyens observés à Dakar*, Dakar, ENDA–SYNFEV.

NDIONE, E. S. (1992), *Le don et le recours : ressorts de l'économie urbaine*, Dakar, ENDA–Tiers-monde.

RUTHERFORD, S. (2012), *Comment les pauvres gèrent leur argent*, Paris, Karthala.

OUEDRAOGO, A. & GENTIL D. (2008), *La microfinance en Afrique de l'Ouest : Histoires et innovations*, Paris, Karthala.

SÉNÉGAL (RÉP. DU)/MINISTÈRE DE L'ÉCONOMIE, DES FINANCES ET DU PLAN, PROJET D'ASSISTANCE TECHNIQUE AUX OPÉRATIONS BANCAIRES MUTUALISTES AU SÉNÉGAL (1991), *Étude sur les habitudes et besoins des populations-cibles en matière d'épargne et de crédit et sur l'intermédiation financière informelle au Sénégal*, Dakar, Cellule ATOBMS.

SÉNÉGAL (RÉP. DU)/MINISTÈRE DE L'ÉCONOMIE ET DES FINANCES (2002), *Document de stratégie de réduction de la pauvreté*, Dakar.

SÉNÉGAL (RÉP. DU) (2006), *Document de stratégie pour la croissance et la réduction de la pauvreté, 2006-2010*.

SÉNÉGAL (RÉP. DU)/MINISTÈRE DE L'ÉCONOMIE ET DES FINANCES/AGENCE NATIONALE DE LA STATISTIQUE ET DE LA DÉMOGRAPHIE (2007), *Enquête de suivi de la pauvreté au Sénégal. ESPS 2005-2006*, Dakar.

SÉNÉGAL (RÉP. DU)/MINISTÈRE DE L'ÉCONOMIE ET DES FINANCES, DIRECTION DE LA RÉGLEMENTATION ET DE LA SUPERVISION DES SYSTÈMES FINANCIERS DÉCENTRALISÉS (2010a), *Plan d'assainissement du secteur de la microfinance*, Dakar.

SÉNÉGAL (RÉP. DU)/MINISTÈRE DE L'ÉCONOMIE ET DES FINANCES, UNITÉ DE COORDINATION DE SUIVI DE LA POLITIQUE ÉCONOMIQUE (2010b), *Formulation du document de politique économique et sociale 2011 – 2015. Bilan diagnostic du DSRP-II*, Dakar.

SÉNÉGAL (RÉP. DU)/MINISTÈRE DE L'ÉCONOMIE ET DES FINANCES, DIRECTION DE LA RÉGLEMENTATION ET DE LA SUPERVISION DES SYSTÈMES FINANCIERS DÉCENTRALISÉS (2011a), *Données consolidées des systèmes financiers décentralisés sur la période 2000-2009*, Dakar.

SÉNÉGAL (RÉP. DU)/MINISTÈRE DE L'ÉCONOMIE ET DES FINANCES, UNITÉ DE COORDINATION ET DE SUIVI DE LA POLITIQUE ÉCONOMIQUE (2011b), *État d'avancement de la mise en œuvre du DSRP-II en 2010*, Dakar.

SÉNÉGAL (RÉP. DU)/MINISTÈRE DE L'ÉCONOMIE ET DES FINANCES/AGENCE NATIONALE DE LA STATISTIQUE ET DE LA DÉMOGRAPHIE (2013a), *Deuxième enquête de suivi de la pauvreté au Sénégal (ESPS-II 2011)*, Dakar.

SÉNÉGAL (RÉP. DU)/MINISTÈRE DE L'ÉCONOMIE ET DES FINANCES/AGENCE NATIONALE DE LA STATISTIQUE ET DE LA DÉMOGRAPHIE (2013b), *Enquête nationale sur le secteur informel au Sénégal, ENSIS 2011*, Dakar.

SÉNÉGAL (RÉP. DU)/MINISTÈRE DE L'ENTREPRENEURIAT FÉMININ ET DE LA MICROFINANCE, DIRECTION DE LA RÉGLEMENTATION ET DE LA SUPERVISION DES SYSTÈMES FINANCIERS DÉCENTRALISÉS (2014a), *Données consolidées des SFD par région. 2013*, Dakar.

SÉNÉGAL (RÉP. DU)/MINISTÈRE DE L'ÉCONOMIE ET DES FINANCES/AGENCE NATIONALE DE LA STATISTIQUE ET DE LA DÉMOGRAPHIE (2014b), *Enquête nationale sur les petites et moyennes entreprises (ENPME 2013). Rapport provisoire*, Dakar.

SÉNÉGAL (RÉP. DU)/MINISTÈRE DE LA FEMME, DE LA FAMILLE ET DE L'ENFANCE/DIRECTION DE LA MICROFINANCE (2015a), *Document de Politique sectorielle de la microfinance et plan d'action (2016-2020)*, Dakar.

SÉNÉGAL (RÉP. DU)/MINISTÈRE DE LA FEMME, DE LA FAMILLE ET DE L'ENFANCE/DIRECTION DE LA MICROFINANCE (2015b), *Rapport sur la situation globale du secteur au 30 juin 2015*, Dakar.

SÉNÉGAL (RÉP. DU)/MINISTÈRE DE L'ÉCONOMIE ET DES FINANCES/AGENCE NATIONALE DE LA STATISTIQUE ET DE LA DÉMOGRAPHIE (2015c), *Enquête pauvreté et structure familiale 2010-2011 (EPSF). Rapport de synthèse des résultats*, Dakar.

SERVET, J.-M. (dir.) (1995), *Épargne et liens sociaux. Études comparées d'informalités financières*, Paris, Association d'économie financière.

SERVET, J.-M. (2015a), *La vraie révolution du microcrédit*, Paris, Odile Jacob.

SERVET, J.-M. (2015b), *L'économisme rampant de la « nouvelle » économie comportementale (1). Une lecture critique du « World Development Report » 2015 de la Banque mondiale*, Paris, Institut Veblen.

SERVET, J.-M. (2015c), *L'économisme rampant des études comportementalistes (2). De l'usage de l'épargne et de la monnaie*, Paris, Institut Veblen.

SERVET, J.-M. (2015d), « Pourquoi l'impact du microcrédit sur la réduction de la pauvreté en Afrique du Sud est-il limité ? », in PARANQUE B. et PÉREZ R. (éds.), *La finance autrement ? Réflexions critiques et perspectives sur la finance moderne*, Villeneuve d'Ascq, Presses universitaires du Septentrion, pp. 177-202.

SY, H. & THIAM D. (2014), *Impact du microcrédit sur les revenus des clients des institutions de la microfinance au Sénégal*, Dakar, Ministère de l'Économie, des Finances et du Plan, Direction de la prévision et des études économiques [document d'étude n° 29].

CHAPITRE 9

POLITIQUES DE DÉVELOPPEMENT ET RADIO EN AFRIQUE : QUELLES PERSPECTIVES À L'HEURE DU NUMÉRIQUE ?

Aude JIMÉNEZ

INTRODUCTION

Les différents rassemblements de spécialistes concernant les questions de développement mobilisent rarement les chercheurs du domaine de la communication. Pourtant, si les budgets alloués par les organismes de coopération internationale à leur volet « information et communication » restent plutôt marginaux, d'un point de vue symbolique, idéologique, la portée des messages développementaux diffusés par l'ensemble des médias comme outils de communication pour le développement est significative : l'ONU organise d'ailleurs une « ronde bisannuelle » précisément sur ces questions depuis maintenant 25 ans. En Afrique, depuis ses débuts sur le continent, la radio reste le premier média au cœur des campagnes médiatiques pour le développement (Capitant, 2008 ; Myers, 2008). Suivant l'évolution des différentes politiques de développement internationales, le média a ainsi représenté tour à tour sur la scène mondiale la voix des pays du Nord « éduquant » le Sud, puis peu à peu celle, plus diversifiée, moins univoque, de différents groupes au sein de radios communautaires et locales censées leur donner la parole. Qu'en est-il aujourd'hui du rôle de ce « vieux » média dans les campagnes développementales du continent ? Après avoir présenté un bref rappel historique de l'instrumentalisation développementaliste de la radio en Afrique, nous aborderons la question de la place actuelle de ce média au sein des campagnes des différents organismes sur place et nous essaierons de voir, *in fine*, comment ce média africain par excellence (Capitant, 2008 ; Lenoble Bart & Tudesq, 2010) tire son épingle du jeu à l'ère du numérique.

1. Radio et campagnes de développement en Afrique de l'Ouest francophone : des noces d'or

La radio a joué le rôle d'outil de communication pour le développement dès l'après-guerre en Afrique, depuis la *Conference on Freedom for Information* de l'ONU, en 1948. Selon la vision des politiques de développement naissantes de l'époque, il faut équiper l'Afrique, continent « sous-développé », « en retard » en nouvelles technologies, et faire passer les campagnes par le biais d'outils de communication de masse. Durant les années 1960, l'ONU va donc mandater l'UNESCO :

> *To supervise its program of concrete action that was aimed at building communication facilities in developing countries /.../ Given the high expectation placed on mass media to bring social and economic development* (Ojo, 2004: 144).

Plusieurs conférences de l'agence auront donc lieu au début des années 1960, rassemblant des représentants de la presse, de la radio, du cinéma et de la télévision de tous les continents, ainsi que différents observateurs d'organisations intergouvernementales ou non gouvernementales. En 1962, un rapport de l'organisme international vante les mérites de ce média faible en coût, accessible aux populations analphabètes, qui ne nécessite pas d'électricité et qui, en tant que média de masse omniprésent en Occident, pourra occuper une fonction symbolique et représenter la modernité (Katz & Wedell, 1977). L'ONU lance ainsi la campagne internationale diffusionniste pour un « minimum vital universel pour 1975 » : chaque pays doit permettre à ses citoyens l'accès à dix exemplaires de journaux pour 100 habitants, cinq postes de récepteurs radio et deux places de cinéma. (UNESCO, 1962 : 6). C'est à cette période que se multiplient les transistors sur les places publiques, les « tribunes radiophoniques rurales », permettant de larges écoutes collectives de campagnes de développement concernant la santé, l'éducation, etc. (voir figure 1).

Politique de développement et radio en Afrique...

Figure 1 : Courrier UNESCO, juin 1962.

Dans les années 1980 s'opère un changement d'idéologie dans le milieu de la communication pour le développement. Sous la pression de ses pays membres considérés « en voie de développement », l'UNESCO crée en 1977 la Commission internationale d'étude des problèmes de la communication (CIC) : le modèle univoque occidental est remis en question. C'est à cette époque que la théorie de l'indépendance, issue des pays d'Amérique latine, dénonce l'impérialisme occidental qui, par le biais des grandes multinationales de communication, notamment américaines, impose sa vision du monde (Stevenson, 1988 : 6). Dans un souci de « partage de parole », l'approche quantitative diffusionniste laisse donc progressivement la place à un intérêt vers les médias locaux plus participatifs, notamment communautaires. La stratégie développementale affichée repose sur la mise en place de campagnes nommée « *bottom up* », c'est-à-dire basée sur la création et la diffusion de messages issus des populations locales visées.

En Afrique, la vague de démocratisation du continent des années 1990 va permettre l'ouverture des ondes à de nouvelles formes de radios locales, communautaires et privées, et ces dernières vont gagner en importance dans les campagnes des bailleurs (Capitant, 2008 ; Damome, 2012). C'est à cette période que les organisations non gouvernementales (ONG) deviennent de nouveaux acteurs incontournables du milieu du développement et s'allient aux populations civiles contre le « tout par l'État » (Damome, 2012 : 151). Le couple radios locales-organismes de développement est ainsi scellé sur le continent, alors qu'au même moment (en 1997), l'ONU affirme la « nécessité de soutenir des systèmes de communication réciproque (…) qui permettent aux communautés de prendre la parole » (Mc Call, 2008 :1). Les « partenaires d'appui » (Dorelli, 2010), l'UNESCO en tête, investissent largement, et entre 2000 et 2006, on compte une augmentation de 1 386 % des radios communautaires africaines (Myers, 2008 : 12). Nombreux sont les exemples d'associations entre stations radio – surtout communautaires – et organismes de coopération nationaux, internationaux, gouvernementaux ou non : on peut – de manière non exhaustive – citer les exemples de l'entente entre la première radio communautaire sénégalaise, Radio Penc Mi, née en 1996, avec l'organisation Oxfam GB ; de celle entre la célèbre radio congolaise Radio Okapi subventionnée par la fondation Hirondelle ou encore de Radio Daande Douentza (Mali) recevant des aides de l'Association pour la promotion de la communication rurale (APROCOR), avec l'appui de ses partenaires la NEF (Near East Foundation) et Oxfam-UK, etc. Un certain nombre de recherches voient alors le jour pour décrire, de manière parfois prescriptive, ce « couple » bien établi et nous donnent accès aux campagnes radiophoniques menées au sein d'une aire géographique en particulier : à Dakar chez Diagne (2005) ; au nord du Ghana, chez Al Hassan *et al.* (2011), ou dans le Ghana rural chez Mc Kay (2009) ; auprès d'une certaine population : radio communautaire et femmes chez Fortune *et al.* (2011) ; chez J.-P. Ilboudo (2004) ; chez Myers (2004) ; ou encore dans un certain domaine de développement : radio et éducation chez Sanou et Dembélé (2010) et chez Anate (2012) ; radio et diversité culturelle chez Balima (2012).

Ainsi, en un demi-siècle, la radio, en tant qu'outil de communication pour le développement, est passée en Afrique d'un modèle de média de masse diffusionniste, répondant aux besoins des bailleurs dans le désir de propager des campagnes « d'éducation » aux populations les plus étendues possible, à un modèle se voulant plus participatif, axé sur la mobilisation de médias locaux, privés et communautaires, permettant a priori d'intégrer les populations dans la mise en place de ces campagnes de développement. Qu'en est-il aujourd'hui de ces campagnes pour la santé, les femmes ou la « bonne gouvernance », alors que la radio se fait numérique, en ligne, accessible même sur certains téléphones portables ?

2. CAMPAGNES DE DÉVELOPPEMENT, FRACTURE NUMÉRIQUE ET NOUVELLES FORMES DE RADIO EN AFRIQUE

Aujourd'hui, les organismes de développement croient toujours en la radio comme média privilégié de communication au service de leurs campagnes. Ainsi, la Banque mondiale, dans un rapport de 2008, rappelle combien les médias se superposent au lieu de se remplacer : « *New media do not displace old. Rather, they sit side by side/.../ because of broadcast's proven impact; the World Bank has been involved in a number of projects that utilize the technology* » (Locksley, 2009 : 8). L'ONU, de la même manière, offre une place à la radio dans ses objectifs du millénaire pour le développement : « *The UN has suggested broadcasting has a significant role to play in meeting the Millennium Development goals* » (Locksley, 2009 : 2-16). Une visite sur le site de l'UNESCO permet en outre de découvrir différents chiffres qui appuient cette omniprésence de la radiodiffusion au sein des programmes médiatiques actuels de l'agence qui mettra en place, en 2012, la première Journée mondiale de la radio, le 13 février[1]. Finalement, les guides d'usage de radio communautaire à l'usage des organismes de développement se succèdent, et on peut noter par exemple les sorties en 2001 et 2002 des deux premiers d'entre eux, financés par l'ONU : le *Manuel de radio communautaire* de Fraser et Estrada, en collaboration avec l'AMARC[2], ainsi que celui en 2002 de Louie Tabing, *How to do community radio*. De nombreuses formations pour les acteurs de ces radios sont également dispensées un peu partout sur le continent associant l'UNESCO et différents organismes et associations sur place[3].

Concernant l'évolution médiatique de l'Afrique, y compris celle de la radio, il est important de rappeler la situation particulière du continent dans le contexte mondial. Schématiquement, depuis le Sommet du Millénaire pour le développement (ONU, 2000), la « fracture

---

[1] Site officiel UNESCO. Page de statistiques sur la radio : http://www.unesco.org/new/fr/unesco/events/prizes-and-celebrations/celebrations/international-days/world-radio-day-2012/statistics-on-radio/ (page consultée le 18 mars 2015).

[2] Association mondiale des radios communautaires.

[3] Voir la page : « enseignement du journalisme et formation des journalistes » sur le site de l'agence : http://www.unesco.org/new/fr/communication-and-information/media-development/journalism-education-and-training/ (page consultée le 18 mars 2014).

numérique » est un terme désignant un sous-équipement du continent africain en matière de technologies numériques, une fracture « Nord-Sud » en matière d'accès aux équipements techniques (ITU, 2001). Nous préférons parler, avec Annie Chéneau-Loquay, de « modernisation paradoxale » : « Les développements des TICS conduisent à cette "modernisation paradoxale" d'un village branché à Internet, avec une parabole, et où les femmes continuent à piler le riz à la main et à porter des sceaux d'eau sur une trop longue distance. Une telle "mixture" entre outils modernes et traditionnels fait partie du quotidien en Afrique » (Chéneau-Loquay, 2010 : 110).

L'auteure propose ainsi – sans pour autant minimiser le manque d'infrastructures des populations – de tenir compte des « stratégies d'adaptation » mises en place au quotidien par ces dernières. Concernant plus particulièrement la radio et le développement, ce constat est par ailleurs partagé par Jeanne Dorelli qui, dans son étude de la radio communautaire comme outil de développement au Sénégal, explique comment s'opère une « extraversion autonomisante » chez les acteurs de la RC, jonglant entre les demandes des bailleurs et leur proximité avec leur communauté d'auditeurs (2010). Ainsi, avec la modernisation paradoxale observée en Afrique, les médias du continent ont considérablement changé, radio toujours en tête, et deux technologies principales sont associées à son évolution numérique : Internet et la téléphonie mobile (Lenoble-Bart & Chéneau-Loquay, 2010).

Concernant la téléphonie mobile, elle représente une véritable révolution dans le milieu radiophonique. Au niveau de la production des émissions, les « cellulaires » sont régulièrement associés aux radios par des ententes commerciales (échanges de numéros de téléphone, publicités par SMS, voir : Willem (2013.) Ces téléphones mobiles facilitent les usages sur le terrain : lors des entrevues, des enregistrements en direct, etc. (Damome, 2010). Le téléphone portable accentue également la participation des publics, qui utilisent largement les messages-textes pour donner leurs avis sur telle ou telle émission, proposer un sujet de discussion, etc. Au niveau des campagnes envers les femmes par exemple, ces messages-textes permettent de conserver un anonymat pouvant être rassurant (Fortune *et al.* : 2012). Mary Myers en parle d'ailleurs comme « *the biggest revolution in radio broadcasting since the invention of the transistor* » (Myers, 2011 : 34). L'avenir nous dira si la combinaison radio- téléphone-Internet permettra, dans les prochaines années, l'accès à de nouveaux publics, car actuellement, les écoutes mobiles en ligne restent encore rares.

Pour ce qui est de l'Internet, Bruce Girard identifie trois façons dont le jumelage Internet-radio peut servir la cause développementale (Girard, 2007) : 1- Internet comme support en termes de réseau et d'échanges entre radios ; 2- La radio comme portail d'accès à Internet pour les populations locales ; 3- Internet comme lien entre les populations locales et les immigrants issus de ces communautés, grâce à la radio en ligne. C'est dans cette triple optique, *grosso modo*, que sont apparus les CMC (Centres multimédias communautaires) sur le continent en 2001. Impulsée par l'UNESCO, l'idée était de créer des centres offrant un service Internet à partir de radios locales déjà en place ; mais l'expérience s'avère peu probante sur le moyen long terme, faute de moyens (Lohento, 2004). Seules les radios privées commerciales, ayant souvent davantage de moyens que les radios communautaires, réussissent à créer des sites voire des accès à une écoute en ligne (Damome, 2010 : 156). Mais pour les radios au cœur des campagnes des bailleurs, les radios communautaires, les changements se font plus difficilement. Des problèmes de connectivité, de coûts associés aux abonnements ou plus encore, d'accès à l'électricité, font que beaucoup de stations ne peuvent se permettre de se connecter (Myers, 2011 : 32-33). De plus, des problèmes de formation des journalistes et autres artisans des radios (techniciens, animateurs...) sur place se posent (Damome, 2010 : 160). Dans le domaine de la radio sur Internet, donc, les difficultés mentionnées plus haut font qu'aujourd'hui, « *some of the first rush of digital enthusiasm has now been tempered by experience* » (Myers, 2011 : 33).

3. DÉPLACER LE REGARD : DES OBJECTIFS HUMAINS PLUS QUE TECHNOLOGIQUES

Le manque de financement omniprésent dans le quotidien des radios communautaires, outils de communication de première ligne pour les campagnes médiatiques développementales, représente une entrave aux objectifs communicationnels repérés par les bailleurs : non seulement la RC a du mal à s'équiper, mais en sus, les publics eux-mêmes n'ont pas forcément les ressources nécessaires permettant d'accéder à des médias en ligne. Cependant, outre les questions strictement techniques et financières susmentionnées, les campagnes radiophoniques pour le développement souffrent en fait en Afrique d'un manque de considération envers des enjeux d'ordres sociaux et humains, peut-être encore davantage importants. En effet, nous avons mentionné plus haut l'étude de Fortune *et al.* portant sur les femmes, la radio communautaire et le téléphone portable (Fortune *et al.*, 2012). Elle nous semble bien représentative de cet état de fait. Les chercheurs ont effectué leur recherche empirique auprès de dizaines d'auditrices au Libéria, en Guinée et au Sierra Léone et les ont équipées de téléphones avec le dispositif « Frontline SMS ». Or, les femmes interrogées, en conclusion, disent écouter la radio, mais déplorent l'absence de femmes dans la production des émissions proposées. Au final, ce qui ressort de l'étude est le constat selon lequel « *women are listening to radio, but radio stations are not listening to women* » (Fortune *et al.*, 2011 : 20).

Cependant, dans un objectif de développement « par le bas », les messages devraient se présenter « par et pour » la communauté, et donc être implantés par les femmes elles-mêmes. Le GRACE, un organisme panafricain spécialisé dans l'appropriation des TIC par les femmes du continent, y travaille depuis 2005[4]. Dans le même ordre d'idée, Marie-Soleil Frère, dans une étude pour l'IPAO portant sur les auditeurs de campagnes développementales radiophoniques dans la région des Grands Lacs (2014), démontre combien les organismes de développement répondent en fait aux besoins d'un « auditeur fictif », tant il n'est pas tenu compte dans la production des campagnes des citoyens africains auxquels elles sont censées s'adresser : la plupart d'entre-elles, par exemple, ont lieu en français, dans des régions strictement allophones. Ce constat de l'usage de la radio au sein de politiques de développement « théoriquement » participatives – et non dans les faits – pose un vrai problème quant à la crédibilité des organismes investisseurs, que la radio soit connectée, numérique, terrestre, digitale ou autre. D'un point de vue plus optimiste, malgré un bilan contrasté, on dénombre tout de même d'intéressantes initiatives jumelant fonds externes (organismes internationaux) et internes (associations locales), en lien avec les orientations phares des différents SMSI[5] et de l'UNESCO concernant « le respect de la diversité culturelle » (Ilboudo, 2012 ; Balima, 2012). On peut citer par exemple deux campagnes récentes au Sénégal, la première ayant permis la mise en place en pays Bassari en 2012 d'une radio communautaire au sein

---

[4] Gender Research in Africa into ICT empowerment. http://www.grace-network.net/about_us1.php (page consultée le 18 mars 2014).
[5] Sommet Mondial de la Société de l'Information. Le dernier a eu lieu en 2014.

d'un centre culturel visant à « diffuser la tradition orale », ou encore l'ouverture d'une nouvelle station sur l'île de Betenty (Betenty FM 91,6), ayant pour objectif l'usage de la RC pour « sauver des vies », rien de moins, grâce aux prévisions météorologiques en ondes[6].

CONCLUSION

En terminant, ce tour d'horizon de l'usage de la radio par les acteurs de la coopération internationale comme outil de communication pour le développement en Afrique nous amène à la conclusion suivante : avant même, peut-être, de financer de nouveaux équipements technologiques dévolus aux stations radio qu'ils mobilisent, ces organismes auraient tout intérêt à investir dans une meilleure connaissance de leurs publics s'ils souhaitent être entendus – et surtout écoutés. Plus profondément, c'est à une réévaluation de l'aspect « participatif » des campagnes médiatiques de développement que l'on invite les bailleurs, si tant est que leur objectif est véritablement de participer, aux côtés des populations locales, à la mise en place de stations radio réellement « par et pour » les communautés qu'elles desservent.

BIBLIOGRAPHIE

BALIMA, Théophile, 2012, « Langues nationales, identités et terroirs dans les radios communautaires du Burkina Faso », in *Les médias de l'expression de la diversité culturelle en Afrique*, chapitre 14, Bruxelles, éditions Bruylant, pp. 207-219.

CAPITANT, Sylvie, 2008, *Médias et pratiques démocratiques en Afrique de l'Ouest. Usages des radios au Burkina Faso*, PhD thesis, (sociologie), Université Paris 1.

DAMONE, Étienne, 2012, « Le tiers-secteur de la radiodiffusion d'Afrique subsaharienne. Service public, médiation culturelle, défis », in *Les médias de l'expression de la diversité culturelle en Afrique,* chapitre 10, Bruxelles, éditions Bruylant, pp. 145-159.

---

[6] Site UNESCO : « La radio communautaire favorise le développement local à travers l'Afrique », http://www.unesco.org/new/fr/member-states/single-view/news/community_radios_promotes_local_development_across_africa/#.VQsPPeGW4ak (page consultée le 18 mars 2015).

DAMONE, Étienne, 2010, « Radio africaines et Internet, usages, fonctions et défis », *NetSud*, n° 5, pp. 69-88.

DIAGNE, Yacine, 2005, « Radios communautaires : outils de développement au Sénégal », mémoire de DEA, Université Paris 13.

DORELLI, Jeanne, 2010, « Radios communautaires de Dakar : communication pour le développement et extraversion », mémoire de maîtrise, Département de communication, Université de Concordia.

FRÈRE, Marie-Soleil, 2014, *Extension des territoires radiophoniques : nouvelles représentations, nouvelles perspectives.* Actes du colloque organisé par le GRER, les 20 et 21 mars 2014 à Strasbourg. Strasbourg : Maison interuniversitaire des Sciences de l'Homme.

FORTUNE, Frances, CHUNGONG, Cindy & KESSINGER, Andrew, 2011, *Community radio, gender and ICTs in West Africa: How women are engaging with community radio through mobile phone technologies*, Centre for Media and Transitional Societies (CMTS), Carleton University, Toronto.

GIRARD, Bruce, 2007, *Empowering Radio : Good Practices in Development and Operation of Community Radio.* Washington, D.C.: World Bank Institute.

ILBOUDO, Jean-Pierre, 2012, « L'utilisation des langues locales par les radios communautaires, une éducation bruyante par les medias », in : *Les médias de l'expression de la diversité culturelle en Afrique*, chapitre 21, Bruxelles, éditions Bruylant, pp. 303-312.

ILBOUDO, Jean-Pierre, 2004, « Radio et télévision pour promouvoir les femmes », Atelier international « Advancing rural women's empowerment : ICTs in the Service of Good Governance, Democratic practice and development of rural Women in Africa », Johannesburg, 23-25 février.

ILBOUDO, Jean-Pierre, 1999, « Radio rurale communautaire en zone Mali-Sud : méthodologie de mise en œuvre et leçons apprises », SD Dimensions, FAO [en ligne]http://www.fao.org/sd/frdirect/cdre 0034.htm (page consultée le 15 février 2013).

KATZ Elihu & WEDELL, Georges, 1977, *Broadcasting in the Third World, promise and performance*, Cambridge, Harvard Press University.

LENOBLE-BART Annie & CHÉNEAU-LOQUET, Annie, 2010, *Les médias africains à l'heure du numérique*, Paris, L'Harmattan.

LENOBLE-BART, Annie & TUDESQ, André-Jean (dir.), 2010, *Connaître les médias d'Afrique subsaharienne*, Paris, Karthala.

LOCKSLEY, Gareth, 2009, « The media and development, what's the story? », *World Bank Paper*, n° 158, The World Bank editions.

LOHENTO, Ken, 2004, « Usages des NTICS et médiation des savoirs en milieu rural africain : études de cas au Bénin et au Mali », mémoire de DEA, Université Paris X- Nanterre.

MC CALL, E., 2008, « La communication pour le développement, accroître l'efficacité des Nations unies », ONU 164 p., en ligne : http://www.undp.org/content/dam/undp/library/Democratic%20Governance/OGC/c4d-effectiveness%20of%20UN-FR.pdf (page consultée le 23 août 2014).

MYERS, Mary, 2011, « *Voices from villages: Community Radio in the developing World* », Center for International Media Assistance, National Endowment for Democracy (en ligne) http://cima.ned.org/publications/voices-villages-community-radio-developing-world

MYERS, Mary, 2008, *Radio and development in Africa,* a concept paper, CRDI.

MYERS, Mary, 2004, "Educational and development radio for rural women: understanding broascasters and listeners in a case study of Eritrea", PhD thesis, University of Reading (International and rural development).

OJO Tokunbo, 2004, « Old Paradigm and information and communication technologies for development Agenda in Africa: Modernization as context », in *Journal of Information technology impact*, vol. 4, n° 3, pp. 139-150.

SANOU, Christiane & DEMBÉLÉ, Alexis, 2010, « Appropriation des savoirs et formation à distance par les radios locales, le cas du Mali », in *Distances et savoirs*, n° 1, vol. 8, pp. 41-52.

STEVENSON, R. L., 1988, *Communication, development and the Third World, the global politics of information*, London and New York, Longman.

UNESCO, 1962, « Antennes sur le monde », *Courrier UNESCO*, n° 6, pp. 2-8.

WILLEM, Wendy, 2013, « Participation – in what ? Radio, convergence and the corporate logic of audience input through new media in Zambia », in *Telematics and Informatics*, 30(3), pp. 223-231.

CHAPITRE 10

DÉVELOPPEMENT ET DURABILITÉ, QUELLE COHÉRENCE ? UNE ANALYSE À PARTIR DU SECTEUR FORESTIER GABONAIS

Étienne BOUREL

INTRODUCTION

Au niveau mondial, la foresterie est, de par son objet même, directement concernée par l'attention grandissante accordée aux problématiques environnementales. Elle est ainsi en proie à de nombreux changements, depuis une vingtaine d'années maintenant. Ils s'inscrivent dans le large renouvellement des enjeux relatifs au développement, dont les questions de durabilité constituent la mise en exergue. Originellement impulsée par des mouvements inscrits dans l'écologie politique et visant une remise en cause radicale des modes de production capitalistes, l'idée de durabilité et le paradigme du développement durable sont ici envisagés dans le prolongement des perspectives développementistes (Rist, 2007). À partir de visées théoriques initialement distinctes, il s'agit d'apprécier en quoi l'idée de développement durable prolonge celle de développement, intègre les critiques qui lui ont été adressées et en déploie le mode opératoire (Felli, 2008). Alors que le développement portait principalement sur un axe économique, le développement durable prend également en compte directement les problématiques sociales et environnementales.

Deux aspects fondamentaux ressortent des débats relatifs à la caractérisation du concept de « développement durable ». Il intègre tant une amélioration des conditions de vie des populations humaines utilisatrices de ressources naturelles qu'une existence pérenne de la base de ressources naturelles sur laquelle s'appuie une telle amélioration du niveau de vie. Dans le secteur forestier, la prise en compte théorique du développement durable s'est traduite par l'élaboration d'un concept, celui de gestion durable des forêts. Il peut être défini comme « un ensemble de pratiques et de techniques que les gestionnaires de ressources naturelles renouvelables mettent en application pour essayer d'atteindre l'idéal de développement durable » (Eba'a Atyi & Mbolo, 2006 : 4). Si la gestion durable des forêts prend place dans un cadre législatif propre à chaque pays en Afrique centrale, elle se déploie, par le biais des aménagements forestiers, selon trois axes. En effet, une forêt à vocation de production industrielle se doit de répondre à différents types de fonctions se déployant sur trois volets :

- Le premier concerne la production forestière. Outre la question de la rentabilité de l'activité qui est prépondérante, il s'agit de prendre en compte les retombées pour les populations locales, le maintien de la biodiversité et la considération des cultures et lieux des cultes.

- Le deuxième est relatif aux aspects sociaux à travers les conditions de vie des travailleurs et de leurs familles, les négociations pour une coexistence acceptable avec les populations locales et la mise en place d'outils fiscaux pour le partage des bénéfices avec ces mêmes populations.

- Le troisième prend en compte la faune à travers le fait de veiller à l'application des lois et règlements en vigueur, la concertation avec l'ensemble des parties prenantes sur la question et le renforcement du processus de développement local.

LA GESTION DURABLE DES FORÊTS AU GABON

Par-delà ce cadre théorique et abstrait, différents points du processus d'élaboration de cette gestion durable des forêts et de sa mise en place concrète au Gabon sont intéressants à prendre en compte et à discuter :

1. Les préoccupations en termes de durabilité dans le secteur forestier émergent sur la scène internationale au cours des années 1980, via notamment les alertes lancées par différents milieux scientifiques et de grandes ONG occidentales sur le rythme de la déforestation dans les pays tropicaux. Ces critiques ont été prises en compte lors du Sommet de la Terre de Rio de Janeiro en 1992, et via la création de l'Organisation internationale des bois tropicaux, agence onusienne visant à favoriser le dialogue entre pays producteurs et pays consommateurs de bois tropicaux. Les pays du bassin du Congo ont progressivement adapté différentes dispositions dans leurs cadres législatifs, le Cameroun en 1994 et le Gabon en 2001, mais ils ne peuvent être considérés comme ayant été les moteurs de leur

élaboration. Pour reprendre le vocabulaire de la Théorie du système-monde, alors qu'ils étaient les premiers concernés, leur importance dans les relations internationales les a placés à la périphérie de ces négociations.

2. Ce nouveau contexte élève fortement les exigences auxquelles un entrepreneur doit répondre pour mener une activité légale d'exploitation forestière. Ainsi, la proportion d'entrepreneurs nationaux décroît, au Gabon, tandis que, parmi les grandes entreprises désormais les plus en vue et les plus en pointe, figurent des entreprises asiatiques (arrivées depuis une vingtaine d'années), mais surtout des entreprises françaises installées parfois dans le pays avant l'abolition des travaux forcés en 1946, et qui ont su se renouveler. En effet, répondre aux nouveaux critères de gestion durable des forêts suppose être suffisamment informé, mais aussi être en mesure de déployer des capacités organisationnelles, financières et logistiques. Ces entreprises ont ainsi pu s'engager vers l'obtention de labels écocertificateurs avant même le vote du nouveau Code forestier en 2001.

3. Il convient effectivement de noter que plusieurs labels privés (FSC – *Forest Stewardship Council* –, PEFC – *Program for the Endorsement of Forest Certification*) ont élaboré des référentiels pour apporter des certifications aux entreprises qui souhaiteraient garantir leurs positions sur leurs marchés, européens notamment. Le label FSC est le plus prestigieux et il a donc été obtenu par trois entreprises aux capitaux européens qui ont une importance stratégique dans le pays. Si leur visée était bien intéressée et non philanthropique, tel que ceci nous fut confirmé en entretien, elles ont bénéficié de prêts avantageux de la part de l'Agence française de développement, et ont pu passer pour avant-gardistes en permettant le développement des connaissances forestières via des partenariats avec des centres de recherche. À l'heure actuelle, ce sont ces labels écocertificateurs qui font référence, davantage que les textes de loi nationaux[1], dans l'estimation de la qualité d'un produit bois, et les travailleurs forestiers voient comme une réussite professionnelle le fait de travailler dans l'une de ces trois compagnies.

4. Le vote d'un nouveau Code forestier en 2001, intégrant les problématiques de gestion durable des forêts, a multiplié les acteurs

---

[1] Le récent plan d'action FLEGT (*Forest Law Enforcement, Governance and Trade*) de l'Union européenne vient, en contrepoint, revaloriser les politiques publiques (Montouroy, 2014).

impliqués par le secteur forestier, créant une gouvernance forestière. Désormais, aux côtés des membres du ministère des Eaux et Forêts et des entreprises, sont présents des bureaux d'études, des centres de recherches, des ONG nationales et internationales, des journalistes, des organisations internationales et des services de coopération diplomatiques. Si l'on ne s'arrête pas à une définition normative de l'idée de gouvernance pour chercher à en comprendre les ressorts sociologiques et les enjeux (Antona, Boutinot, & Kassibo, 2013), il est possible de montrer qu'il ne s'agit pas d'un ensemble neutre de personnes cherchant à résoudre une problématique commune. Bien plus tôt, ces différentes personnes sont impliquées, à des degrés divers et sous des formes variables, dans le développement durable selon différents motifs d'implication et d'où elles peuvent tirer des intérêts variés. Dans cette gouvernance forestière, les points de vue sont ainsi multiples : des membres d'ONG voulant défendre l'environnement, parfois davantage que les humains, aux fonctionnaires du ministère des Eaux et Forêts vivant comme une punition le fait d'être nommés en province. Il ressort toutefois que ces personnes forment un milieu d'interconnaissance ayant une cohérence propre. En effet, comme dans tous les mondes du développement, une part conséquente du travail effectué consiste à produire de la littérature pour répondre aux attentes des bailleurs de fonds ou des décideurs influents afin que de l'argent soit encore mis à disposition, mais aussi pour que chacun puisse rester à son poste ou en trouver un meilleur. Au final, au regard du nombre de personnes impliquées et des sommes investies, la large déconnexion avec les situations de terrain et les changements effectifs dans les entreprises forestières est tout de même marquante.

5. Ceci se confirme en se rendant dans les chantiers forestiers. Au cours de nos recherches de terrain de thèse, nous avons pu intégrer la filière Bois d'une multinationale indienne basée à Singapour et ayant récemment acquis des concessions forestières au Gabon. Les lots forestiers se trouvaient dans l'est du pays. Nous avons donc passé du temps entre la capitale provinciale, Makokou, et le village où se trouvait le camp forestier, à quelques dizaines de kilomètres. Cette entreprise exerçant de manière légale et cherchant à obtenir des labels écocertificateurs, des transformations y étaient bien en cours. À ce titre, des améliorations des conditions de travail et de vie se sont bien produites pour les travailleurs, leurs proches et les résidents du village. Toutefois, il est important de prendre la mesure de l'ampleur de ces changements. En effet, les travailleurs ne se rendaient plus sur les sites

d'exploitation le matin dans la benne d'un pick-up, mais dans celle d'un camion pourvu de bancs et protégée par une bâche. Ils avaient le matériel de protection élémentaire (casque, protections auditives, jambières, bottes de sécurité, lunettes…). Au camp, le dispensaire était relativement bien pourvu pour des soins de première urgence. Par ailleurs, un des gros efforts fournis par l'entreprise durant le temps de notre présence fut celui de régulariser la situation des travailleurs afin qu'ils aient effectivement une couverture maladie (pour eux, leurs conjointes, leurs enfants proches), qu'ils cotisent effectivement pour leurs retraites et qu'ils aient un bulletin de salaire régulier.

En contrepoint, et malgré les promesses des dirigeants, le camp forestier n'a jamais été rénové. Les travailleurs ont continué à vivre dans des habitations de planches aux toits de tôles, laissant passer le vent, la pluie et surchauffant l'après-midi, à l'heure du retour de la forêt. Les travailleurs partageaient parfois des cases de quelques mètres carrés leur laissant à peine plus que la place pour étendre leurs matelas. De la même manière, avec les villageois, si des dons circonstanciés ont pu avoir lieu, les versements basés sur le calcul d'une taxe à partir du volume de bois extrait de la forêt n'ont jamais eu lieu. L'entreprise a construit une école primaire, mais à peu de frais, et les dons de matériel en début d'année scolaire lui ont permis de placer sa marque sur tous les produits et de se faire valoir auprès des autorités locales.

Ainsi, les changements produits dans cette entreprise à la faveur de la prise en compte du développement durable ont, pour une large part, consisté à respecter, bien difficilement d'ailleurs, les textes de loi en vigueur. En fait, la plupart des efforts effectivement réalisés par l'entreprise portaient sur des aspects opérationnels et logistiques. Nous avons ainsi assisté, en l'espace de quelques mois, à l'informatisation des processus de production. Si, de longue date, les travailleurs forestiers remplissent des cahiers à la fin de leur journée pour que le chef de chantier puisse suivre l'avancée des opérations, ces données ont désormais fait l'objet d'une numérisation. L'état des lieux du chantier était ainsi reporté quotidiennement à la capitale provinciale, Makokou, transmis à Libreville et, de là, au siège de la multinationale, à Singapour. De la même manière, pour permettre la traçabilité du bois, les souches des arbres abattus voyaient leurs positions relevées par GPS et ces coordonnées suivaient les grumes jusqu'au produit ultime.

Cet exemple des points GPS et de la traçabilité des grumes est crucial, car si cette entreprise cherchait bien l'obtention du label écocertificateur FSC, le plus prestigieux, elle a, dans un premier temps, obtenu un label intermédiaire, le label OLB (Origine et Légalité des Bois), portant principalement sur la légalité et la traçabilité des bois produits. Or, ce que ces questions de traçabilité expriment, c'est bien l'importance, dans le cadre du développement durable, de maintenir la confiance dans les processus de production en augmentant la visibilité sur ces processus. On voit bien ici que cette visibilité ne peut pas mettre en valeur autre chose que le caractère légal de ces processus industriels, puisque les efforts de l'entreprise n'allaient pratiquement pas au-delà. Dans cette logique, les labels écocertificateurs n'auraient pas de raison d'être s'ils ne permettaient pas à l'entreprise de réaliser, à côté de ses bénéfices directs, une plus-value morale, les bénéfices symboliques venant donc contrebalancer des investissements qui, pour une large part, ne consistaient qu'à respecter des textes de loi.

CONCLUSION

En conclusion, on peut noter que, dans le monde de la foresterie, si les critères du développement durable ont émergé et sont établis au regard d'une critique du paradigme du développement, ils peuvent être considérés comme visant une mise en cohérence avec les valeurs implicites dont était supposé être porteur ce paradigme (« progrès », production de richesses, échanges monétarisés) (Burbage, 2013). Les conditions de mise en œuvre du développement durable relèvent d'une sociologie moins linéaire, plus complexe et plus dynamique. Cependant, nous sommes loin d'une remise en cause de l'industrialisme et d'une considération égale envers tous les acteurs impliqués. Les politiques de durabilité procèdent d'une « idéologie de l'évaluation », logique comptable basée sur l'hypothèse d'une mesurabilité perpétuelle du monde et tournée vers les consommateurs (Vatin, 2012). De plus, et de la même manière qu'aucun consommateur ne viendra jamais vérifier vraiment l'emplacement GPS de l'arbre dont sont issues les planches qu'il achète, les labels écocertificateurs sont basés sur des critères et des indicateurs dont l'élaboration doit prendre en compte la pérennité même de l'organisme privé délivrant le label : il faut que certains acteurs puissent l'obtenir (et se distinguent ainsi), mais si les critères établis sont trop drastiques, personne ne s'y intéressera (Bergeron, Castel & Dubuisson-Quellier, 2014). La légitimité dont ces labels se prévalent suppose l'élaboration d'une « objectivité », bien que celle-ci soit largement autoréférentielle et établie par des experts plus proches des dirigeants des entreprises que des ouvriers.

En dernier ressort, il semble donc important d'insister sur les questions de visibilité (Rampley, 2005) dans le processus de passage du développement au développement durable, visibilité accrue et grandissante à propos des activités se déroulant dans les pays en voie de développement que permettent, par exemple, l'augmentation (qualitative et quantitative) des moyens de télécommunication. Si les processus industriels, dans un cadre capitaliste, supposent une dissociation entre production, consommation et consumation (Rist, 2007), ils reposent aussi sur l'existence d'une confiance entre les acteurs impliqués. Cette confiance n'est en rien spécifique au capitalisme, mais est simplement l'une des conditions de possibilité du lien social[2]. En appelant au boycott des bois tropicaux dans les années 1980, chercheurs et militants environnementaux ont levé le voile sur les formes d'exploitation forestière dans les pays équatoriaux. Toutefois, leurs préoccupations étaient principalement écologiques, relatives à la faune et à la flore, ne prenant en compte les questions sociales qu'indirectement. On peut ainsi envisager l'arrivée des politiques de durabilité dans le secteur forestier comme un effort de rétablissement de cette confiance mise à mal. Mais ces efforts visent bien les acheteurs en premier lieu (Rumpala, 2009), et non les personnes présentes sur les sites de production. De plus, elles aboutissent à apporter une nouvelle légitimité à des entreprises, asiatiques ou européennes, dont l'attitude est largement impérialiste au Gabon (Lauseig, 1999). Enfin, ces nouvelles préoccupations émanent d'abord du continent européen, désormais perçu comme le continent de l'éthique dans le monde forestier. Il est, dès lors, possible de suivre David Harvey (1996), qui envisage le développement durable comme un élément de modernisation du capitalisme et, puisqu'il n'existe pas qu'un seul type de développement (Lévi-Strauss, 2013), d'accorder toute l'attention nécessaire aux propositions alternatives et autonomes émises depuis et à destination des Suds.

---

[2] Au demeurant, la métaphore de la « main invisible » ne prend sens qu'en tant que conséquence d'une conjonction de cette confiance avec la recherche des intérêts individuels, dans un contexte sociétal précis (Smith, 1991 : 39-46).

BIBLIOGRAPHIE

ANTONA, Martine, BOUTINOT, Laurence & KASSIBO, Bréhima, 2013, « La figure du contrat dans la décentralisation de la gestion des ressources naturelles au Niger, Mali et Sénégal », *Anthropologie et développement*, 37-38-39, pp. 121-156.

BERGERON, Henri, CASTEL, Patrick & DUBUISSON-QUELLIER, Sophie, 2014, « Gouverner par les labels. Une comparaison des politiques de l'obésité et de la consommation durable », *Gouvernement et action publique*, 14-3, pp. 7-31.

BURBAGE, Frank, 2013, *Philosophie du développement durable. Enjeux critiques*, Paris, PUF.

EBA'A ATYI, Richard et MBOLO, Marie, 2006, « La "bonne gestion forestière". Normes et résultats escomptés en matière de durabilité », in NASI, Robert, NGUINGUIRI, Jean-Claude & EZZINE de BLAS, Driss (éd. sc.), *Exploitation et gestion durable des forêts en Afrique centrale. La quête de la durabilité*, Paris, L'Harmattan, pp. 3-24.

FELLI, Romain, 2008, *Les deux âmes de l'écologie. Une critique du développement durable*, Paris, L'Harmattan.

HARVEY, David, 1996, *Justice, nature and the geography of difference*, Cambridge, Blackwell, VI.

LAUSEIG, Jérôme, 1999, « Quand la Malaysia Inc. joue la carte Sud-Sud en Afrique subsaharienne », *Politique africaine*, n° 76, pp. 63-75.

LÉVI-STRAUSS, Claude, 2013, « N'existe-t-il qu'un type de développement ? », in *Nous sommes tous des cannibales*, Paris, Seuil, pp. 59-79.

MONTOUROY, Yves, 2014, « Les changements dans la gouvernance globales des forêts », in *Gouvernement et action publique*, 14-1, pp. 107-128.

RAMPLEY, Matthew (dir.), 2005, *Exploringvisual cultures. Definitions, concepts, contexts*, Edinburgh, Edinburgh University Press, 257 p.

RIST, Gilbert, 2007, *Le développement. Histoire d'une croyance occidentale*, Paris, Presses de Sciences Po.

RUMPALA, Yannick, 2009, « La "consommation durable" comme nouvelle phase d'une gouvernementalisation de la consommation », in *Revue française de science politique*, 59-5, pp. 967-996.

SMITH, Adam, 1991, *Recherches sur la nature et les causes de la richesse des nations* (tome 2), Paris, Flammarion.

VATIN, François, 2012, « Mesurer pour évaluer : la topique de la satisfaction de la demande et ses apories », in Alain CAILLÉ, *L'idée même de richesse*, Paris, La Découverte, pp. 103-116.

CHAPITRE 11

LES SCIENCES SOCIALES CONNAISSENT-ELLES
LE PROGRÈS ? RETOUR SUR LE PARADIGME
DE CONSTRUCTION DE LA SOCIOLOGIE,
DE L'ETHNOLOGIE ET DE L'ANTHROPOLOGIE
AU XXE SIÈCLE EN MIROIR DU DÉVELOPPEMENT
ET DE LA MONDIALISATION.

Jean COPANS

À l'heure des exploits de la sonde spatiale Rosetta et de l'atterrissage de son module, Philae, sur une comète après un voyage de 6 milliards de km en dix ans, ou encore du combat titanesque contre le virus Ebola, qui est mieux contrôlé au niveau biologique et médical qu'au niveau organisationnel et sanitaire, le chercheur en sciences sociales, qu'il soit originaire d'un pays du Sud ou d'un pays du Nord, ne peut que se répéter une interrogation rabâchée depuis au moins un siècle : les sciences sociales connaissent-elles avec le temps un processus qu'on pourrait qualifier de progrès ? Les sciences sociales sont-elles en fin de compte bien des sciences dont les découvertes nouvelles remplaceraient en partie les précédentes ?

La qualification de « sociale » pour une certaine forme de réflexion et de raisonnement scientifique se discute depuis plus d'un siècle. Nous savons bien que l'expérimentation et la vérification empirique, logique et conceptuelle des résultats des recherches en sciences sociales n'ont rien à voir avec les procédures utilisées dans les sciences de la vie et de la matière, de l'ingénierie et bien entendu, des mathématiques. Mais la situation est plus complexe qu'il n'y paraît, car même si dans les sociétés occidentales, où sont apparus les principes des sciences modernes, cet état d'esprit semble aller de soi, les sciences sociales (et humaines) prospèrent très naturellement, sans s'en rendre compte, sous la protection bienveillante des sciences qualifiées très maladroitement de « dures » ou d'« exactes ». Les transformations et évolutions indéniables de ces dernières sont appréhendées la plupart du temps comme des progrès, les connaissances et les résultats d'aujourd'hui remplaçant quasi systématiquement celles et ceux d'hier. Certes, les usages de ces savoirs font souvent douter de la pertinence de la notion de progrès, ainsi en est-il des usages des sciences nucléaires ou biotechnologiques, mais ces interrogations ne remettent pas en cause le consensus implicite quant au fait qu'il s'agit là, de toutes les manières, d'une avancée et qu'il n'est pas possible de « retourner en arrière » sur le plan scientifique. Le domaine de la connaissance de l'univers physique de l'atome ou biologique de la vie en fournit de multiples exemples tous les jours.

C'est pourquoi se poser la question de savoir si les sciences sociales connaissent des progrès, tout particulièrement dans les domaines de la sociologie et de l'anthropologie, n'a rien de paradoxal, d'autant que nos enseignements et nos écrits ne se contentent pas de se référer aux pensées des fondateurs des XVIIIe, XIXe et maintenant XXe siècles. Les multiples mutations du monde social, sociétal et politique justifient en effet, par définition, le recours à une notion de progrès, puisqu'il nous faut expliquer de manière permanente les formes sans cesse inédites du présent et qu'il n'est pas besoin d'une réflexion épistémologique approfondie pour comprendre que l'adaptation incessante des procédures d'observation et d'explication doit déboucher sur de nouveaux paradigmes méthodologiques et théoriques.

Mais la singularité de nos disciplines vient de ce que ces « progrès » n'ont pas annulé pour autant le patrimoine passé, tant à cause de l'inégal développement des sociétés que de la pertinence parfois prémonitoire de certaines approches anciennes. Bref, l'évolution des sciences sociales apparaît plus comme un croisement et un métissage de traditions, une démarche de construction-déconstruction intellectuelle, un processus de superposition-sédimentation des savoirs que comme une éradication totale et définitive faisant table rase des connaissances passées. Ainsi, les méthodes ou concepts d'un autre temps peuvent parfaitement s'adapter à de nouvelles perspectives thématiques ou analytiques, ce qui est très rarement le cas dans les sciences « scientifiques » par nature.

Une telle perspective permet donc un usage modéré, et en un sens tout à fait relativiste, de la notion de progrès. Le champ des études du développement et l'apparition de la mondialisation constituent un exemple tout à fait pertinent dans le domaine des études africaines, même si, a priori, ce domaine ne doit plus connaître de spécialisation régionale ou continentale à l'heure justement de la mondialisation et de la globalisation.

Dans les deux premières sections, nous verrons que l'invention des sciences sociales pratiques du changement renvoie aux rapports originels qui ont fabriqué, à partir des XVIe-XVIIIe siècles, un discours pragmatique et politique, et non plus théologique, portant sur la construction politique et morale de l'État moderne d'une part, et de l'individu, d'autre part. Ces processus sont intimement liés aux traditions nationales qui s'élaborent dès cette époque et qui finissent par être exportées dans certains pays des anciennes ou nouvelles périphéries impériales.

La troisième section prendra plus directement comme objet le XXe siècle des sciences sociales dites du développement et s'attachera à comprendre le sens et la nature réelle du positionnement finalement marginal de cette préoccupation, dans l'ensemble disciplinaire des sciences sociales d'aujourd'hui. Ce qui semblait s'imposer comme central au cours de la période de maturation disciplinaire, professionnelle et idéologique de cette démarche (l'évolutionnisme sociétal) des deux siècles derniers révèle en fait un montage hétérodoxe de registres considérés de plus en plus comme distincts et même contradictoires (sociétés développées/sous-développées). Par ailleurs, le découplage de plus en plus manifeste des terrains, des objets et des perspectives disciplinaires à l'échelle internationale interpelle ouvertement la notion de « progrès » qui semblait évidente jusque-là.

La dernière section reviendra sur la logique profonde que dévoile cette évolution. La nécessité d'adopter une perspective internationale et mondiale au plan disciplinaire remet en cause les traditions prégnantes, visibles et invisibles, du « nationalisme méthodologique », comme l'a dénommé Ulrich Beck. L'équivalence de regards disciplinaires issus de positions opposées dans le champ historique des rapports de force internationaux, qui constitue toujours le fondement du développement malgré le brouillage de la mondialisation, constitue, selon nous, le principe de référence des « progrès » actuels des sciences sociales. La pratique d'un détour obligatoire par une sociologie historique et politique de la connaissance devrait alors nous permettre alors de conforter ces avancées comme une forme de progrès, puisque les sciences sociales seraient alors fondées non seulement en référence à des principes, mais aussi aux leçons tirées d'un parcours historique original.

1. L'INVENTION DES SCIENCES SOCIALES ET DES SCIENCES HUMAINES : UN PROGRÈS POUR COMPRENDRE LE MONDE

Les sciences sociales sont le fruit de nombreuses histoires plus ou moins parallèles aussi bien au niveau intellectuel que politique ou encore bureaucratique et administratif. La réflexion sur l'évolution de l'humanité a été des plus sinueuses tout au long des siècles de la modernité occidentale et l'élaboration d'une réflexion spécifiquement consacrée à l'organisation de la société et à la nature des rapports des hommes entre eux a commencé avec la diversification des messages théologiques puis s'est poursuivie avec leur mise à distance et enfin leur remise en cause. Les idées morales et politiques sur le meilleur ordre possible du monde ont rapidement débouché sur des interrogations portant sur la nature du pouvoir et le fonctionnement des différents types d'appareils d'État. La montée en puissance d'une perception plus comparatiste des États et de la nature du droit a donné naissance à une sociologie politique comparée des systèmes comme avec Montesquieu dès le milieu du XVIIIe siècle, sociologie englobant dès ses origines une réflexion anthropologique sur la nature des « sauvages » et des autres « primitifs » découverts hors d'Europe par les explorateurs depuis le XVe siècle. Ainsi, il est devenu évident que dès les origines les plus lointaines de la réflexion sociopolitique occidentale, ce sont tous les types de communautés et de sociétés humaines qui sont pris en considération. Cette problématique avait d'ailleurs également traversé la théologie chrétienne dès le XVIe siècle et l'a profondément clivée jusqu'à la période la plus colonialiste de l'expansion impériale européenne, au XIXe siècle.

Il faut d'emblée compléter cette perspective réflexive par des commentaires pragmatiques portant depuis ces mêmes origines sur les effets des explorations plus techniques et pratiques du monde social d'ici et d'ailleurs. Les sciences sociales ne sont pas que des idées à nature plus ou moins spéculative et philosophique, elles sont tout autant, et de plus en plus au cours du temps, des préoccupations *sociales* sur l'état des conditions communes de l'humanité comme la pauvreté et la richesse, la domination et l'exploitation. De tout temps, les sciences sociales se sont aussi penchées sur les conséquences sociales de l'administration des sociétés et des relations entre pouvoirs et catégories sociales ou anthropologiques. Cette pensée sociale à caractère aussi bien missionnaire que philanthropique, administratif que commercial ou même militaire, vise plus précisément à arpenter et à décrire le monde pour en inventorier les ressources et les richesses, les potentialités démographiques et pour définir, en fin de compte, les moyens de sa mobilisation et de son contrôle.

La construction libérale du monde tel qu'elle s'autonomise à partir du XVIIIe siècle, en vient à désigner, comme fondement du nouvel ordre non religieux du monde, l'individu, un individu qui est autant producteur et commerçant que citoyen. Les défauts humains et sociétaux peuvent et doivent en effet être corrigés et orientés. D'ailleurs, à partir de la Révolution française, la pensée sociale se manifeste de plus en plus comme une ingénierie du développement sociétal et moral de la société et plus seulement comme une simple accumulation de connaissances nouvelles.

Le personnage de Joseph-Marie de Gérando (1772-1842) pourrait fort bien symboliser cette maturation et l'unicité en quelque sorte génétique de cette nouvelle pensée sociale en gestation, à la fois socio-anthropologie de la diversité des cultures humaines et pratique d'enquête et de contrôle administratif des sociétés. Rappelons que ce dernier est l'auteur à la fois des fameuses *Considérations sur les diverses méthodes à suivre dans l'observation des peuples sauvages*, en 1799, de *De la génération des connaissances humaines*, en 1802, du *Visiteur du pauvre*, en 1824 et finalement, d'un volumineux ouvrage intitulé *De la bienfaisance publique*, en 1839. Les titres de ces quatre ouvrages sont suffisamment explicites pour qu'il ne soit pas nécessaire de les commenter.

Il faudra un long demi-siècle, jusqu'à la seconde moitié du XIXe siècle, pour que ce genre de pensée s'adapte aux nouvelles contraintes de la société industrielle, capitaliste *et* impériale, pour se diviser ensuite en autant de spécialités réflexives et finalement en disciplines « scientifiques » tout à fait institutionnalisées. Précisons tout de suite que cette apparition et ces évolutions sont largement conditionnées par les contextes de leur gestation et de leur expérimentation : la nature de l'État et de l'enseignement, l'emprise des langues de plus en plus « nationales », la nature démographique du peuplement (voir le rôle des populations immigrées aux États-Unis par exemple) et l'existence d'excroissances coloniales et des idéologies impériales et raciales correspondantes.

Bref, « le nationalisme méthodologique », à savoir la surdétermination nationale des sources intellectuelles et idéologiques des sciences sociales, de leurs terrains et de leurs objectifs, joue à plein dans la fabrication de ces dernières tant au niveau du programme disciplinaire (et donc de la définition des soi-disant frontières qui les distingueraient entre elles en tant que sociologie, ethnologie, anthropologie, histoire, science politique, philosophie, etc.) qu'au niveau des objectifs socio-pratiques qui les mobilisent dans les espaces publics nationaux et coloniaux. Cette diversification pluriséculaire, par le vaste espace d'alternatives scientifiques qu'elle offre, ne doit pas être sous-estimée, mais au contraire, elle doit être considérée comme la marque historique d'une forme de progrès même si l'expansion première des disciplines des sciences humaines a suivi le modèle colonial de l'imposition et de la domination étrangère. Que cela plaise ou non, malgré tous les débats post-coloniaux de ce dernier quart de siècle, la rationalité et la rhétorique des sciences sociales proviennent avant tout de la longue expérience réflexive publique, intellectuelle et idéologique, politique et pratique, en matière de production des connaissances imitée initialement de la rigueur descriptive et classificatrice des sciences de la nature et de la vie.

L'historicité intrinsèque des sciences sociales est évidente. Un exemple des plus probants nous vient à l'esprit en cette année des commémorations spécifiques des deux guerres mondiales du XXe siècle : ces dernières ont profondément affecté les sciences sociales européennes et notamment françaises. Elles les ont « retardées » en quelque sorte sur le plan de leur évolution professionnelle, alors que pour des raisons tout à fait inverses, ces conflits ont plutôt eu des effets positifs et favorables aux États-Unis. On peut même avancer l'hypothèse que la Seconde Guerre mondiale a été pour ce pays une occasion tout à fait manifeste de sollicitations publiques faites auprès des disciplines de la sociologie et de l'anthropologie. À chacun d'apprécier le fait que des conflits armés soient la cause d'un progrès, mais ce qui est tout à fait admis depuis longtemps dans le domaine technique et organisationnel doit également l'être au niveau de certaines disciplines scientifiques, y compris de celles que l'on désigne comme sociales et humaines.

Ces dernières ont en effet connu une longue périodisation de mise au point et de définition, voire d'harmonisation et de discussion internationale. La conservation active des traditions passe ainsi par plusieurs types d'opérations, dont la maîtrise de plus en plus volontaire et organisée permet finalement de parler de progrès. La découverte de connaissances inédites, leur accumulation, leur conservation, leur comparaison puis standardisation, la discussion des concepts, théories, méthodes et techniques d'enquête utilisés, la transmutation de cet ensemble au sein de corpus disciplinaires livresques et institutionnels, d'abord nationaux, puis internationaux et mondiaux, manifeste à l'évidence une amélioration des conditions de réflexion des sociétés et des individus sur leurs propres formes d'existence et d'action.

La réflexion, l'autoréflexion, la constante remémoration (et même réinvention) de ces traditions impliquent de fait la création d'approches nouvelles du patrimoine ancien et récent afin de lui conserver un sens contemporain efficace. Nous pensons que la démarche d'une forme de sociologie de la connaissance, une sociologie d'inspiration aussi bien historique que politique, une sociologie empirique des pratiques de terrain comme des lectures intertextuelles des corpus disponibles, devrait enfin permettre de revaloriser les mécanismes spécifiques d'inventivité des sciences sociales et humaines d'une part, et susciter le passage à une réflexivité partagée et équitable d'autre part. Cette conception des choses doit s'efforcer de supprimer des distinctions considérées comme obsolètes, mais qui définissent encore trop souvent, et implicitement, les principes programmatiques des disciplines ainsi que des carrières et des images de soi. Ces progrès analytiques, déjà bien visibles dans certaines traditions du Nord, doivent absolument être repris à leur compte par les chercheurs du Sud et d'abord par ceux qui s'affrontent quotidiennement aux terrains du Sud en y résidant et en y travaillant. Ces démarches sont bien un progrès, mais on ne pourra employer ce terme à bon escient que le jour où il correspondra à un *habitus* non seulement reconnu, mais utilisé concrètement et même pédagogiquement.

2. D'UN DÉCOUPAGE ET D'UN CLASSEMENT HISTORIQUE DES SOCIÉTÉS À DES DISTINCTIONS DISCIPLINAIRES ENCORE BIEN CONJONCTURELLES

Les découpages empiriques (les objets et les terrains) et conceptuels, voire théoriques (le point de départ du cadre explicatif et analytique, la « construction » de l'objet), sont donc variables selon des traditions non seulement nationales, mais également institutionnelles et thématiques. Il faut rappeler que les sciences sociales au sens large ont d'abord à voir avec les modèles bureaucratiques et politiques de construction de l'État-nation européen (et des élites qui l'occupent et le font fonctionner) et ces processus, bien qu'anciens, ont atteint leur acmé moderne à partir du milieu du XIXe siècle, au moment où s'instaure par ailleurs un impérialisme territorial et colonial.

Bref, les sciences sociales sont d'emblée nationales dès leur genèse, malgré une préhistoire plutôt internationale, si l'on s'en tient à l'Europe des XVIe-XVIIIe siècles. Mais comme le rappellerait instantanément le panorama national de n'importe quel pays aujourd'hui, la naissance et l'implantation des sciences en général et celles des sciences sociales en particulier, renvoient à la fois aux caractéristiques sociales et culturelles des élites scientifiques et aux effets des contraintes territoriales des fonctionnements universitaires et bureaucratiques. La centralité parisienne du cas français est tout à fait exceptionnelle et trompeuse puisque dans la plupart des pays européens, le maintien d'une tradition régionale, ou au contraire, aux États-Unis, avec la création volontaire d'un espace fédéral, font que le développement universitaire et scientifique a été dès le début décentralisé et provincialisé (voir les États composant les États-Unis ou le rôle prééminent des Land en Allemagne), ce qui a permis l'apparition de spécialisations intellectuelles locales puis, par voie de conséquence, une diversification disciplinaire voir théorique explicite.

Il est certain que la domination parisienne en matière de sciences sociales jusqu'au dernier quart du XXe siècle a fortement influencé les images disciplinaires de soi et l'apparition de corporatismes institutionnels opposant un centre et des périphéries. Aux États-Unis, il va de soi que les traditions académiques de la côte Est (Harvard, Yale, Columbia) ne sont pas celles de la côte Ouest (UCLA), et que la ville de Chicago a joué un rôle majeur à une époque où les États du Sud étaient encore marginalisés sur ce point. Les distinctions entre Oxford, Cambridge, Londres et Manchester symbolisent spontanément des orientations contrastées et il peut paraître exagéré dans ce cas de parler d'une tradition nationale britannique alors que cette dernière est en fait composée de tendances suffisamment hétérogènes pour l'empêcher de se cristalliser en tant que telle. Il est évident que ces configurations sont provisoires et instables et varient considérablement dans le temps, ce qui relativise encore plus la référence à une tradition, puisque cette dernière est constamment réinventée au bout d'une ou deux générations tout au plus.

On comprend aisément dans ces conditions la versatilité des définitions disciplinaires. Cette versatilité est d'autant plus visible que les distinctions et différences au sein des sciences sociales se discutent depuis plus d'un siècle et que pour certains de leurs praticiens, ce débat serait même l'une des marques consubstantielles, voire intrinsèques, de celles-ci. En effet, il peut paraître difficile sinon arbitraire de tracer aujourd'hui des frontières significatives entre l'ethnographie, l'ethnologie, l'anthropologie, la sociologie, la psychosociologie, l'histoire, la science politique et même la linguistique, dans la mesure où des emprunts, notamment méthodologiques, mais aussi conceptuels, ont profondément transformé l'image originelle, réelle ou supposée de telle ou telle discipline.

Toutefois, un clivage plus fondamental a joué à l'évidence dans les évolutions et les reconfigurations de ces disciplines, celui du fameux Grand Partage entre les sociétés de la modernité capitaliste et les sociétés des périphéries exotiques puis coloniales. Évoquons schématiquement l'exemple des historicités les plus marquantes de ces évolutions dans le cas des États-Unis : nous aurions, d'une part, la colonisation interne des populations amérindiennes (du moins de ce qu'il en restait à la fin du XIXe siècle) donnant naissance à l'anthropologie des « Autres » d'avant l'État moderne, aussi bien dans les universités californiennes que new-yorkaises, et d'autre part, la dynamique d'une multiculturalité immigrée et urbaine suscitant la naissance du couple sociologie/anthropologie dans la grande métropole cosmopolite et industrielle de Chicago. Ailleurs et ultérieurement, ce sera, selon les universités, l'anthropologie exotique qui prendra le dessus, ou alors au contraire, une sociologie plus quantitative, moins soucieuse des identités et des origines comme des enquêtes ethnographiques.

Si les origines françaises semblent mettre sur un pied d'égalité les deux disciplines de la sociologie et de l'ethnologie (cette dernière devenant néanmoins assez rapidement une branche d'une sociologie devenue générale si l'on en croit les publications d'E. Durkheim et de M. Mauss), il semble assez évident que la référence coloniale va très rapidement briser ce fil tenu, de nature plus abstraite qu'empirique, au point d'ailleurs que l'ethnologie s'isole et s'autonomise au sein d'institutions prestigieuses, mais marginales (Musée de l'Homme, EPHE). Il n'en reste pas moins que la philosophie a joué pendant longtemps le rôle incontournable d'un parrain nécessaire pour les deux disciplines alors que cette inspiration est totalement absente du champ américain. Cela explique peut-être le paradoxe qui veut qu'au redémarrage des sciences sociales françaises après 1945, ce soit apparemment l'influence la plus moderne de la sociologie américaine, une version hyperquantitativiste et statistique, qui prenne le pas sur les traditions « ambiguës » de l'École de Chicago, qui attendront presque un demi-siècle avant de se voir reconnaître une nouvelle primauté, peut-être exagérée, alors que sa nouveauté n'est que toute relative à ce moment-là.

L'essaimage des sciences sociales hors d'Europe a fini par donner naissance dès la première moitié du XXe siècle à la fondation de nouvelles traditions « nationales », initialement sous la forme de clones plus ou moins coloniaux ou impériaux, puis progressivement, sous la forme de conceptions disciplinaires inédites et novatrices. On pourrait citer les cas emblématiques de l'Inde, du Mexique ou encore du Brésil ou de l'Afrique du Sud. Bien entendu, certaines traditions européennes fondatrices ont pu se trouver disqualifiées ou marginalisées pour des raisons politiques et idéologiques à partir des années 1930, ce qui confirme le rôle décisif des structures étatiques dans le développement des sciences sociales. Les cas de l'Allemagne nazie ou de l'URSS socialiste en sont malheureusement des exemples probants.

3. LES SCIENCES SOCIALES DU DÉVELOPPEMENT ET DE LA MONDIALISATION : UNE ÉVOLUTION PARADOXALE

Le paradigme implicite de l'évolution de l'ensemble des sciences sociales sur le dernier siècle et demi est le passage d'une théorie sociale mâtinée d'une sociologie générale et d'une macrosociologie plus ou moins empirique à des théories plus parcellaires et locales d'une part, et à des méthodes et techniques de construction et de recueil des données de plus en plus précises et microsociologiques d'autre part. Cette dichotomie interne s'est produite tant au sein de chacune des disciplines de la sociologie et de l'ethnologie-anthropologie qu'entre ces deux disciplines. Cette évolution a débouché sur une double inversion des préoccupations programmatiques et des manières de faire. Les ambitions humanistes et globales d'explication des évolutions des civilisations, des cultures et des grandes catégories sociétales (sociétés modernes, sociétés traditionnelles, pour prendre un classement longtemps dominant), ont cédé la place à un hyper-empirisme descriptif et souvent expert, de plus en plus coupé, du moins intimement, de toute théorie ou conceptualisation sociétale, globale et totalisante.

Les sciences sociales connaissent-elles le progrès ?

L'ordre historique et sociétal du monde a laissé la place à une multiplicité d'ordres micro-socio-anthropologiques d'une part, et d'autre part, à une division de plus en plus marquée entre les sciences sociales occidentales et apparentées de manière assez mimétique et les autres sciences sociales issues d'une imposition ancienne d'origine coloniale ou d'une mondialisation libérale et privée, véritable phénomène néocolonial qui n'ose pas dire son nom. Toutefois, il faut noter que cette dernière approche n'a pas encore réussi à produire une théorie socio-anthropologique de la mondialisation fondée sur des données empiriques originales et spécifiques. Les sciences sociales se trouvent par conséquent à une espèce de carrefour où les théories s'appliquent à des domaines particuliers et assez localistes, le plus souvent mal comparés, et ont du mal à globaliser leurs démarches à cause de leurs enfermements nationaux ou de leur non-prise en considération des autres espaces sociétaux. Ainsi, un sociologue français, urbanologue ou spécialiste de la famille, ne sera absolument pas familier du corpus sénégalais en la matière, même si ce corpus a été partiellement coproduit avec des Français ou renvoie à des concepts et à des méthodes produits en France, voire importés de France. Réciproquement, le caractère limité des ressources proprement sénégalaises en la matière, encore trop souvent dépendantes de données issues de la consultance internationale, fait que la théorisation autonome et autochtone dans les sciences sociales est encore balbutiante, alors qu'un cadre global, fondamental et pensé à partir du Sud est de plus en plus indispensable tant pour contextualiser les données empiriques que pour discuter à armes égales avec les autres sciences sociales du Nord, devenues tout à fait lacunaires en matière de théorie du sociétal développement mondial.

L'histoire de l'évolution des études du développement depuis le tournant des années 1950, évoquée depuis dix ans dans de nombreuses publications, révèle à l'évidence une suite de translations et de mutations qui conduisent d'une macrosociologie, surtout statistique et comparatiste entre sociétés développées et sociétés sous-développées, à une sociologie et anthropologie du changement social d'une part, mais aussi appliquée et d'intervention d'autre part. Du macro-global on passe donc à une approche plus locale à la fois nationale et « ethnique », puis à une sociologie des opérations de développement proprement dites. En France et dans le champ des interventions françaises, cette démarche de plus en plus empirique a débouché sur une anthropologie sociale spécifique qui étudie conjointement la société (ou plutôt une portion locale, infranationale ou ethnique, de la totalité dite nationale) et les institutions qui apportent et « imposent » le changement. Cette première révolution problématique en suscite dans la foulée une seconde, qui se consacre alors explicitement et uniquement au monde des opérations et des opérateurs du développement : institutions, organisations internationales étatiques et ONG, experts, programmes, sièges étrangers et antennes expatriées, associations autochtones et indigènes, etc. Ces nouveaux terrains sont totalement inédits comme objets d'étude alors que la plupart d'entre eux existaient déjà lors de l'invention des études du développement, il y a plus d'un demi-siècle ! C'est ici que l'on doit répertorier les différentes traditions nationales : les Anglo-Saxons en sont les animateurs les plus actifs, alors que les chercheurs des pays du Sud, encore trop souvent contraints par la pratique de la consultance, n'arrivent pas à adopter la distance critique et constructiviste nécessaire.

Ces recherches manifestent une dynamique et une originalité qui malheureusement rétroagissent fort peu avec les problématiques plus centrales des traditions occidentales dominantes, qui ont exclu depuis déjà longtemps les thèmes et les terrains relevant de la sociologie comparatiste, internationale ou mondiale. La prise en compte de ces champs par l'anthropologie sociale s'explique dans le monde anglo-saxon par le poids d'une discipline tout à fait reconnue et par le poids de certaines anciennes traditions en matière d'anthropologie des organisations, alors que le désintérêt sociologique français et francophone a conforté une conception de l'anthropologie considérée comme la sociologie de fait des terrains « exotiques » ou du Sud, et par extension, du développement.

Quoiqu'il en soit des lieux d'ancrage et d'appartenance disciplinaire de l'étude du développement sous toutes ses problématiques, ces mutations confirment la pertinence du maintien de cet intérêt, de son élargissement et renouvellement. En un mot, il s'agit là bel et bien *d'un progrès* et les débats actuels en matière d'analyse des nouvelles formes du développement (les interventions d'urgence, les programmes de retour à la paix, les luttes contre les pandémies continentales) confirment que de nouveaux domaines restent encore à explorer dans l'actualité et que les sciences sociales ont réussi à se faire reconnaître comme les interlocuteurs indispensables à la compréhension des pays du Sud, trop souvent réduits, pour l'Occident, à des situations de chaos anarchiques et dangereuses.

4. DES DÉTOURS DU PROGRÈS AU PROGRÈS DU DÉTOUR

Il est facile de penser que la simple accumulation et correction critique, ou même autocritique, des recherches passées, l'application de ces traditions à des objets totalement nouveaux et inédits, ou encore leur extension à des terrains jamais visités, voire leur revisite par des chercheurs originaires de plusieurs traditions, et notamment des nouvelles traditions des pays du Sud, devraient suffire à justifier l'emploi du terme de « progrès » qui ne se limiterait plus par conséquent aux seules disciplines considérées comme plus rigoureuses et plus « scientifiques ». Un examen plus attentif qui reprendrait les diverses histoires disciplinaires à l'échelle mondiale mettrait en lumière la multiplicité des étapes parcourues, les processus de réflexivité permanente qui les travaillent depuis au moins un demi-siècle et l'élaboration apparemment désordonnée, toujours éclatée en conceptions programmatiques et nationales aboutirait, en ce début de XXIe siècle, à la conclusion qu'une troisième mondialisation est à l'œuvre au sein des sciences sociales. Après la mondialisation des frontières sociospatiales (la découverte des autres sociétés et cultures) puis celle des frontières temporelles (la reconnaissance de l'historicité et du changement de toutes les sociétés), serait enfin venue en effet la mondialisation des frontières disciplinaires nationales (une anthropologie du monde pluriel, car multilocalisée, sans hiérarchie imposée).

L'explicitation psychologique, philosophique puis pédagogique et technique des pratiques de terrain a dessiné un univers mondial dont il paraît de plus en plus impossible de tirer une image homogène et universalisante. Nous avons vu par exemple que la distinction ancienne entre sociologie et anthropologie (ou ethnologie) perdure plus qu'il ne faut à cause de la dichotomie toujours très présente entre les historicités sociétales des pays du Nord et des pays dits du Sud, même si certains de ces derniers sont devenus émergents ou tout simplement n'ont jamais répondu à une telle localisation « géographique ». Les remises en cause justifiées de ces clivages et de ces mêmes oppositions, notamment par certaines écoles de chercheurs des pays du Sud comme les critiques dites post-coloniales, restent néanmoins trop marquées par des conceptions plutôt culturalistes (les afrocentristes africains, les subalternistes asiatiques) qui laissent échapper ce qui devrait être l'objectif central des sciences sociales de ce XXIe siècle.

En effet, il faut retrouver le chemin non pas de l'universalité, mais de ce qu'on appelle, faute de mieux et de manière très traditionnelle, le général. Les études du développement aujourd'hui relèvent de plus en plus d'une anthropologie sociale et politique des champs politiques et bureaucratiques (ou administratifs) des États modernes. Mais comme le savent les chercheurs africanistes, il a fallu de nombreux détours par l'anthropologie, l'histoire, la science politique ou la sociologie pour que l'État africain soit non seulement enquêté et analysé, mais tout simplement pris au sérieux et considéré comme un objet de science sociale. Il est admis que la construction de l'objet « État africain » renvoie à des questions plus globales et générales, non seulement à cause de la prégnance encore forte des relations dichotomiques Nord-Sud dans le champ international, mais aussi parce qu'il convient de rapprocher aujourd'hui les champs conceptuels concernés si l'on veut approfondir ce genre d'analyse.

La mondialisation est peut-être l'horizon lointain de cette préoccupation, mais il est évident que les objets empiriques d'une telle approche sont encore bien peu nombreux et d'intérêt peut-être secondaire (les fonctionnaires internationaux, les migrants, les spéculateurs de la finance, les sportifs de haut niveau, etc.). À première vue, il est possible de faire l'impasse sur ces catégories si l'on veut construire un objet sociétal mondial qui puisse concerner le registre socio-anthropologique. Mais ce qu'il est impossible de court-circuiter, c'est le rapprochement des acquis (des progrès) des diverses sciences sociales sous leurs différentes formulations nationales, régionales et institutionnelles, pour ne pas dire programmatiques. Il faut donc élaborer comme un compromis disciplinaire qui tienne compte à la fois de la nouvelle conjoncture qui recompose tous les terrains des sciences sociales d'une part, et des expériences spécifiques de chacune de ces traditions ou éléments de traditions, d'autre part.

Nous avons déjà tenté d'expliquer et de démontrer, à propos de quelques cas particuliers (dont les études sur le développement), que seul un détour obligatoire par une pratique, aussi bien individuelle que collective, et même en un sens, officielle, d'une sociologie de la connaissance permettrait de mettre à plat, et à jour, tous les fondements visibles et invisibles, conscients et inconscients révélés par l'histoire sociale des pratiques des sciences sociales. Un tel programme introduirait peut-être comme une espèce de levier au sein du champ hétérogène et inégalitaire que constitue le domaine mondial actuel de nos disciplines. Un tel programme pourrait impulser une dynamique d'équité qui permettrait aux diverses traditions de ce champ de se positionner d'une manière reconnue en tant qu'interlocutrices valables les unes des autres. Les traditions du Nord seraient ainsi obligées de réintroduire l'analyse sociétale des pays du Sud dans le programme général des disciplines, alors que les traditions de ces derniers pays, souvent méconnues, parfois inexistantes ou au contraire encore trop dépendantes de celles du Nord, se verraient enfin obligées de se libérer de ces tutelles et d'inventer des traditions théoriques véritablement inédites, autonomes et surtout rigoureuses et scientifiques, en s'écartant du penchant post-colonial récurrent et contre-productif d'une critique purement idéologique et culturelle.

Le progrès est par conséquent moins une affaire de contenus et de moyens que de positions, de comparaisons et de collaborations. Le recours à une conscience de soi qui passe par une sociologie historique et politique de ses contextes disciplinaires, est indéniablement un progrès, et comme cette tâche s'avère irréversible et permanente, elle doit rester, jusqu'à nouvel ordre, l'horizon naturel de nos démarches. Il n'existe pas de progrès intrinsèque aux sciences sociales, mais il existe à l'évidence des traditions nationales, thématiques, conceptuelles ou méthodologiques qui contribuent plus et mieux que d'autres au processus de dévoilement de ces nouveaux « Nouveaux Mondes », pour emprunter une expression de Georges Balandier.

C'est aux chercheurs d'aujourd'hui, conscients de ces impératifs, de trouver les moyens de faire partager leurs expériences et leurs points de vue avec tous les autres chercheurs sans imposer leur conception des choses comme une rhétorique purement épistémologique et abstraite. C'est à ces chercheurs conscients d'une espèce de fragilité involutive de leurs disciplines de trouver les moyens institutionnels et intellectuels d'un progrès de ce type. Il est certain que la notion de progrès, conçue dans une telle perspective, possède une certaine matérialité, existence, et donc efficacité scientifique et historique. Si les sciences sociales sont capables de se ressaisir ainsi, il n'y a aucun doute qu'elles ne soient aussi, il est vrai dans un sens tout à fait spécifique, *des sciences*.

TABLE DES MATIÈRES

Sommaire 7
Les auteurs 9
Sigles et abréviations 13
Introduction 17
                    Jean Alain GOUDIABY & Paul DIÉDHIOU

Chapitre 1
La culture, moteur de développement en Afrique 27
                                    Alpha Ousmane BARRY
1. La culture, approche définitoire 27
2. De la notion de culture à la culture comme facteur de
développement 28
3. Quand développement rime avec culture 32
    3.1. La culture dans le système éducatif en Afrique 33
    3.2. L'ancrage de la culture dans l'industrie touristique comme
    moteur de développement en Afrique 39
    3.3. La médiation culturelle : outil de régulation du jeu
    démocratique 41
Conclusion 45

Chapitre 2
Le rôle du patrimoine culturel dans l'attractivité
et le développement touristique durable des territoires :
le cas de la Casamance au sud du Sénégal 47
                                        Mamadou DIOMBÉRA
Introduction 47
1. Le contexte géographique et humain de la Casamance 49
2. Le panorama de l'activité touristique en Casamance 51
3. Les enjeux et représentations de la valorisation du patrimoine
culturel casamançais 53
4. Le patrimoine culturel et le développement touristique et
économique durable : quelle approche ? 61
Conclusion 64

Chapitre 3
Le conflit casamançais et la question de la reconstruction : quelle est la contribution des ONG ? 71
Ousmane BA

1. Identification de quelques facteurs explicatifs du conflit casamançais 74
2. Le contexte de l'émergence des ONG 78
3. Élucidation du concept de reconstruction 81
4. La situation de la reconstruction en Casamance 83
5. Analyse du processus de reconstruction en Casamance 85
6. Catholic Relief Services (CRS), un exemple de réussite d'une ONG intervenant dans la reconstruction en Casamance 88

Chapitre 4
L'intervention des ONG à Ziguinchor : Une action structurante pour le développement local ? 93
Jean Alain GOUDIABY & Cendrine DIÉDHIOU

Introduction 93
1. De l'idée du développement par l'État à l'émergence des ONG .. 95
   1.1. Intervention de l'État et développement : un état central qui contrôle tout ? 95
   1.2. Le développement délégué ou l'émergence des ONG 98
2. Les ONG dans la région de Ziguinchor : des interventions rendues complexes par les dynamiques territoriales 101
   2.1. Les ONG : une alternative aux actions de l'État ? 101
   2.2. Le choix des domaines d'action et des lieux d'application : une démarche stratégique et d'appartenance 107
Conclusion 111

Chapitre 5
Entrepreneuriat social et co-développement en milieu associatif comme facteurs clés du développement local et territorial 115
Madeleine N'DIONE MBINKY

1. Facteurs favorisant l'entrepreneuriat social au sein d'ONG sénégalaises 116
2. Le co-développement, facteur clé du développement local Nord/Sud 119
3. Impacts de l'entrepreneuriat social et du co-développement sur le développement territorial 124

Chapitre 6
La Casamance, grenier à riz du Sénégal ? **129**
Paul DIÉDHIOU

1. Historique des projets de développement en Casamance............ 132
2. Analyse socio-anthropologique des politiques de développement en Casamance.. 142
Conclusion.. 164

Chapitre 7
L'évolution du statut portuaire africain : une chance pour le développement des ports de l'Afrique francophone. l'exemple du Port autonome de Dakar.. **169**
Khalifa Ababacar KANE

1. La diminution de la tutelle étatique et la recomposition des organismes chargés de l'application du droit portuaire................... 172
   1.1. La diminution de la tutelle étatique................................. 172
   1.2. La recomposition des organes de gestion portuaire 175
2. Le renforcement des compétences diverses et variées dans les organes de gestion 181
   2.1. L'apport du Conseil Sénégalais des chargeurs dans la gestion portuaire.. 182
   2.2. Le renforcement de la participation du secteur privé dans la gestion portuaire à travers CAP-DAKAR 185

Chapitre 8
Le développement par la microfinance ? Réflexions à partir du cas sénégalais.. **193**
Éveline BAUMANN & Cécile GODFROID

Introduction 193
1. La microfinance au Sénégal : d'un outil mis en place pour les pauvres… 195
2. Microfinance, développement et lutte contre la pauvreté 202
3. Présupposés *versus* réalités 206
4. D'un mantra à l'autre : microfinance et inclusion financière...... 209

Chapitre 9
Politiques de développement et radio en Afrique :
quelles perspectives à l'heure du numérique ? 217
Aude JIMÉNEZ
Introduction 217
1. Radio et campagnes de développement en Afrique de l'Ouest
francophone : des noces d'or 218
2. Campagnes de développement, fracture numérique et nouvelles
formes de radio en Afrique 221
3. Déplacer le regard : des objectifs humains
plus que technologiques 223
Conclusion 225

Chapitre 10
Développement et durabilité, quelle cohérence ?
Une analyse à partir du secteur forestier gabonais 229
Étienne BOUREL
Introduction 229
La gestion durable des forêts au Gabon 230
Conclusion 234

Chapitre 11
Les sciences sociales connaissent-elles le progrès ?
Retour sur le paradigme de construction de la sociologie,
de l'ethnologie et de l'anthropologie au XXe siècle en miroir
du développement et de la mondialisation. 239
Jean COPANS
1. L'invention des sciences sociales et des sciences humaines : un
progrès pour comprendre le monde 242
2. D'un découpage et d'un classement historique des sociétés à des
distinctions disciplinaires encore bien conjoncturelles 245
3. Les sciences sociales du développement et de la mondialisation :
une évolution paradoxale 248
4. Des détours du progrès au progrès du détour 251

L'HARMATTAN ITALIA
Via Degli Artisti 15; 10124 Torino
harmattan.italia@gmail.com

L'HARMATTAN HONGRIE
Könyvesbolt ; Kossuth L. u. 14-16
1053 Budapest

L'HARMATTAN KINSHASA
185, avenue Nyangwe
Commune de Lingwala
Kinshasa, R.D. Congo
(00243) 998697603 ou (00243) 999229662

L'HARMATTAN CONGO
67, av. E. P. Lumumba
Bât. – Congo Pharmacie (Bib. Nat.)
BP2874 Brazzaville
harmattan.congo@yahoo.fr

L'HARMATTAN GUINÉE
Almamya Rue KA 028, en face
du restaurant Le Cèdre
OKB agency BP 3470 Conakry
(00224) 657 20 85 08 / 664 28 91 96
harmattanguinee@yahoo.fr

L'HARMATTAN MALI
Rue 73, Porte 536, Niamakoro,
Cité Unicef, Bamako
Tél. 00 (223) 20205724 / +(223) 76378082
poudiougopaul@yahoo.fr
pp.harmattan@gmail.com

L'HARMATTAN CAMEROUN
BP 11486
Face à la SNI, immeuble Don Bosco
Yaoundé
(00237) 99 76 61 66
harmattancam@yahoo.fr

L'HARMATTAN CÔTE D'IVOIRE
Résidence Karl / cité des arts
Abidjan-Cocody 03 BP 1588 Abidjan 03
(00225) 05 77 87 31
etien_nda@yahoo.fr

L'HARMATTAN BURKINA
Penou Achille Some
Ouagadougou
(+226) 70 26 88 27

L'HARMATTAN SÉNÉGAL
10 VDN en face Mermoz, après le pont de Fann
BP 45034 Dakar Fann
33 825 98 58 / 33 860 9858
senharmattan@gmail.com / senlibraire@gmail.com
www.harmattansenegal.com

L'HARMATTAN BÉNIN
ISOR-BENIN
01 BP 359 COTONOU-RP
Quartier Gbèdjromèdé,
Rue Agbélenco, Lot 1247 I
Tél : 00 229 21 32 53 79
christian_dablaka123@yahoo.fr